नया साहित्य, नई सम्भावनाएँ

नया साहित्य, नई सम्भावनाएँ

राधावल्लभ त्रिपाठी

राधाकृष्ण प्रकाशन

ISBN : 978-93-48157-41-6

नया साहित्य, नई सम्भावनाएँ

पहला संस्करण : 2025

मूल्य : ₹795

प्रकाशक

राधाकृष्ण प्रकाशन प्राइवेट लिमिटेड
जी-17, जगतपुरी, दिल्ली-110 051
शाखाएँ : अशोक राजपथ, साइंस कॉलेज के सामने, पटना-800 006
पहली मंजिल, दरबारी बिल्डिंग, महात्मा गांधी मार्ग, प्रयागराज-211 001
1, अनमोल सोराबजी सन्तुक लेन, धोबी तलाव, मरीन लाइंस, मुम्बई-400 002
वेबसाइट : www.radhakrishnaprakashan.com
ई-मेल : info@radhakrishnaprakashan.com

मुद्रक

विकास कम्प्यूटर एंड प्रिंटर्स
ट्रॉनिका सिटी-201 102

NAYA SAHITYA, NAI SAMBHAVANAYEIN
by Radhavallabh Tripathi

भूमिका

'नया साहित्य, नई सम्भावनाएँ' में पिछले तीन दशकों में लिखे गए मेरे बीस विविध लेख संकलित हैं। ये लेख 'वसुधा', 'ईसुरी', 'माटी', 'पुनर्नवा', 'पूर्वग्रह', 'साक्षात्कार' आदि पत्रिकाओं में प्रकाशित हो चुके हैं।

विषयों की विविधता के साथ समकालीन साहित्य का बहु-आयामी परिदृश्य इनमें उपस्थित है। गद्य, कविता, उपन्यास और व्यंग्य साहित्य इन विधाओं में लिखी गई कतिपय महत्त्वपूर्ण रचनाओं या उनके रचनाकारों पर यहाँ विमर्श किया गया है। अन्तिम पाँच निबन्धों में इस विमर्श के सैद्धान्तिक आधारों की तलाश है। पारम्परिक चिन्तन के परिप्रेक्ष्य में भारतीय काव्यशास्त्र के अपने मानकों से नये साहित्य को समझने का प्रयास मैं करता रहा हूँ और इस सम्बन्ध में अब तक जो मैं लिखता-बोलता रहा हूँ, इन निबन्धों के एकत्र प्रकाशन से उसकी एक झलक देखी जा सकती है। मुझे विश्वास है कि साहित्य के अनुरागी जन इस पुस्तक को अपनाएँगे।

—राधावल्लभ त्रिपाठी

क्रम

कविता में अमरता का गान : ईसुरी की कविता

पहले की अपेक्षा अब वह और भी विशद रूप में यह महसूस करने लगा था कि कला में दो तरह का कथ्य होता है, उसका पर्यवसान जुड़वाँ चिन्ताओं में होता है। वह मृत्यु का भी ध्यान करती है, और उसके माध्यम से वह हमेशा जीवन की रचना करती चलती है।

—डॉ. जिवागो

'अथर्ववेद' में काल पर दो सूक्त हैं। पहले सूक्त के पहले ही मंत्र में कहा गया है कि काल का सात लगामों वाला प्रचंड तेज वाला घोड़ा सरपट भाग रहा है, वह सहस्राक्ष, अजर और भूरिरेताः है। सारे भुवन या ब्रह्मांड उस रथ के पहिए हैं। कवि और विद्वान् उस पर सवार हो सकते हैं।[1]

वेद के ऋषि का अभिप्राय यह लगता है कि सामान्य जन मृत्यु से डरते हैं—कवि और ज्ञानी जन मृत्यु का वरण कर पाते हैं, इसलिए मृत्यु का भय उन्हें नहीं व्यापता।

सामान्यतया हम लोग मृत्यु से ही नहीं बुढ़ापे से भी घबराते हैं। इसलिए बुढ़ापा आ जाने के बाद अनेक लोग यौवन का भ्रम पाले रहते हैं, युवक बने रहने और युवक दिखने की हास्यास्पद चेष्टा करते हैं।

मृत्यु एक सहज स्थिति है, बुढ़ापा भी। मृत्यु और बुढ़ापे दोनों भी सहजता से स्वीकार करते हुए वैदिक ऋषि कहते हैं मृत्यु से हम इसी तरह मुक्ति पा जाएँ जैसे पकी चिभड़ी अपने डंठल का बन्धन छोड़ देती है।[2]

यही नहीं, वे बूढ़े होने की कामना करते हैं, क्योंकि वे काल को अतिक्रान्त का सौन्दर्य और आनन्द का सन्धान करना जानते हैं। वे कहते हैं कि यह धरती माँ अपने अंक में इसी तरह हमें धारे हुए हमें बूढ़ा बना दे।[3]

---

1. कालो अश्वो वहति सप्तरश्मिः सहस्राक्षो ह्जिरो भूरिरेताः।
   तमारोहन्ति कवयो विपश्चितस्तस्य चक्रा भुवनानि विश्वा॥ (अथर्ववेद 19।53।1)
2. त्रियम्बकं यजामहे सुगन्धिं पुष्टिवर्धनम्।
   उर्वारुकमिव बन्धनान्मृत्योर्मुक्षीय माऽमृतात्॥ (यजुर्वेद)
3. जरदृष्टिं पृथिवी नः कृणोतु।

कवि निर्भय होकर वृद्धावस्था और मृत्यु का वरण करता है। राबर्ट ब्राउनिंग (1812-1889) की रब्बी बेन एजरा शीर्षक कविता की आरम्भिक पंक्तियाँ हैं—

Grow old along with me
the best is yet to be
the last of life,
for which the first was made,
our times are in his hands
who saith 'A whole I planned,
youth shows but half;
Trust God, See all, not be afraid.

ईसुरी ने मृत्युबोध को अभिव्यक्ति दी है, मृत्यु का भय उसमें नहीं है, बूढ़े हो जाने की भी कोई वेदना नहीं। वैदिक कवि की तरह सहज विदा लेते हुए वे कहते हैं—

मोरी राम राम सब कइयाँ
चल दये आज गुसइयाँ
दे लो दान बुला लो बामन
छिटका दइयो गइयाँ।
बैठी रओ जात नैं रइयो
अब हम टेरत नइयाँ
जियत पुन्न ले लओ ईसुरी
जम पकरे है गुइयाँ।

ईसुरी की कविता में एक-एक शब्द सामान्य अर्थ को छोड़कर विशिष्ट बन जाता है। ईसुरी जिस समाज में रहे, उसमें राम राम कहना किसी के स्वागत या नमन के लिए सामान्य शिष्टाचार है। 'मोरी राम राम सब कइयाँ' यही राम-राम अन्तिम बार नमन का अर्थ ग्रहण कर लेता है। बैठी रओ जात नैं रइयो, अब हम टेरत नइयाँ—इन पंक्तियों में प्रेयसी के लिए आखिरी घड़ी में साथ बने रहने के लिए आह्वान है, पर भय और कातरता नहीं है। जियत पुन्न ले लओ ईसुरी, जम पकरे है गुइयाँ—इसमें भी जीवन की स्वीकार और मृत्यु के भय का नकार है।

ईसुरी की कविता एक अर्थ में यह जीवन को उसकी सम्पूर्णता में स्वीकार करके किया गया मरण का वरण है, इस स्वीकार में परा भी मिलती है और अपरा भी, जो मृत्यु के पार अमृतपद तक ले जाती है। सुकृत का सच्चा पानी वहाँ है। वही रस है, जिससे सिंचकर जगत् हरा भरा रहता है, और यह हरियाली भी उसी

के देखने के लिए है, जिसने मरण का वरण किया, क्योंकि उसने परा और अपरा दोनों को साध लिया है—

मरण को जिसने वरा है, उसी ने जीवन भरा है
परा भी उसकी, उसी के अंक सत्य यशोधरा है।
सुकृत के जल से विसिंचित कल्प किंचित् विश्व उपवन
उसी की निस्तंद्र चितवन चयन करने को हरा है।

—निराला

ऊपर लिखे मृत्युपरक छन्द में ही नहीं, शृंगारवर्णन में भी ईसुरी काया को माया मानकर एक निःस्पृह भाव से देखते हैं। विरह के वर्णन में वे अपनी ही सूख गई काया को ताकते हैं, इसी निर्द्वंद्व भाव से—

जो तन हो गओ सूक छुहारो
वैसइ हतो इकारो
रैगइ खाल हाड़ के ऊपर
मकरी जैसो जारो।
मन भव बाँस बाँस भओ पिंजरा
रकत रहो न सारो
कहत ईसुरी सुन लो प्यारी
खटका लगत तुम्हारो

ईसुरी या कविता का आख्यायक अपनी ही काया को देखता है। शरीर सूखकर छुहारा हो गया है। ईसुरी छुहारे जैसा हो गया है यह कहकर उपमा नहीं देते। उपमा की जगह परिणाम अलंकार का प्रयोग करते हैं। परिणाम भी साधर्म्यमूलक अलंकार है, पर उसमें प्रस्तुत को अप्रस्तुत में परिणत होता हुआ दिखाया जाता है। शरीर सूख-सूख कर शरीर नहीं रह गया छुहारा हो गया है—ऐसा कहने में संसार में चीजें किस तरह बदल रही हैं इसका अतिशय के साथ बोध है। वैसइ हतो इकारो—यह कहकर शरीर की पूर्व की अवस्था और फिर ज की अवस्था दोनों को आमने-सामने रख दिया है। खाल हाड़ के ऊपर मकड़ी के जैसा जाला बनकर झूलती रह गई है—इसमें अतिशयमूलक बिम्ब है। शरीर बाँस बन गया है और बाँस के पिंजरे में मैं हूँ। यह सब ईसुरी कह रहे हैं निर्विकार होकर विकार और परिणतियों को देखते हुए। अन्तिम पंक्तियों में प्रेयसी के लिए खटका या आशंका बनी रही है अपने महाप्रयाण को लेकर कोई गिला नहीं। यह मृत्यु की आँख में आँख मिलाकर उससे साक्षात्कार है।

कहीं काया में रहकर तो कहीं काया से बाहर जाकर ईसुरी उस भाव को पाते

हैं, जो काया से परे है। काया के परे जो साहचर्य का भाव बचता है, वह ईसुरी में है। संसार के प्रपंच जिसे ईसुरी काम और धन्धा कहते हैं, और जिसमें देह भी शामिल है, उससे उबरकर जिस नैकट्य की कामना वे करते हैं—

एँगर बैठ लेव कछु कानैं
काम जनम भर रानैं
सब खौं लगत रात जनम भर
जो नइँ कभहुँ बढ़ानें
करियो काम घरी भर रैकें
बिगर कछू नइँ जाने
ई धन्धे के बीच ईसुरी
करत करत मर जानैं

मेरे पास बैठ लो, मुझे कुछ कहना है।
काम तो जीवन भर रहेगा।
यह सबके साथ जन्म भर लगा रहता है।
कभी खत्म होने को नहीं आता
घड़ी भर बाद काम कर लेना
इसमें क्या बिगड़ जाएगा?
ईसुरी कहते हैं कि इसी धन्धे के बीत
करते-करते मर जाना है।

आकुल आह्वान यहाँ भी है। पर उसके साथ ईसुरी की कविता का एक तर्क है। न्यायदर्शन में अनुमान के पाँच अंग कहे गए हैं—प्रतिज्ञा (हाइपोथीसिस), हेतु (कारण), उपनय (कारण की पुष्टि में तर्क), दृष्टान्त (उदाहरण) और निगमन (निष्कर्ष)। न्यायदर्शन की इस भाषा में ऊपर दिये छन्द के तर्क को व्यक्त करें तो कह सकते हैं कि प्रिया का जगत् के जंजाल को तजकर पास बैठना अधिक उचित है—यह प्रतिज्ञा वाक्य हुआ। क्योंकि काम तो जन्म भर लगा ही रहता है—यह हेतु वाक्य हुआ। सबके साथ यह काम इसी तरह लगा ही रहता है, यह कभी खत्म होने को आता ही नहीं यह दृष्टान्त वाक्य हुआ। घड़ी भर बाद काम करने बैठोगी—तो भी कुछ बिगड़ नहीं जाएगा—यह उपनय वाक्य हुआ। अन्यथा इस जगत् के प्रपंच में काम में खटते-खटते मर ही जाना है (इसलिए जितनी देर साथ बैठकर रस लें सकें—वही सार्थक है) यह निगमन वाक्य हुआ।

निराला भी वही बात कहते हैं, जो ईसुरी ने कही। पर उनकी उक्ति वेदान्त दर्शन के अनन्त में विश्राम लेती है, वैदिक ऋषियों का मधुभाव भी उसमें आता

है, पर वह तार्किकता छूट जाती है, जो ईसुरी के ऊपर दिये छन्द में है। निराला कहते हैं—

बैठ लें कुछ देर
आओ, एक पथ के पथिक से,
प्रिय अन्त और अनन्त के
तुम—गहन—जीवन—घेर

मौन मधु हो जाय
भाषा मूकता की आड़ में
मन सरलता की बाढ़ में
जलबिन्दु सा बह जाय
सरल अतिस्वच्छंद।
जीवन प्रात के लघु पात से
उत्थानपतनाघात से
रह जाय, चुप निर्द्वंद्व।

इस मधुभाव के बजाय ईसुरी विकट संकट में जिजीविषा का सन्धान करते हैं, वे काल से होड़ लेते हैं। वे जानते हैं कि जीवन की गाँठ जबरदस्त है, जिसे खोलने में काल अन्ततः हारेगा—

आसों ले गओ काल करौंटा
करो खाव सब खोंटा
गोऊँ पिसी को गिरुआ लग गओ
महुँवन लग लओ लौंका।
ककना दौरी सब धर आए
रे गओ फकत अनोटा
कहत ईसुरी बाँदे रहियो
जबर गाँठ को घौटा॥

ऊपर अथर्ववेद के काल को लेकर दिये गए मन्तव्य का हवाला दिया गया है। ऋषि कहते हैं कि कवि काल के अश्व पर सवार हो सकता है। अपने शारदा-स्तवन में कवि ईसुरी ने कुछ बातें ऐसी कही हैं जो उनकी सूझ को भारतीय मनीषा के सहस्राब्दियों पहले किये गए चिन्तन से जोड़ती हैं।

मोरी खबर सारदा लइये कंठ बिराजी रहिये
मैं अप अच्छर ना जानों भली कड़ी मिलदइये।

तौरे डेरा हिंगलाज में ह्याँ लों फेरा दइये
ईसुर कात सत्रु के बानें छीन के हम खाँ दइये
सेवा करों सारदा तोरी बुद्ध बड़ा दे मोरी
तोरे जस को हाल कात हों तुक खां लगे न देरी
काल फंद टर जाय, होय जो हिरदे बीच उजेरी
कंठ बैठ के काव्य बढ़ा देई आप कृपा कर हेरी
ईसुर तोरे चरनन खातर मोरी मत भइ चेरी॥

अथर्ववेद के कालसूक्त के ऋषि की वाणी को ईसुरी अपनी सहज बानी में कहते हैं। आशय वही है—रचना मृत्यु को निरस्त करती है, काल के फंदे को काट देती है—"काल फंद टर जाय, होय जो हिरदे बीच उजेरी।"

पारम्परिक भारतीय काव्यचिन्तन में यह माना गया कि कवि अपने आप को सारस्वत प्रवाह का माध्यम भर बनाता है। आनन्दवर्धन कहते हैं—

परस्वादानेच्छाविरतमनसो वस्तु सुकवेः
सरस्वत्येवैषा घटयति यछेच्छं भगवती।

जो कवि अपने सीमित चैतन्य का विसर्जन कर न तो अपनी ओर से रचने का आयास करता है, न किसी अन्य कवि की जूठन ही लेता है, उसकी रचना सरस्वती स्वयं घटाती चलती है। इस बात को बूझकर ही ईसुरी शारदा से अपनी कड़ी मिला देने का अनुरोध करते हैं।

एक अर्थ में ईसुरी का काव्य मरण का वरण कर मृत्यु को निरस्त करता है, और काल को अतिक्रान्त भी करता है। वहाँ एक-एक क्षण को अनन्त हो जाता है, इसलिए काल के फंदे कटते हैं, मृत्यु के बीच कविता अमरता का सन्धान करती है।

चलती बेर नजर भर हेरो
मन भर जावे मेरो
मिला लेव आँखन ते आँखें
घूँघट तनिक उघेरो
टपटप अँसुवन गिरत नैन सों
चितै चितै मुख तेरो
ईसुर कहत विदा की बेरा
होत विधाता डेरो

(चलते समय नजर भर के मुझे निहार लो
मेरा मन भर जाय।

आँखों से आँखें मिला लो
तनिक घूँघट उघाड़ लो
तुम्हारा मुख तक तक कर
नयनों से टप टप आँसू गिर रहे हैं
ईसुरी कहते हैं कि विदा की वेला में
विधाता भी वाम हो गया है।)

ईसुर वेदना की अभिव्यक्ति करते हैं पर वेदना में कविता को समाप्त नहीं करते। वेदना से निष्कृति और मृत्यु पर विजय की कविता रचते हैं।

अज्ञेय : पारम्परिक प्रज्ञा से संवाद

हिन्दी के यशस्वी कवि और उपन्यासकार अज्ञेय के पिता हीरानन्द शास्त्री इतिहास और पुरातत्त्व के विशेषज्ञ थे। उन्होंने अपने दो बड़े बेटों के नाम ब्रह्मानन्द और जीवानन्द रखे थे, इनकी अन्विति में उन्होंने छोटे बेटे का नाम सच्चिदानन्द रखा। जैनेन्द्र कुमार ने सच्चिदानन्द नाम की अन्विति में अज्ञेय यह साहित्यिक नाम दिया, इस पारम्परिक बोध के साथ कि सच्चिदानन्द तो अज्ञेय ही हो सकता है, अज्ञात नहीं। अज्ञेय को अपना यह उपनाम पसन्द न था, और वे इसे अपने ऊपर थोपा हुआ समझते थे। पर यह भी सत्य है कि इस अध्यारोप से विनिवृत्त होने या इससे पीछा छुड़ाने की भी अज्ञेय ने कोई कोशिश की हो, ऐसा नहीं लगता। एक अन्य साहित्यिक नाम 'कुट्टिचातन्' का उपयोग उन्होंने अवश्य किया—वे दिये हुए को नकारे बिना इसके परिपार्श्व में तदतिरिक्त कुछ और जोड़ना चाहते थे। कुछ इसी तरह से पारम्परिक प्रज्ञा के साथ उनके संवाद और विसंवाद का सिलसिला चलता रहा है।

1

प्रस्तुत प्रसंग में संवाद और विवाद के स्थान पर विसंवाद होना अधिक महत्त्वपूर्ण और सार्थक प्रक्रिया है। यहाँ विसंवाद का अर्थ विपथन या विचलन नहीं है, जो शैलीविज्ञान के अन्तर्गत बताया जाता है। शैलीविज्ञान आधुनिक भाषाशास्त्र की एक शाखा है। शैलीविज्ञान के अन्तर्गत डिस्टार्शन के लिए हिन्दी में विचलन या विपथन जैसे शब्द गढ़े गए। अज्ञेय के लिए तो यह कहना भी उचित नहीं लगता कि वे डिस्टार्शन या विपथन करते हैं, पर वे विसंवाद (विशिष्ट संवाद) अवश्य रचते हैं।

यहाँ 'संवाद' शब्द का प्रयोग उस अर्थ में किया जा रहा है जिस अर्थ में इसका प्रयोग ध्वनिसिद्धान्त के प्रवर्तक आचार्य आनन्दवर्धन ने किया है। आनन्दवर्धन कहते हैं कि मेधावी लोगों की बुद्धियों में परस्पर संवाद बहुधा देखा जाता है, पर इससे यह नहीं माना जाना चाहिए कि बाद वाले से दूसरे से कुछ उठा लिया है। आनन्दवर्धन की बात को आगे ले जाकर कह सकते हैं कि जिन पूर्ववर्ती रचनाओं या परम्पराओं

के साथ बाद के किसी कवि का संवाद देखा जा रहा है, उनसे इस कवि का साक्षात् परिचय ही न हो—यह भी सम्भव है। दो परम्पराओं में या दो बड़ी प्रतिभाओं में एक का अपनी पूर्ववर्ती परम्पराओं या कवियों के साथ भी संवाद हो सकता है। संवाद एक वैश्विक प्रक्रिया का अंग भी हो सकता है। दो रचनाओं में शब्द या वाक्य या विचार अथवा चिन्तन की समानता का होना इनमें संवाद है, जो तीन तरह का हो सकता है—प्रतिबिम्बवत् या प्रतिबिम्ब के समान, आलेख्यवत् अर्थात् चित्र या पेंटिंग के समान तथा तुल्यदेहिवत्। तुल्यदेहिवत् संवाद दो मनुष्यों में आकृति साम्य की तरह होता है, जिसमें दोनों का व्यक्तित्व और आत्मा अलग-अलग होती है। जिस प्रकार जुड़वाँ भाइयों की आकृतियाँ एक जैसी हो सकती हैं, पर उनके शील स्वभाव भिन्न हो सकते हैं, उसी प्रकार दो रचनाओं में ऊपरी समानता हो सकती है उनके अभिप्राय बहुत अलग हो सकते हैं। आनन्दवर्धन पहले दो तरह के संवादों को तुच्छ और तीसरी कोटि के संवाद को अच्छा मानते हैं।[1] राजशेखर इन तीन भेदों में एक भेद और जोड़ते हैं—परपुरप्रवेशसदृश।[2] रचनाकार दूसरे की रचना में किसी अन्य की परम्परा में ऐसे प्रवेश करता है जैसे अपने शहर से दूसरे शहर में और वह इस दूसरे शहर से संस्कार स्मृतियाँ लेकर अपने शहर में उनकी बसावट करता है। अज्ञेय पारम्परिक प्रज्ञा से संवाद परपुरप्रवेश की पद्धति से ही अधिक करते हैं। वे पहले की परम्परा से शब्द या अवधारणा लेकर आते हैं, पर उसे अलग रूप देते हुए नये सिरे से रचते हैं। पुनर्विन्यास और नवार्थसन्धान भी इस संवाद का हिस्सा बनता है। पुनर्विन्यास और नवार्थसन्धान की इस प्रक्रिया में उनकी कविता विसंवाद की चमक पैदा करती है।

आनन्दवर्धन यह कहीं नहीं कहते कि कवि को पूर्ववर्ती या समकालिक परम्पराओं अथवा महान् ग्रन्थों से संवाद बनाना चाहिए या बनाने का प्रयास करना चाहिए। उलटे वे यह कहते हैं कि सुकवि परस्वादानेच्छाविरतमानस वाला होता है, परायी सामग्री के ग्रहण का लालच वह नहीं करता। जब वह परस्वादानेच्छाविरतमानस वाला होकर या दूसरे की कविता से कुछ ग्रहण करने की इच्छा छोड़कर रहता है, तो सरस्वती उसकी रचना में विषयवस्तु की संगति स्वयं बिठाती चलती है।[3] अतः वास्तव में सुकवि स्वव्यापार तथा परस्वादान दोनों से विरत होता है—न वह किसी

---

1. संवादास्तु भवन्त्येव बाहुल्येन सुमेधसाम्।
नैकरूपतया सर्वे ते मन्तव्या विपश्चिता॥
2. संवादो ह्यन्यसादृश्यं तत्पुनः प्रतिबिम्बवत्।
आलेख्याकारवत्तुल्यदेहिवच्च शरीरिणाम्॥ —ध्वन्यालोक, 4.11,12
3. किन्तु त्रिपथमर्थमध्यगीष्महि यदुतान्ययोनिर्निह्नुतयोनिरयोनिश्च। तत्रान्ययोनिर्द्विधा—प्रतिबिम्बकल्पः, आलेख्यप्रख्यश्च। निह्नुतियोनिरपि द्विधा—तुल्यदेहितुल्यः परपुरप्रवेशसदृशश्च। (काव्यमीमांसा, अध्याय 12, चौखम्भा वि.भ., 198, पृ. 134)

का जूठा लेता है, न रचना के लिए अपनी ओर से ही कोई व्यापार करता है।[1]

अज्ञेय संवाद रचने वाले कवि हैं या परस्वादानेच्छाविरतमानस कवि?

बड़ी प्रतिभाएँ पहले की प्रतिभाओं या परम्पराओं के साथ संवाद यदि करती हैं, तो उनके बनाए रास्ते छोड़कर अपने रास्ते भी बनाती हैं। इसलिए वे संवाद भी करती हैं और विसंवाद भी, विवाद के स्थान पर विसंवाद शब्द का प्रयोग इसीलिए यहाँ किया जा रहा है कि विसंवाद विशिष्ट संवाद भी बन जाता है। अज्ञेय अपनी विलक्षण मेधा के साथ पारम्परिक प्रज्ञा से संवाद और विसंवाद दोनों का सिलसिला रचते हैं। इस सिलसिले के द्वारा पुरानी अवधारणाएँ पुनरीक्षित और पुनःपरिभाषित भी हो जाती हैं।

एक नमूना अज्ञेय की कविता का प्रस्तुत है। जीवनमुक्त की अवधारणा परवर्ती वेदान्त में आती है। ब्रह्मज्ञान पाकर देह छूटने तक व्यक्ति अपनी काया में बना रहता है—यह जीवन्मुक्ति की स्थिति है। जीवनमुक्त शब्द अज्ञेय वहाँ से उठाते हैं पर उसे नया अर्थ दे देते हैं—

साँस का पुतला हूँ मैं
जीवन से बँधा हुआ हूँ और
मरण को दे दिया गया हूँ :
पर एक जो प्यार है न, उसी के द्वारा
जीवन्मुक्त मैं किया गया हूँ

जीवन्मुक्ति वेदान्त का पारिभाषिक शब्द है। अज्ञेय के संस्कार में उसके पारिभाषिक अर्थ की अवगति अवश्य रही होगी। पर वेदान्त में जीवन्मुक्त प्यार नहीं करता, वह तत्त्वज्ञान या परम चेतना के साथ अपने अभेद का भान करता है।

एक अन्य उदाहरण लें—

मैं एक शिविर का प्रहरी भोर जगा
अपने को मौन नदी के खड़ा किनारे पाता हूँ
मैं, मौन मुखर, सब छन्दों में
उस एक अनिर्वच, छन्द मुक्त को
गाता हूँ।

---

1. परस्वादानेच्छाविरतमनसो वस्तु सुकवेः।
सरस्वत्यैवेषा घटयति यथेच्छं भगवती॥ —ध्वन्यालोक, चतुर्थ उद्योत-17
येषां सुकवीनां प्राक्तनपुण्याभ्यासपरिपाकवशेन प्रवृत्तिस्तेषां परोपरचितार्थरिग्रहनिःस्पृहाणां स्वव्यापारो न क्वचिदुपयुज्यते। सैव भगवती सरस्वती स्वयमभिमतमर्थमाविर्भावयति। एतदेव हि महाकवित्वं महाकवीनाम्। —ध्वन्यालोक, चतुर्थ उद्योत, चौखम्भा वि.भ., संवत् 2021, पृ. 600

छन्द मौन भी हो और मुखर भी हों—आपाततः दोनों बातें एक साथ सम्भव नहीं हैं—अतः इस कथन में विरोधाभास अलंकार है। व्यंजना यह है कि मौन के भीतर गहरे आशय निहित होते हैं। चुप्पी बोलती है। छन्दों में छन्दमुक्त को गाने की बात में भी विरोध अलंकार है। यहाँ फिर वेदान्त की परिभाषाएँ तोड़ी गई हैं। जो अनिर्वचनीय है, वह शब्दों का विषय नहीं बन सकता, जो छन्दों के परे है, वह छन्दों में नहीं बाँधा जा सकता।

आत्मा, रस, करुणा, शून्य, महाशून्य—ये शब्द अपने दार्शनिक अभिप्रायों के साथ अज्ञेय की कविता में बहुशः आते हैं। अज्ञेय इनकी अवधारणाओं को समेटते हुए कहीं इनमें कुछ और जोड़ देते हैं, कहीं वे इनके समानान्तर अपने नये शब्द रखते हैं, जैसे—मौन, सन्नाटा, सूनापन। अज्ञेय की कविता का मौन, सन्नाटा या सूनापन अन्य आधुनिक कविताओं के मौन या सूनेपन से भिन्न है, क्योंकि वह शून्यवाद, विज्ञानवाद या माध्यमिक दर्शन के प्रत्ययों को अपनी कविदृष्टि में पुनःपरिभाषित करने की प्रक्रिया का अंग बनकर आता है।

यह आवश्यक नहीं कि एक प्रतिभा पूर्ववर्ती विचारों, अभिव्यक्ति प्रकारों या कथनभंगियों से संवाद सचेत होकर करे। यह संवाद और विसंवाद की प्रक्रिया विचारों, अभिव्यक्तिप्रकारों या कथनभंगियों के महासागर में स्वतः उमड़ती उर्मियों की तरह हो सकती है, कौन-सी लहर कब किस दूसरी पहले से चली आ रही लहर से मिल जाए, और फिर उससे अलग हो जाए, कहा नहीं जा सकता। प्रतिभा एक विराट् गतिशील दर्पण बन जाती है, इसमें कब कौन सा दृश्य प्रतिबिम्बित हो जाएगा, और प्रतिबिम्बित होकर किस तरह वह पहले से विद्यमान किसी अन्य प्रतिबिम्ब से जुड़ जाएगा यह भी कहा नहीं जा सकता। बुद्ध, नागार्जुन और जिद्दु कृष्णमूर्ति का उपनिषद् के वचनों से, गौड़पाद और शंकराचार्य का बुद्ध के वचनों से, देरिदा और फूको का नागार्जुन और भर्तृहरि के चिन्तन से जैसे संवाद के साथ विसंवाद चलता है, ऐसे ही अज्ञेय के काव्य में संवाद और विसंवाद हुआ है।

अज्ञेय संस्कृतज्ञ नहीं हैं। अनुवाद के माध्यम से या विद्यानिवास मिश्र आदि के साहचर्य से वे संस्कृत शास्त्रों को भी समझने का प्रयास करते हैं। अपनी कविता में संस्कृत के उद्धरण भी दे देते हैं, जो उन्होंने अशुद्ध रूप में याद करके जोड़ दिये हैं। 23 सितम्बर, 1948 के दिन इलाहाबाद में लिखी कविता सबेरे सबेरे में वे लिखते हैं—'कैसे आशीर्वच—मुदन्तु सर्वे प्रसीदन्तु सर्वे/ सर्वे सुखिनः सन्तु। गावे कोई?' पर इतनी प्रतिभा उनमें है कि कहीं न कहीं शायद समझ रहे हैं कि उनसे संस्कृत के उद्धरण को याद रखने में या उसमें अपने मन से उलटफेर करने में व्याकरण की चूक हो सकती है, कदाचित् इसीलिए इसी कविता में आगे जोड़ देते हैं—'ऐसी औंधी खोपड़ी क्यों पावे कोई?'[1]

1. अज्ञेय संचयिता, पृ. 33

वैदिक सूक्तों से भावबोध नरेश मेहता अपनी कुछ कविताओं में लेकर आते हैं। अज्ञेय वेदों तक भी जाते हैं, उनकी उमंगी कांक्षाएँ लीला करके छू आती हैं 'रंगारंग फानूस व्यूहरचित अम्बरतलवासी द्यौस्पितर के!'[1]

हो सकता है कि अज्ञेय ने द्यौष्पितर सही लिखा हो और मुद्रण की अशुद्धि से द्यौस्पितर हो गया हो।

16 सितम्बर, 1957 के दिन तोक्यो में लिखी कविता 'घाट घाट का पानी' में अज्ञेय आसिधारव्रत की बात करते हैं, पर यह आसिधारव्रत 'होने और न होने की सीमारेखा पर सदा बने रहने का' है।[2] आसिधारव्रत या तलवार की धार पर चलने के व्रत की चर्चा कालिदास जैसे कवियों ने की है। अज्ञेय की कविता में यह एक मुहावरा बनकर भी आता है इसके द्वारा वे अपने रचनाकर्म को परिभाषित भी करते हैं।

अज्ञेय के रचना संसार में संवाद का एक और अर्थ भी है। अज्ञेय की अपनी रचनाओं में परस्पर संवाद है, उनके वैचारिक लेखन और कविताओं के बीच एक संवाद है, यही नहीं उनके वैचारिक लेखन, रचनात्मक लेखन और उनके व्यक्तिगत जीवन में एक संवाद है। उनके समग्र व्यक्तित्व में एक संगति है, इसलिए अज्ञेय अपने भीतर और बाहर के संसार से संवाद कर सकते हैं।

वैचारिक स्तर पर अज्ञेय का संवाद कहीं पर भर्तृहरि से, कहीं नागार्जुन से, तो कहीं जापान की परम्पराओं से बनता दिखता है, पर इससे यह नहीं कहा जा सकता कि वे इनसे प्रभावित हुए हैं। अब जबकि उत्तर आधुनिक चिन्तन में भर्तृहरि और नागार्जुन की अर्थवत्ता नये सिरे से पहचानी जा रही हो, अज्ञेय की अनेक अवधारणाएँ भर्तृहरि और नागार्जुन के बहुत करीब आ जाएँ—यह आनन्दवर्धन के द्वारा बताई गई संवाद-प्रक्रिया के निष्पत्ति हो सकती है।

अज्ञेय की अनेक कविताओं में दार्शनिक विचार समोये हुए हैं। वे अपनी कविता में यों ही चलते रास्ते इनका जुड़ाव कर लेते हैं और इन्हें लेकर गम्भीर नहीं हैं—यह भी नहीं कहा जा सकता। वे अनेक स्थलों पर देह, मन, आत्मा, ईश्वर, असीम और अनन्त को पुनःपरिभाषित करते हुए अपने ढंग से इनकी पारम्परिक अवधारणाओं से संवाद और विसंवाद रचते हैं। जैसे—

देह—
वल्ली
रूप को
एक बार बेझिझक देख लो।

---

1. अज्ञेय संचयिता, पृ. 33
2. वही, पृ. 85

पिंजरा है? पर मन इसी में से उपजा
जिसकी उन्नत शक्ति आत्मा है।

(बावरा अहेरी, द्वि. सं., पृ. 28)

देह के पिंजरे में से ही मन उपजता है, और मन की उन्नतशक्ति आत्मा है। देह नश्वर है, मन भी देह में से उपजता है देह के नाश के साथ मन का भी नाश हो जाता है। आत्मा देह से उपजे मन की शक्ति है। देह और मन के नाश के साथ ही वह भी समाप्त हो जाएगी। यह देहात्मवाद का नवाविष्कार है।

चार्वाक दर्शन भी देह से भिन्न आत्मा का अस्तित्व स्वीकार नहीं करता। पर अज्ञेय चार्वाक तो है नहीं। कविता में वे कहीं न कहीं से बौद्धों के क्षणभंगवाद की सीमाओं का स्पर्श करते हैं।

वे इस अर्थ में रहस्यवादी हैं कि सृष्टि में बहुत अनिर्वचनीय और अज्ञेय बना रहता है। पर वे ईश्वर में इस रहस्यवाद का पर्यवसान नहीं होने दे सकते।

मैं भी एक प्रवाह में हूँ—
लेकिन मेरा रहस्यवाद ईश्वर की ओर उन्मुख नहीं है
मैं उस असीम शक्ति से
सम्बन्ध जोड़ना चाहता हूँ—
अभिभूत होना चाहता हूँ—
जो मेरे भीतर है (पूर्वा, द्वि. सं., पृ. 79)

दृश्यमान भौतिक जगत् को ही केवल सत्य मानकर उससे परे किसी सत्ता को नकारने वालों में भी वे नहीं हैं, और इस जगत् के परे किसी सत्ता को ईश्वर आदि नाम देकर पूजने वालों में से भी वे नहीं हैं। वे मनुष्य के भीतर ही इस सत्ता को पहचानने की बात कहते हैं। इस दृष्टि से मनुष्य एक सम्भावना है।

शक्ति असीम है
मैं शक्ति का एक अणु हूँ
मैं भी असीम हूँ (पूर्वा, द्वि. सं. पृ. 79)

अज्ञेय के सन्दर्भ में परम्परा से संवाद की चर्चा इसलिए भी सही है कि 'चिड़िया ने ही कहा' शीर्षक कविता में वे तो खुद ही सर्जन की यह परिभाषा देते हैं—

सभी सर्जन केवल
आँचल पसार कर लेना।

आनन्दवर्धन ने जिसे परस्वादानेच्छाविरतमानस वाला कवि कहा है, अज्ञेय ने एक रूपक के द्वारा उसकी बहुत सटीक छवि रच दी है। कवि का यह आँचल

पसार लेना सरस्वती को अपने भीतर घटित होने देने के लिए है। आँचल पसार कर लेने वाले स्वयं दूसरे की सामग्री बटोरने का यत्न नहीं करता, उसकी झोली में आ जाए, वह उसके लिए ग्राह्य हो जाता है।

दूसरा सप्तक की भूमिका में वे एक तरह से परम्परा को लेकर अपने रचनाकर्म को परिभाषित भी करते हैं—'परम्परा कोई पोटली बाँधकर अलग रखी हुई चीज़ नहीं है, जिसे वह (कवि) उठाकर सिर पर लाद ले और चल निकले। परम्परा का कवि के लिए कोई अर्थ नहीं है, जब तक उसे ठोक-बजा कर, तोड़-मरोड़ कर देखकर आत्मसात् नहीं कर लेता, जब तक वह इतना गहरा संस्कार नहीं बन जाता कि उसका चेष्टापूर्वक ध्यान रखकर निर्वाह करना अनावश्यक हो जाए। तभी वह संस्कार देने वाली परम्परा कवि की परम्परा है, नहीं तो इतिहास है, शास्त्र है, ज्ञान भंडार है, जिससे अपरिचित भी रहा जा सकता है।'

आत्मनेपद में वे फिर कहते हैं कि 'परम्परा वह रस है, जिसे हम बूँद-बूँद अपने में संचय करते हैं या नहीं करते, तो कोरे रह जाते हैं।'

कवि न अन्य किसी स्रोत से कुछ ले, न अपना स्वयं का कोई व्यापार करे, तो फिर रचना ही कैसे सम्भव होगी? आनन्दवर्धन कहते हैं कि रचना रची नहीं जाती, वह घटित हो जाती है। सरस्वती अपने आप को घटित करती है। परस्व या पराये शब्द और पराये अर्थों को लेने से विरत हो चुके सुकवि के भीतर से वह अपने को घटित करती है।

आनन्दवर्धन की शब्दावली लेकर असाध्य वीणा की व्याख्या करें, तो हम देखते हैं कि वीणावादक प्रियंवद स्वव्यापार से भी विरत हो जाते हैं और पर के आदान से भी। वे बस उस संगीत के लिए अपने को रीता करते हैं, जो स्वयं घटित होता है—

तू उतर बीन के तारों में
अपने से गा
अपने को गा
अपने खगकुल को मुखरित कर!
...
मैं नहीं, नहीं, मैं कहीं नहीं
ओ रे तरु ओ वन
ओ स्वर संभार
ओ नादमय संसृति
ओ रस प्लावन!
मुझे क्षमा कर

भूल अकिंचना को मेरी—
मुझे ओट दे, ढक ले छा ले
ओ शरण्य!
मेरे गूँगेपन को तेरे सोये स्वर सागर का ज्वार डुबा ले!
आ मुझे बुला,
तू उतर बीन के तारों में
अपने से गा
अपने को गा
अपने खगकुल को मुखरित कर!

प्रियंवद वीणा के तारों पर मस्तक टेक देते हैं, यह अहं के विलयन की भूमिका है। वज्रकीर्ति, प्राचीन किरीटी तरु और अभिमंत्रित वीणा—इनका ध्यान मात्र ही उनके लिए गद्‌गद और विह्वल कर देने वाला है। असाध्य वीणा को साधना उनके लिए उस पेड़ को देखना, सुनना और गुनना है, जिसका काठ उस वीणा में लगा है। प्रियंवद ने इस किरीटी तरु का जो स्तवन किया है वह उसमें भारतीय मनीषा का दर्शन कविता में ढलकर उतरा है। इस स्तवन के साथ प्रियंवद उस तरु से एकाकार हो जाते हैं—वे उसकी गोद में बैठे मोद भरे बालक बन जाते हैं और अपने को असहाय उसके लिए अर्पित कर देते हैं।

अपने से अपने को गाना—यह अभिव्यक्ति अज्ञेय के सारे रचनाकर्म की भी एक व्याख्या है। पूरी कविता उस प्रक्रिया की एक व्याख्या ही नहीं, उसका एक सांगरूपक में निदर्शन भी है, जिसे आनन्दवर्धन ने सरस्वती का कवि के भीतर घटित होना कहा है।

वीणा अपने आप में जड़ ही है, वह अपने युग में हर बार अलग-अलग न बजाई जाए। अज्ञेय की असाध्य वीणा एक माध्यम बन गई है जिसमें महाशून्य व्यक्त होता है—

श्रेय नहीं कुछ मेरा
मैं तो डूब गया था स्वयं शून्य में
वीणा के माध्यम से अपने को मैंने
सब कुछ को सौंप दिया था।
सुना आपने जो वह मेरा नहीं,
न वीणा का था :
वह तो सब कुछ की कथता थी—
महाशून्य
वह महामौन

अविभाज्य, अनाप्त, अद्रवित, अप्रमेय,
जो शब्दहीन सब में गाता है। (असाध्य वीणा)

भारतेन्दु और प्रसाद के बाद अज्ञेय पारम्परिक प्रज्ञा से जिस स्तर पर संवाद और विसंवाद रचते हैं, वह कम कवियों में मिलता है। विशेष रूप से—उपनिषद् दर्शन अथवा भर्तृहरि और नागार्जुन के चिन्तन के साथ अपनी कविता और वैचारिक निबन्ध दोनों में रचनात्मक संवाद और उतने ही रचनात्मक विसंवाद अज्ञेय में है।

यह संवाद और विसंवाद वे नागार्जुन या जापानी बौद्ध दर्शन के शून्यवाद के साथ विलक्षण ढंग से करते हैं। वे इसे अपनी कविता का मौन या सन्नाटा बना लेते हैं। अज्ञेय उन इने-गिने कवियों में हैं, जिन्होंने छन्द में विराम या मौन के तत्त्व को समझकर कविता लिखी। गति और यति के सम्मिश्रण से छन्द में लय उत्पन्न होती है—यह पिंगल के शास्त्र का सिद्धान्त है। यति का अर्थ विराम या एक अर्थ में मौन ही है। भरतमुनि कहते हैं कि यह विराम ही कविता में अलंकार बन जाता है—ये विरामाः स्मृता वृत्ते तेष्वलङ्कार इष्यते।

अज्ञेय कहते हैं—

मौन का ही सूत्र
किसी अर्थ को मिटाये बिना
सारे शब्द क्रमागत
सुमिरनी में पिरोता है (आँगन के पार द्वार, पंचम सं., पृ. 41)

शैवशास्त्रों या आगमों में यह माना गया कि कोई भी वक्ता एक वर्ण से अन्य वर्ण, एक शब्द से अगले शब्द पर पहुँचते हुए जो विराम लेता है, ईश्वर उसमें बसते हैं। संवित्प्रकाश में वामनदत्त कहते हैं—

अयमुच्चारयन् शब्दं वर्णाद् वर्णं कथं व्रजेत्।
यावन्मध्ये न विश्रान्तस्त्वयि शुद्धचिदात्मनि॥[1]

अज्ञेय इस यति या विराम से कविता में मौन या सन्नाटा बुनते हैं। यह सही है कि न तो पिंगल शास्त्र किसी अवधारणा को मन में रखकर अज्ञेय कविता लिख रहे हैं, न शैवागमों के मूल ग्रन्थों से ही कदाचित् वे परिचित हैं। वे मौन को धागा बना लेते हैं, शब्दों को मोती और अर्थ को सुमिरनी, तब छन्दःशास्त्र की यति, गति और लय की अवधारणा को पुनःपरिभाषित करते हैं। इससे उनकी कविता की संरचना कुछ अलग हो जाती है। उनकी शून्य, महाशून्य, मौन और सन्नाटे के बारे में रची कविताओं को हम गति और क्षिप्रता के साथ नहीं पढ़ सकते हैं—कम-से-कम उस तरह से तो नहीं ही पढ़ सकते जिस तरह से प्रसाद की हिमाद्रितुंगशृंग इत्यादि

1. संवित्प्रकाश-43, सं. भागीरथप्रसाद वागीश, सम्पूर्णानन्द संस्कृत वि.वि., 1993, पृ. 5

पंचचामर छन्द की कविता या गीत को हम पढ़ सकते हैं। मुक्त छन्द चुनने के पीछे कदाचित् यही दृष्टि हो कि उसमें विराम या पाठ को रोकने और तोड़ने की गुंजाइश भरपूर रहती है। अज्ञेय की क्षिप्रता या गति के साथ पाठ की जाने वाली कविताएँ भी अनेक हैं, जहाँ निरन्तर परिवर्तित होती प्रकृति के बिम्ब हैं, पर मौन और सन्नाटे पर लिखी गईं उनकी कविताओं को हम जल्दी से सपाटे में नहीं पढ़ सकते। जैसे—

पहले मैं सन्नाटा बुनता हूँ
उसी के लिए स्वर तार चुनता हूँ

यहाँ पाठ में पहला शब्द 'पहले'—अपनी पढ़त के साथ ही विराम की माँग करता है। इसी को बदलकर यदि—मैं सन्नाटा बुनता हूँ पहले—यह पाठ कर दिया जाए, तो विराम की स्थिति भी बदल जाएगी। पर इन पंक्तियों को यदि हम जल्दी पढ़ भी जाएँ, तो आगे जल्दी पढ़ने पर रोक है—

ताना : ताना मजबूत चाहिए : कहाँ से मिलेगा?

छन्द की लय में जो मौन है, वह अनकहे और अपनी अनुगूँज छोड़ने वाले सन्नाटे से जुड़ता है। छन्द:शास्त्र की परम्परा के साथ इस अर्थ में यह अज्ञेय का विशिष्ट संवाद भी कहा जा सकता है। नन्ददुलारे वाजपेयी ने छन्द:शास्त्र के विधान को तोड़ने के लिए उनकी कटु आलोचना भी की।

अज्ञेय आत्मा का महाशून्य के साथ परिणय कराते हैं, वे उपनिषद्, नागार्जुन, कबीर—इनके साथ एक साथ संवाद रच रहे होते हैं—

अरी ओ आत्मा री
कन्या भोली क्वाँरी
महाशून्य के साथ भाँवरें तेरी रची गईं
जा आत्मा जा
कन्या वधु का
उसकी अनुगा
वह महाशून्य ही अब तेरा पथ—
लक्ष्य, अन्न जल पालक पति—
आलोक, धर्म
तुझको वह एकमात्र सरसाएगा
ओ आत्मा री!
तू गई वरी
ओ सम्पृक्ता
ओ परिणीता/ महाशून्य के साथ
भाँवरें तेरी रची गईं।

शल्य जी इस कविता की कबीर की पंक्तियों "दुल्हन गावहु मंगलचार, म्हारे घर आयहु राजा राम भरतार" से तुलना करते हुए कहते हैं कि कबीर की पंक्तियों में अत्यन्त सजीव मूर्त बिम्बों के स्थान यहाँ उतने ही सजीव अमूर्त बिम्बों ने ले लिया है।

कबीर की कविता में उत्सव का आनन्द है इस कविता में व्यथा घुली हुई है। क्या इसे बुद्ध की करुणा की छाया माना जाय?

चक्रान्तशिला शृंखला की बारहवीं कविता आत्मा को सम्बोधित है, नववधू के घर छोड़कर जाने का सारा मार्मिक दृश्य यहाँ उकेरा गया है।

हाँ, छूट चला यह घर यह उपवन
परिचित परिगण, मैं भी आत्मीय सभी
पर खेद न कर हम थे इतने तक के अपने
हम रचे ही गए थे यथार्थ आधे, आधे सपने।
आँखें भर कर ले फेर
और अंजलि दे बिखेर—
पीछे को फूल
स्मरण के कृतज्ञता के, सब के—
हम नहीं पूछते जो हो बस, मत हो परिताप कभी।

(आँगन के पार द्वार, चक्रान्तशिला—पंचम सं., पृ. 46-47)

बौद्धों के शून्यवाद या नागार्जुन के माध्यमिक दर्शन से अज्ञेय स्पष्ट संवाद बनाते हैं। असाध्य वीणा शल्य जी के अनुसार परावाक् भूत बुद्ध के स्वरूप का अथवा यों कहें, चेतना की सम्बोधि अवस्था का मूर्त बिम्बों में अद्‌भुत अर्थोन्मेष है।[1]

शून्य को भजता हुआ भी मैं
पराजय को बरजता हूँ
चेतना मेरी बिना जाने
प्रभा में निमजती है
मैं स्वयं अभिषिक्त
सजता हूँ।

यशदेव शल्य ने तो इस कविता का विषय ही शून्यवाद माना है। "शून्यता की बात महात्मा बुद्ध ने की है और नागार्जुन ने उसे दार्शनिक युक्ति तर्क के साथ एक सैद्धान्तिक आधार दिया है, किन्तु अज्ञेय को उससे कुछ लेना-देना नहीं है, वे इस दृष्टि के महात्मा बुद्ध के जीवन में प्रतिफलन का अपनी भावना दृष्टि में

1. काव्यविमर्श, पृ. 95

साक्षात्कार कर उसे अभिव्यक्ति देते हैं, अथवा यह भी कह सकते हैं कि कवि के रूप में वे नागार्जुन की तार्किक युक्तियों से जिस जीवन के लक्षित देखते हैं, उसे अभिव्यक्ति देते हैं। इसी में इसका काव्यत्व है। इस कविता की प्रामाणिकता इसके तर्कत: सिद्ध होने में नहीं होकर कवि के भावन की सच्चाई में है। अभिव्यक्ति की भावना में समीचीनता और उसकी स्वयं में समृद्धि कविता का अतिरिक्त गौरव है।"

यह महाशून्य का शिविर
असीम छा रहा ऊपर
नीचे यह महामौन की सरिता
दिग्विहीन बहती है

यह बीच अधर मन रहा टटोल
प्रतीकों की परिभाषा आत्मा में जो अपने से ही खुलती रहती है
रूपों में एक अरूप सदा खिलता है
गोचर में एक अगोचर, अप्रमेय
अनुभव में एक अतीन्द्रिय
पुरुषों के हर वैभव में ओझल
अपौरुषेय मिलता है।

अज्ञेय मौन, सन्नाटा और एकान्त की स्थितियों को अपने भीतर के अनुभवों से परिभाषित करते हैं, यदि ये परिभाषाएँ कहीं बुद्ध, नागार्जुन, या जापानी बौद्ध परम्पराओं की परिभाषाओं से संवाद रखती हैं, तो यह संवाद जान-बूझ कर सचेत या सायास रूप में नहीं हो रहा है, यह एक विराट् वैश्विक प्रक्रिया के अंग के रूप में हो रहा है। साथ ही अज्ञेय की अपनी परिभाषाएँ भी इनमें जुड़कर इनको नई अर्थविच्छित्तियों से जोड़ती हैं।

2

पारम्परिक प्रज्ञा के साथ अपने विशिष्ट संवाद या विसंवाद में अज्ञेय अनेक पारम्परिक अवधारणाओं को पुनर्विन्यस्त करते हैं। एक उदाहरण उनकी उधार कविता का यहाँ लिया जा रहा है, जिसमें एक अर्थ में ऋण या उधार की भारतीय अवधारणा का किंचित् संवाद और उससे अधिक विसंवाद देखा जा सकता है—

सबसे उधार माँगा, सबने दिया
यों मैं जिया, और जीता हूँ
क्योंकि यही सब तो है जीवन

गरमाई, मिठास, हरियाली, उजाला
गंधवाही मुक्त खुलापन
लोच, उल्लास, लहरिल प्रवाह
और बोध भव्य निर्व्याज निस्सीम का;
ये सब उधार पाए हुए द्रव्य।

यहाँ जीवन एक उधार में मिला द्रव्य है—यह रूपक बनता है। कविता के पीछे यह बोध स्पष्ट है कि भारतीय परम्परा में मनुष्य और जीवन की अवधारणा और पश्चिमी परम्परा या आधुनिक समाज में मनुष्य और जीवन की अवधारणा अलग है। हमारे यहाँ मनुष्य और मनुष्य जीवन की अवधारणा यह है कि हर आदमी कुछ ऋणों या दायित्वों के साथ जन्म लेता है, और इन ऋणों या दायित्वों को चुकाने में जीवन है। पश्चिम में या आधुनिक समाज में एक बड़े स्तर पर मनुष्य की अवधारणा यह है कि हर आदमी कुछ अधिकारों के साथ जन्म लेता है, और इन अधिकारों को हासिल करने में या उनके लिए लड़ने में जीवन है। अज्ञेय अपनी कविता में उन ऋषियों की परम्परा से जुड़ जाते हैं, जिन्होंने जीवन को ऋणत्रय (देवऋण, ऋषिऋण और पितृऋण) में बँधा देखा।

अज्ञेय ऋण के इस कोटित्रय को फैलाकर असीम बना देना चाहते हैं। सारा जीवन ही ऋण या उधार पाया हुआ द्रव्य है। तब इसे जैसा समग्र लिया है, वैसा समग्र लौटाना होगा, टुकड़े करके इसका निर्यातन नहीं हो पाएगा। सारा जीवन ही यदि उधार है तो इसमें से काटकर क्या लौटाया जाएगा? इसे लौटाना तो पूर्ण को पाकर पूर्ण में समाना होगा।

परम्पराएँ कभी-कभी सिकुड़ जाती हैं। कवि, सन्त ज्ञानी उन्हें फिर तोड़कर विस्तारित कर देते हैं। इस कविता में कुछ विसंवाद है। परम्परा में तीनों ऋणों की जो अवधारणा है, उसमें जीवन ऋणों के निर्यातन या चुकाते जाने में है, यहाँ जीवन ही सारा का सारा उधार है। पारम्परिक बोध में यदि सारा जीवन ही ऋणनिर्यातन का क्रम है, तो इस क्रम के परिपालन की प्रविधियाँ पंचमहायज्ञ आदि के रूप में वहाँ प्रतिपादित की जाती हैं।[1] पर उधार चुकाने की प्रक्रिया नहीं, जीवन उधार ही हो जाए, तो लौटाई जाने वाली सामग्री लौटाने वाले से अलग ही नहीं रह गई। कदाचित् इसलिए अज्ञेय ने सबसे उधार लेकर फिर उधार चुकाने की बात नहीं की है—

रात के घुप अँधेरे में
मैं सहमा हुआ चुप रहा, अभी तक मौन हूँ,
अनदेखे अरूप को

1. अध्यापनं ब्रह्मयज्ञो नृयज्ञोऽतिथिपूजनम्।
हौमो दैवो बलिभौंतो पितृयज्ञस्तु तर्पणम्॥ (मनु. 3.70)

उधार देते मैं डरता हूँ
क्या जाने यह याचक कौन है?

साथ ही भारतीय परम्परा जिस ऋण की बात करती है, उसे माँगने नहीं जाया जाता, वह तो परम्परा ने स्वतः सहेजकर अपनी थाती की तरह सौंपती है। यशदेव शल्य 'उधार' कविता के बारे में कहते हैं—

> कवि धूप से, चिड़िया से, घास की पत्ती से, शंखपुष्पी से, हवा, लहर से, आकाश से—सबसे उधार माँगता है। इनसे वह जो माँगता है, और जिन शब्दों में माँगता है, उसकी भी महिमा अद्‌भुत है।...क्या इसमें 'ईशावास्यमिदं सर्वं यत्किंच जगत्यां जगत्' मंत्र में व्यक्त आर्ष साक्षात्कार कवि की अनुभूति में अपने अर्थों के वैभव का समृद्ध और स्फुट प्रत्यक्ष करता नहीं दिखाई देता?

तथापि इस कविता में ईशावास्योपनिषद् व्यक्त हुआ हो ऐसा तो नहीं कहा जा सकता है, पूरी कविता ही एकदम अलग स्तर पर पहुँचती है, जब कोई 'अनदेखा रूप' जब प्यार माँगता है, तो यह कवि 'सहमा हुआ चुप' रह जाता है और 'अभी तक मौन' है। यहाँ ईशोपनिषद् से संवाद या विसंवाद रचा जा रहा है, या एक बार फिर शून्य से उपजी मौन की तलहटियों में जाकर विसंवाद रचा जा रहा है?

देने की बात अज्ञेय एक अन्य कविता 'भीतर जागा दाता' में करते हैं। यहाँ मतियाया सागर जो लहराता है, हरी-भरी धरती सवत्सा कामधेनु—और आकाश ये सब जो कवि के 'अनुभव अद्वितीय' में हैं—सब कवि दे देता है। कहा जा सकता है कि नागार्जुन के माध्यमिक दर्शन या विज्ञानवाद के अनुसार आत्मा ही बाहर की सारी प्रकृति के रूप में उन्मिषित है। बाहर की सारी प्रकृति का दान आत्म का दान है।

यशदेव शल्य ऐसी कविताओं को भारतीय आध्यात्मिक मूल्यों की अद्‌भुत सृजनात्मक अभिव्यक्ति मानते हैं, जहाँ सृजनात्मकता "एक आत्मप्रतिष्ठ, आत्मप्रामाणिक, आत्म-अव्यवहित चित्त का भाव" है। और अज्ञेय के काव्य में "चित्त का यह भाव ऐसे बोध से सम्पन्न था, जिसमें सृष्टि देवतत्त्व से अभिनिविष्ट और हृदय ईश्वरतत्त्व की सन्निधि में" हो जाता है। इस सन्दर्भ में वे 'भीतर जागा दाता' कविता को वैदिक ऋषि के यज्ञतत्त्व के साक्षात्कार का नवसाक्षात्कार मानते हैं और इस कविता में 'ईश की व्याप्ति' और उससे तादात्म्य के भाव न उपजे आनन्द देखते हैं, कहते हैं—

> भारत की आध्यात्मिक संस्कृति की विशिष्ट दृष्टि इस कविता में जैसे कवि के अपने साक्षात्कार के माध्यम से व्यंजित हुई है, उसकी तुलना अन्यत्र मिलना कठिन होगा।[1]

---

1. काव्यविमर्श, पृ. 95

3

काल पर विमर्श अज्ञेय के वैचारिक लेखन में भी हुआ है और उनके रचनात्मक साहित्य में भी। भारतीय परम्परा में काल की अवधारणा एकरेखीय नहीं है इसका विस्तृत निरूपण भी अज्ञेय ने जिस तरह किया है, आधुनिक विमर्श में अन्यत्र दुर्लभ है। पर इस विमर्श से कुछ लोगों ने यह भ्रान्त धारणा भी बना ली है कि काल का भारतीय अवबोध एकरेखीय न होकर चक्राकार या वर्तुलाकार है। वस्तुतः ऐसा मान लेना भी एकांगी अवधारणा होगी। शैवशास्त्रों में काल के चार रूप माने गए—वह तरंगाकार भी हो सकता है, वर्तुलाकार भी, चक्राकार भी और एक रेखीय भी। भागवत आधिभौतिक आधिदैविक और आध्यात्मिक इन तीन रूपों में काल की मीमांसा करते हुए उसे दिक् से संवलित कहता है।

वैदिक ऋषियों की दृष्टि में एक अखंड काल का स्वरूप है, जो परम तत्त्व है। पर उसके साथ सखंड काल भी है। अथर्ववेद के कालसूक्त में दोनों की बात है, काल के दिक् के साथ सम्बन्ध की चर्चा भी ऋषि ने वहाँ की है। अज्ञेय काल की दुर्वह गदा के सामने एक कौतुक भरे क्षण की अहमियत दिखाते हैं—

काल की दुर्वह गदा को एक
कौतुकभरा क्षण तौलता है।

जो अज्ञेय समय की अनन्तता की बात करते हैं, कविताओं में अनेकत्र वे एक क्षण पर टिके होने का प्रयास करते हैं, जैसे 'हरी घास पर क्षण भर' कविता में—

आओ बैठें
इसी ढाल की हरी घास पर
माली चौकीदारों का यह समय नहीं है
और घास तो अधुनातन मानवमन की भावना की तरह—
सदा बिछी है—हरी न्यौतती, कोई आकर रौंदे।
आओ, बैठो।
तनिक और सट कर, कि हमारे बीच स्नेह-भर
का व्यवधान रहे बस
नहीं दरारें सभ्य शिष्ट जीवन की।

यह क्षण जीवन की निधि से ब्याज सरीखा है। समय और क्षण के बीच विवेक करते हुए यहाँ कहा गया है कि समय अनुभव और इतिहास है, क्षण का अनुभव तो है, पर इतिहास नहीं। वह इतिहास से परे है, स्मृति से, संसर्ग से अदूषित, संसार से मुक्त।

'अपने-अपने अजनबी' में योके सोचती है—सूर्य और ईश्वर, सूर्य और समय,

सूर्य और हमारा जीवन—जहाँ सूर्य नहीं है वहाँ समय भी नहीं है...लेकिन मैं जहाँ हूँ वहाँ सूर्य सचमुच नहीं है। क्या काल सचमुच वहाँ नहीं है?...मैं मानो एक कालनिरपेक्ष क्षण में टँगी हुई हूँ, वह क्षण काल की लड़ी से टूटकर कहीं छिटक गया है, और इस तरह अन्तहीन हो गया है—अन्तहीन और अर्थहीन।

इसके आगे समय को एक प्रवाह के रूप में देखने की बात है, जो क्षण का प्रवाह है। जो अनुभूत नहीं है, वह समय नहीं है।

वेद के एक मंत्र को महामृत्युंजय मंत्र कहा गया है। इस मंत्र में ऋषि कहता है—जैसे पकी ककड़ी लता के बन्धन से छूट जाती है, उसी तरह मैं मृत्यु के बन्धन से छूट जाऊँ।

सेल्मा कहती है—शायद मृत्यु का ही सहारा है। वह बिलकुल पास है, सामने खड़ी है, लगता है कि हाथ बढ़ाकर उसे छू सकती हूँ, और यह कहने में क्या फर्क है कि हाथ बढ़ाकर उसका सहारा ले सकती हूँ।

वैदिक ऋषि का मृत्यु के बन्धन से मुक्ति चाहना और सेल्मा का हाथ बढ़ाकर मृत्यु को छू सकना और मृत्यु का सहारा पा लेना दोनों में कितना साम्य है! 'अपने-अपने अजनबी' उपन्यास इस अर्थ में अस्तित्ववाद के घेरे से बाहर आकर भारतीय विश्वबोध की असीम परिधि में प्रवेश करता है।

त्रिविध कालों को काल का 'डमरू नाद लेख' में अज्ञेय कहते हैं कि काल रूपी डमरू के आजू-बाजू के शंकु भूत और भविष्यत् हैं, मध्य भाग जिस पर बजाने वाले की पकड़ रहती है, वर्तमान है। डमरू की कौड़ी जो दोनों छोरों पर आघात करती है हमारा चित्त है। हमारा चित्त अतीत से भविष्य में संचरण करता रहता है। मन की यह कौड़ी वर्तमान पर तो टिकती ही नहीं। स्मृतकाल और प्रतीक्षित काल के बीच आवाजाही में यदि कहीं से कोई क्षण ऐसा पाया जा सके, जिसमें चित्त स्मृति और आकांक्षा के परे चला जाए, तो शुद्ध कालचेतना हासिल हो सकती है, वही मुक्ति है। तब काल डमरू के दोनों शंकु केवल मध्यवर्ती बिन्दु में ही सिमटकर रह जाएँगे, दृष्टा और दृश्य एकमेक हो जाएँगे, यह चिरंतन वर्तमान और अमरत्व की स्थिति होगी।

यह अमरत्व ही रस है। अन्य निबन्ध में वे रचना-प्रक्रिया के सन्दर्भ में रस को परिभाषित करते हुए यही कहते हैं—दिक्काल से मुक्ति ही रस है। मैत्रेयी ने जब याज्ञवल्क्य से कहा कि जिससे मैं अमृता न हो सकूँ उसे लेकर मैं क्या करूँगी—तो वह दिक्काल से मुक्ति में स्थित अमृतभाव की बात कर रही थी।

दिक्काल जाल के पार विशद निरवधि सूने में
फहराता पाल चेतना की,
बढ़ता जाता है प्राण पोत।

अज्ञेय की खूबी यह है कि वे काल की अवधारणा को रचना-प्रक्रिया से जोड़ते हैं, और रचना-प्रक्रिया को मुक्ति से।

रचना की शर्त पर अज्ञेय पर्युत्सुकीभाव शब्द का प्रयोग करते हैं। पं. हजारी प्रसाद द्विवेदी और विद्यानिवास मिश्र ने कालिदास के जरिये एक नया सौन्दर्यशास्त्र रचने का प्रयास किया, उसमें यह बीज शब्द है। विद्यानिवास मिश्र का उपस्थापनाएँ उनके एक-दो लेखों में या व्याख्यान में ही हैं, और वे अज्ञेय की जानकारी में किस रूप में थीं, या नहीं थीं, यह मुझे विदित नहीं है। हजारी प्रसाद द्विवेदी की *लालित्ययोजना* कदाचित् उनके अवधान में है। कालिदास, विद्यानिवास मिश्र और आचार्य हजारी प्रसाद द्विवेदी इन तीनों से अज्ञेय संवाद करके भी अपना पथ अलग बनाते हैं। जरूरी नहीं कि अज्ञेय जिसे पर्युत्सकीभाव कह रहे हैं, वह कालिदास की पूर्वजन्म के सौहृदों की पर्युत्सुक करने वाली स्मृति हो, या युंग की अवचेतन में छिपी सुरक्षित जातीय स्मृति। अज्ञेय ने काव्य रचना-प्रक्रिया से संस्कार और स्मृति का सम्बन्ध स्वीकार किया है, वे कहते हैं कि अपने प्रति खुले रखने से इस स्मृति का भंडारण होता चलता है, फिर उसका आवाहन और सम्पादन और फिर सर्जक के द्वारा उसका उपयोजन संयोजन। वे संस्कार की जगह प्राग्बिम्ब शब्द रखते हैं। ये प्राग्बिम्ब ही पर्युत्सुकीभाव जगाते हैं। ये प्राग्बिम्ब स्मृति के ही बिम्ब हैं।[1]

अज्ञेय में आकर पूर्णमदः पूर्णमिदं की औपनिषदिक आश्वासन और शैवदर्शन की पूर्णताप्रत्यभिज्ञा इस नई परिभाषा में ढल जाती है कि कला सामाजिक अनुपयोगिता के विरुद्ध अपने आप को प्रमाणित करने का प्रयत्न और 'अपर्याप्तता के विरुद्ध विद्रोह' है।

4

काल रचना-प्रक्रिया के विमर्श के साथ अज्ञेय ने रचना की भाषा को लेकर भी जो बातें अपनी कविताओं या निबन्धों में कही हैं, वे इसी तरह पुरखों की मनीषा से संवाद और विसंवाद बनाती हैं। भाषाविमर्श या वाक् के स्वरूप को कविता में यों व्यक्त करते हैं—

मैंने कहा
कि 'चिड़िया' :
मैं देखता रहा—
चिड़िया चिड़िया ही रही।
फिर फिर देखा,

1. अज्ञेय संचयिता, पृ. 354-55

फिर फिर बोला—
'चिड़िया'
चिड़िया चिड़िया ही रही।

फिर जाने कब—
मैंने देखा ही नहीं
भूल गया था मैं क्षण भर को ताकना!—

शब्द गए थे बिखर—
फटी छीमी से जैसे
फट कर खो जाते हैं बीज
अनयना रवहीना धरती में
होने को अंकुरित अजाने
तब जाने कब चिड़िया ने ही कहा
कि 'चिड़िया'।
चिड़िया ने ही देखा कि चिड़िया थी
चिड़िया चिड़िया नहीं रही है तब से
मैं भी नहीं रहा मैं।
कवि हूँ!
कहना सब सुनना है, स्वर केवल सन्नाटा।
कहीं बड़े गहरे में सभी स्वैर हैं नियम
सभी सर्जन केवल
आँचल पसार कर लेना।

(चिड़िया ने ही कहा, 1959)

यशदेव शल्य ने इस कविता को वाक्-तत्त्व का विवेचन माना है, जो "वैखरी वाक् में तत्त्व की अनभिलाप्यता और परा वाक् में उस तत्त्व के आत्मप्रकाशन के अर्थ का अद्‌भुत विमर्श" है।

अज्ञेय के कविमानस में कहीं-कहीं जाने-अनजाने भर्तृहरि और उनके वाक्यपदीयम् में विवेचित शब्दब्रह्म का गूँज है, भले ही वाक्यपदीयम् उन्होंने पढ़ा हो या न पढ़ा हो। पश्यन्ती शब्द का प्रयोग जब वे शीर्षक देने के लिए करते हैं। परा, पश्यन्ती, मध्यमा और वैखरी ये चार रूप वाक् या शब्द के व्याकरण दर्शन में बताए गए हैं—यह बात कहीं उनके मन में रही होगी। जहाँ कहना-सुनना बन जाता है, वह पश्यन्ती की स्थिति है।

भर्तृहरि ने कहा कि शब्दब्रह्म की साधना मुक्ति की साधना है, यह अजिह्म या सीधी-सरल राजपद्धति है। अज्ञेय भाषा में 'अपूर्वानुमेय शक्ति' स्वीकार करते हैं।[1] सर्जनात्मक भाषा समय से ऊपर उठती है, अपूर्वानुमेय होती है, सम्प्रेषण की नई प्रणालियाँ ही नहीं, सम्प्रेष्य का नया संसार भी रचती है। इस प्रकार रचनात्मक भाषा बन्धनों से मुक्त करती है और मुक्ति के नये गलियारे उद्घाटित करती है। जिस समय प्रसाद कामायनी लिख रहे थे, उस समय विश्व में शैवदर्शन के प्रति कहीं न कहीं से जिज्ञासा थी, अज्ञेय जब इस तरह की कविताएँ लिख रहे हैं—विश्व के वैचारिक जगत् में कहीं न कहीं भर्तृहरि और नागार्जुन को लेकर विमर्श का दौर है।

भाषा स्वयं दिक्काल है। हम सनातन काल और ऐतिहासिक काल दोनों में एक साथ यात्रा करते हैं। भाषा स्मृति से सम्भव है, स्मृति का कोश है, और स्मृति का प्रसार दिक्काल में होता है। अखंड काल, ऐतिहासिक काल और स्मृति में उनके गुँथाव को अज्ञेय अनेक कविताओं में कई भंगिमा में व्यक्त भी करते हैं—जैसे दूर्वाचल कविता में—

मैंने आँख भर देखा
दिया मन को दिलासा—पुनः आऊँगा
(भले ही बरस दिन—अनगिन युगों के बाद!)
क्षितिज ने पलक सी खोली
तमक कर दामिनी बोली—
अरे यायावर, रहेगा याद?

स्मृति केवल वैयक्तिक नहीं होती, सामूहिक होती भी है, अतः साहित्य समूह से जोड़कर मुक्त करता है।

कनुप्रिया : एक पुनर्यात्रा

1

कनुप्रिया भावाविष्ट दशा में रची गई कविता है। वह एक आवेग, एक आवेश और तज्जन्य विवशता भी है तथा एक नशा और उन्माद भी। धर्मवीर भारती के सारे साहित्य का ही यह एक लक्षण लगता है। वे रचना तभी करते हैं जब उसे लिखना न लिखना उनके वश में नहीं रह जाता, एक आवेश उनसे लिखवा लेता है। कुछ अपवादों को छोड़कर उनकी कहानियाँ ऐसे ही लिखी गई लगती हैं। मोहक बाँधने वाला संसार भी वे रचते हैं उसमें रमते हैं। इसके टूटकर बिखरने पर बिसूरते हैं। उनकी कथाओं के पात्र भी अपने विधाता के आवेश या उन्माद से परिचालित होते हैं।

2

कुछ साल पहले कनुप्रिया की रंगमंच पर एक प्रस्तुति देखी थी—भोपाल की विहान नामक संस्था के द्वारा। इस संस्था के द्वारा यह कनुप्रिया की दूसरी प्रस्तुति थी, पहली प्रस्तुति की सीडी मुझे उपलब्ध कराई गई थी, उसे देखकर लगा कि कनुप्रिया तो एक अनोखी रंगानुभूति कराती है। राष्ट्रीय संस्कृत संस्थान के अखिल भारतीय नाट्य महोत्सव में इसे आमंत्रित कराया और वहाँ इसे देखा। यह प्रस्तुति अवाक् कर देती है, और स्तब्ध छोड़ देती है। निदेशक ने कनुप्रिया के सारे आवेग को थाम लिया है। समय बार-बार इस प्रस्तुति में थमकर, ठिठककर रह जाता है। नृत्य की अत्यन्त मन्थर गतियों के द्वारा ऐसा कराया गया। संवाद भी इसी तरह मन्द्र मन्थर स्वर में बुलवाए गए। इस सारी मन्थरता के बीच आवेश, आवेग और त्वरा को पृष्ठभूमि में डाल दिया गया, जहाँ कृष्ण और उनके सैनिक महाभारत के महासमर में जूझने के लिए प्रयाण कर रहे हैं, वृन्दावन की धरती को रौंदते हुए निकलते जा रहे हैं।

क्या राधा या कनुप्रिया को जीवन के अकुंठ थिराव की और परम्परा की शाश्वतिकता का प्रतीक कहा जाए और कृष्ण को इतिहास का, साम्प्रतिक भागदौड़

का, समय की राजनीति का प्रतीक माना जाए, जैसा इस प्रस्तुति में एक सीमा तक दिखाने का प्रयास किया गया?

और क्या कनुप्रिया भारती के सारे आवेग और उफान को थिराव में परिणत करने की कविता है? अन्तिम सर्ग के अन्तिम पद में हम देखते हैं कि नायिका पगडंडी पर उसी थिराव में कनु की प्रतीक्षा में खड़ी है—

सुनो मेरे प्यारे!
तुम्हें मेरी जरूरत थी न, लो मैं सब छोड़कर आ गई हूँ
ताकि कोई यह न कहे
कि तुम्हारी अन्तरंग केलि-सखी
केवल तुम्हारे साँवरे तन के नशीले संगीत की
लय बनकर रह गई...
तुमने मुझे पुकारा था न!

मैं पगडंडी के कठिनतम मोड़ पर
तुम्हारी प्रतीक्षा में
अडिग खड़ी हूँ, कनु मेरे!

पगडंडी के कठिनतम मोड़ पर कनुप्रिया खड़ी रह गई है, इतिहास के बाहर, समय के थिराव में समय की अनन्तता में राधा कृष्ण की चिरन्तन प्रतीक्षा में रत हैं। पर कृष्ण वहाँ कहाँ हैं? कृष्ण अपने इतिहास में हैं। इतिहास विखंडित है, समय की अखंडता में संश्लिष्ट नहीं हो पाता। इसलिए भारती की कविता एक झटके से इस सवाल में समाप्त होती है।

मैं आ गई हूँ प्रिय!
मेरी वेणी में अग्निपुष्प गूँथने वाली
तुम्हारी उँगलियाँ
अब इतिहास में अर्थ क्यों नहीं गूँथतीं?

3

वैष्णव काव्य धारा में कृष्ण रसिक नागर हैं। नागर जीवन के अनेक अभिप्राय उनके साथ भक्त कवि जोड़कर भक्ति और शृंगार का समागम रचते आए हैं। भारती अभिप्राय संस्कृत काव्यधारा से लेते हैं पर आशय बदल देते हैं। दोहद संस्कृत साहित्य में एक प्रसिद्ध अभिप्राय है। मनुष्य जीवन के साथ पेड़ों के जीवन का कैसा तादात्म्य पहले के लोगों के अनुभव में रहा है—इसका एक जीवंत उदाहरण दोहद शब्द है। दोहद

का अर्थ है गर्भवती स्त्री की विशेष इच्छा। भारतीय परिवारों में यह पारम्परिक मान्यता रही है कि जो महिला माँ बनने वाली है, उसकी यदि कोई विशेष इच्छा हो, तो उसे अवश्य पूरा किया जाए। उसमें गर्भ में पलते बच्चे की सुकुमार चाह हो सकती है। ऐसी स्त्री से आग्रह से पूछा जाता है कि तुम्हें क्या चाहिए। पर दोहद शब्द का प्रयोग माँ बनने वाली महिलाओं के लिए ही नहीं, वनस्पतियों के लिए भी संस्कृत साहित्य में खूब होता आया है, अर्थात् गर्भवती स्त्रियों के ही दोहद नहीं होते—वनस्पतियों के, पेड़ों और लताओं के भी दोहद होते हैं। यदि स्त्रियाँ प्रसव करके सन्तान को जन्म देती हैं, तो पेड़ों और लताओं का फूलों और फलों को जन्म देना भी प्रसव है, और जैसे स्त्रियों के प्रसवपूर्व दोहद होते हैं, वैसे ही वनस्पतियाँ गर्भवती होती हैं, तो उनके भी तो दोहद होंगे। वृक्षायुर्वेद में स्त्री के शरीर और वृक्षों के शरीर की तुलना करते हुए कहा गया है कि स्त्री के जैसी काया वृक्षों और लताओं की भी होती है, यदि प्रसव करने जा रही स्त्री की काया में दोहद होते हैं, और ऐसे दोहदों को पूरा करने से स्त्री को अच्छी सन्तान की प्राप्ति होती है, तो उसी तरह पेड़ों और लताओं में भी फूल और फल आने के समय दोहद होते हैं और उनके दोहदों को पूरा करने पर भी उनमें अच्छे फूल और फल आएँगे।

अब प्रसव करने को तैयार पेड़ और लताएँ तो शब्दों से कहकर नहीं बता पाते कि उनका दोहद क्या है, इसलिए वृक्षायुर्वेद के जानकारों और कवियों ने अपने प्रयोगों तथा संवेदनशीलता के द्वारा पेड़ और लताओं के दोहदों का निरूपण किया है। जैसे माँ बनने वाली हर स्त्री का दोहद अपना-अपना हो सकता है, उसी तरह लहकने, उठने और फूल उठने के लिए हर वनस्पति का अपना-अपना दोहद हो सकता है, चाहे वह लता हो या वृक्ष।

वनस्पतियों के अलग-अलग दोहदों का वर्णन आचार्य परम्परा में खूब किया जाता रहा है और कविगण भी उनका निदर्शन प्रस्तुत करते रहे हैं। सुन्दरियों के पादाघात से अशोक फूलता है, वकुल चाहता रहता है कि वे आएँ और उसकी जड़ों को अपने मुँह में मदिरा भरकर उसके कुल्ले से सींच दें आदि-आदि।

स्त्रियों के पादाघात की कामना तो दक्षिण और शठ कोटि से पुरुष नायक भी करते आए हैं और संस्कृत के कवियों ने हमारे अनेक महान् नायकों को उनकी प्रियाओं के द्वारा लतियाने का भी वर्णन किया है।

भारती संस्कृत कविता के ये अभिप्राय लेते हैं, उनका अपने भात्रसंसार में अनुकूलन करते हुए पुनर्नियोजन करते हैं। वे दोहद के अभिप्राय में उलट-फेर कर देते हैं। दोहद पाने वाला अपना दोहद माँग रहा है या नहीं, उसे पाने के लिए ललचा रहा है या नहीं—यह सवाल तो अनुमान का विषय भर है, दोहद देनेवाले में दोहद पूरा करने की चाह उससे ज्यादा बलवती है। कनुप्रिया के पहला सर्ग राधा की इस उक्ति से आरम्भ होता है—

पथ के किनारे खड़े छायादार पावन अशोक-वृक्ष
तुम यह क्यों कहते हो कि तुम मेरे चरणों के स्पर्श की प्रतीक्षा में
जन्मों से पुष्पहीन खड़े थे
तुम को क्या मालूम कि
मैं कितनी बार केवल तुम्हारे लिए धूल में मिली हूँ
धरती में गहरे उतर जड़ों के सहारे
तुम्हारे कठोर तने के रेशों में कलियाँ बन, कोंपल बन, सौरभ बन, लाली बन—
चुपके से सो गई हूँ
कि कब मधुमास आए और तुम कब मेरे
प्रस्फुटन से छा जाओ!

दोहद एक समर्पण, आत्मविसर्जन अपने-आप को निचोड़कर सर्वस्व सहित दे देना बन जाता है।

भारती वैष्णव भावधारा की कविता के रस में रचे-बसे होकर उससे कुछ हटकर भी चलते हैं और आधुनिकता की कृत्रिम कुल्याओं से उसे जोड़ने लगते हैं। जयदेव के गीतगोविन्द की रसमाधुरी से कनुप्रिया सराबोर है, और उससे बहुत अलग भी। भारती के राधा और कृष्ण भागवत के कृष्ण और गोपियों या जयदेव के कृष्ण राधा से कितने अलग हैं—भागवत और जयदेव दोनों में लीलातत्त्व की व्याप्ति है, गोपियाँ और राधा पूरी तरह समर्पित भी होती हैं और कृष्ण से लड़ती-झगड़ती हैं, मानिनी नायिकाएँ भी बनती हैं। जयदेव के कृष्ण—

श्लिष्यति कामपि चुम्बति कामपि रमयति कामपि रामाम्

किसी गोपी का आलिंगन करते हैं, किसी को चूमते हैं किसी के साथ रमण करते हैं। राधा कभी ईर्ष्याकषायित होकर रूठती हैं, कभी कह देती हैं—

गोविन्दं ब्रजसुन्दरीगणवृतं पश्यामि हृष्यामि च

ब्रज की सुन्दरियों से घिरे अपने गोविन्द को मैं देखती हूँ और हर्षित होती रहती हूँ।

भारती लीलाभाव की सनातनतत्त्व की व्याख्या कर देते हैं पर क्या सम्पूर्णतया अपने अनुभव में उसे रचा-बसा पाते हैं?

अगर यह निखिल सृष्टि
मेरा ही लीलातन है
तुम्हारे आस्वादन के लिए—

अगर ये उत्तुंग हिमशिखर
मेरे ही—रुपहली ढलान वाले
गोरे कंधे हैं—जिन पर तुम्हारा
गगन-सा चौड़ा और साँवला और
तेजस्वी माथा टिकता है...

भागवत में तो राधा का नाम ही नहीं है एक कृष्ण की विशेष चहेती गोपी का संकेत अवश्य है। जयदेव में राधा अपने पूरे ठाठ और ठसक के साथ हैं पर भागवत और गीतगोविन्द दोनों में कृष्ण और राधा के अलावा एक बड़ा गोप-गोपी समाज है। दोनों में देह की उपस्थिति भरपूर है। गीतगोविन्द की विरहिणी राधा के उरोजों पर विरह का ताप दूर करने के लिए फूलों के हार पहनाए जाते हैं, वे हार राधा को भार लगते हैं, चन्दन का लेप उनको विष का लिथड़ना लगने लगता है। वे रोमांचित होती हैं, सिसकारियाँ भरती हैं, काँपती हैं, कलपती हैं, फिर ध्यान में मग्न हो जाती हैं, उद्‌भ्रान्त हो जाती हैं, बावली होकर चल पड़ती हैं फिर मूर्च्छित हो जाती हैं। कामसूत्र और काव्यशास्त्र के ग्रन्थों में नायिका की कामावस्थाओं को जयदेव अनुभावों के वर्णन के द्वारा अपनी गोपियों और राधा पर घटाते चलते हैं। भारती में अनुभाव कम से कमतर होते जाते हैं। अनुभाव तो देह में होते हैं, इसलिए उनकी कनुप्रिया में देह ओझल होता जाता है।

जयदेव के गीतगोविन्द में पहले ही मंगलपद्य में नन्द राधा से कहते हैं कि कृष्ण बच्चा है रात को घर जाने में डरता है, तुम्हीं इसे घर पहुँचा आओ। कृष्ण यावक रस लगाते हैं। राधा ऐसी टेढ़ी हैं कि पाँव गोद में रखकर यावक रस पोतो चाहे पाँवों पर नाक ही रगड़ दो, वे रूठने पर उतारू हो जाएँ तो मनाना मुश्किल।

जयदेव की राधा प्रगल्भा नायिका हैं वे कृष्ण का उद्‌भट चुम्बन करती हैं, रास के उल्लास में भरकर प्रेमान्ध हो जाती हैं।

जयदेव अपनी रचना को केलिकथा कहते हैं। केलि की किलकारियाँ कनुप्रिया में भी हैं। जयदेव अपने रसिक श्रोताओं से कहते हैं कि विलासकला में कौतूहल हो और हरिस्मरण में मन रँगा हुआ हो, तो जयदेव की इस सरस्वती या वाणी को सुनिए।

भारती के सामने रसिक श्रोता समाज नहीं है। वे एकान्त वीणा को साधते हैं।

जयदेव अपने को पद्‌मावती चरणचारणचक्रवर्ती कहते हैं अर्थात् वे अपनी प्रिया अर्द्धांगिनी पद्‌मावती के चरणों की चाकरी करना उनके लिए चक्रवर्ती के बराबर गौरव है। राधाभाव में वे ऐसे रँग गए हैं कि निजी जीवन में अपनी प्रेयसी को वे उस भाव से देखते हैं। इतना होने पर भी गीतगोविन्द एक नारी का विमर्श नहीं, पुरुष का विमर्श है। कृष्ण का चरित्र उसमें प्रधान है। कृष्ण गोपियों के संग

रास भी रचाते हैं एक-एक गोपी को रमाते हैं, रिझाते हैं, गले लगाते हैं। दूसरी ओर सृष्टि के कण-कण में व्यापे परम तत्त्व भी वे हैं, वे ही मत्स्यावतार लेकर वेदों का उद्धार करते हैं, वे ही नरहरि बनकर हिरण्यकशिपु का वक्षःस्थल चीरते हैं, वे ही वामन बनकर बलि को छलते हैं, भृगपति के रूप में क्षत्रियों के रुधिर से इक्कीस कुंड भरकर पितरों का तर्पण भी वे ही करते हैं, राम बनकर दशमुख के दसों सिरों की बलि भी वे चढ़ाते हैं और वे ही यज्ञों में पशुओं की बलि चढ़ाने की हिंसा की निन्दा करते हुए करुणामय बुद्ध के रूप में जन्म लेते हैं। ग्वाले के रूप में वे गोपीपीनपयोधरकुचयुगमर्दनशाली भी हैं, विष्णु के रूप में पद्मापयोधरतटीपरिरम्भ लग्नकेसरकश्मीरमुद्रित वक्ष वाले या लक्ष्मी का आलिंगन करने के कारण उसके उरोजों पर लगी केसर से सने वक्षःस्थल वाले भी हैं। जयदेव राधा और कृष्ण के भाव से सृष्टि के कण-कण को निहारते हैं वसन्त में फूलने वाले एक-एक वृक्ष को इसी दृष्टि से ताकते हैं, यहाँ तक कि दीन-हीन बटोहियों को भी वे करुणा की दृष्टि से देखते हैं।

भागवत और गीतगोविन्द में देह की भरपूर उपस्थिति के साथ समर्पण की भी पराकाष्ठा है और भक्ति को जीवनचर्या बना दिया गया है।

गीतगोविन्द का पुरुषकेन्द्रित कृष्णविमर्श कनुप्रिया में स्त्रीकेन्द्रित राधाविमर्श बन जाता है।

कनुप्रिया में लीलातत्त्व की सारी दार्शनिकता और कृष्ण का बहुवल्लभात्व व्यक्तिवाद में सिमटकर रह गया है। उसमें कनु या कृष्ण साक्षात् अवतरित होते ही नहीं, कनुप्रिया उनकी प्रतीक्षा में सिमटी रह जाती है। सारी की सारी रचना राधा या कनुप्रिया का एकालाप है। यह कृष्ण के प्रति एक बहुत ही मनोहारी अभियोगपत्र—उपालम्भों या शिकायतों का बेहतरीन गुलदस्ता है, जिसके भीतर भारती की समकाल की चिन्ताएँ समाई हुई हैं। यह उनकी कनुप्रिया की सीमा और बड़ी सम्भावना दोनों है। भारती भक्तिकाव्य के मध्ययुगीन बोध को समकालीन बोध से विस्थापित कर देते हैं। श्रीमद्भागवत और महाकवि जयदेव के कृष्ण धर्मवीर भारती के कृष्ण बन जाते हैं, वे भारती का प्रतिदर्पण होकर रह जाते हैं।

संस्कृत कविता में नायक नायिका के चरणों में लाक्षारस लगाते दिखाए गए हैं। वे नायिका के सुकुमार चरण अपनी गोद में प्रेम से रखते हैं धीरे-धीरे उसकी पगथली में लाक्षारस लगाते हैं। लाक्षारस आलते या महावर को कहते हैं। याव या यावकरस भी इसका नाम मिलता है जतु, लाक्षा या लाक्षारस और राक्षा भी इसे कहा गया है (अमरकोश 2.6.125)।

गीतगोविन्द में भी कृष्ण राधा के चरणों में लाक्षारस या महावर लगाते हैं, कनुप्रिया में भी वे यही करते हैं। पर कनुप्रिया में यह यावकरस एक दूसरे के रस में डूब जाने का और अभिन्न हो जाने का माध्यम बन जाता है। बस राधा ही उनमें

लीन होंगी उनके लिए पूरी तरह समर्पित होंगी, वे राधा के लिए क्या करेंगे यह प्रायः कहा नहीं गया।

फिर भी तुम्हें याद नहीं आया, नहीं आया,
तब तुम को मेरे इन जावक-रचित पाँवों ने
केवल यह स्मरण करा दिया कि मैं तुम्हीं में हूँ
तुम्हारे ही रेशे-रेशे में सोई हुई—
और अब समय आ गया कि
मैं तुम्हारी नस-नस में पंख पसार कर उड़ूँगी
और तुम्हारी डाल-डाल में गुच्छे-गुच्छे लाल-लाल
कलियाँ बन खिलूँगी!
...
जब तुम पोई की जंगली लतरों के पके फलों को
तोड़कर, मसल कर, उनकी लाली से मेरे पाँव को
महावर रचने के लिए अपनी गोद में रखते हो
तो मैं लाज से धनुष की तरह दोहरी हो जाती हूँ
अपनी दोनों बाँहों में अपने घुटने कस
मुँह फेर कर निश्चल बैठ जाती हूँ
पर शाम को जब घर आती हूँ तो
निभृत एकान्त में दीपक के मन्द आलोक में
अपने उन्हीं चरणों को
अपलक निहारती हूँ
बावली-सी उन्हें बार-बार प्यार करती हूँ
जल्दी-जल्दी में अधबनी महावर की रेखाओं को
चारों ओर देखकर धीमे-से
चूम लेती हूँ।

संस्कृत की नागर कविता में नायक और नायिका के बीच की प्रणयकेलियों में एक अभिप्राय संकेत का भी है। संकेत कूटभाषा है, जिसमें प्रेमी युगल अन्य लोगों से छिपाकर एक दूसरे को इशारे करते हैं या कुछ जताते-बताते हैं। कनुप्रिया का नायिका भी अपने कनु के संकेत समझती है। संकेत देने वाला कनु दिये गए संकेत के मुताबिक मिलने के लिए उसके पास आया या नहीं आया यह नहीं बताया। यह बताने का काम भारती की कविता का नहीं है, क्योंकि वह प्रतीक्षा की कविता है, प्रतीक्षा के अन्त की नहीं। पर संकेत उसमें कितनी-कितनी बार दिये जाते हैं और लिये जाते हैं।

कितनी बार जब तुमने अँजुरी भर-भर बेले के फूल भेजे
तो मैं समझ गई कि तुम्हारी अँजुरियों ने
किसे याद किया है
कितनी बार जब तुमने अगस्त्य के दो
उजले कटावदार फूल भेजे
तो मैं समझ गई कि
तुम फिर मेरे उजले कटावदार पाँवों में
—तीसरे पहर—टीले के पास वाले
सहकार की घनी छाँव में
बैठकर महावर लगाना चाहते हो।

भारती में इन संकेतों की परिणति नहीं होती। परम्परा और आधुनिकता अपने-अपने अधूरेपन में कसकती रह जाती हैं। अलग-अलग खेमों में चली जाती हैं। कनु महाभारत रचने में व्यस्त हो जाते हैं और उनकी प्रिया इस कसक में कलपती रह जाती है कि वह पूरा समर्पण भी तो न कर सकी—

मैं उस दिन लौटी क्यों—
कण-कण अपने को तुम्हें देकर रीत क्यों नहीं गई?
मैं उस दिन लौटी क्यों—
कण-कण अपने को तुम्हें देकर रीत क्यों नहीं गई?

4

अभिप्रायों के अन्तर्निहित आशयों में बदलाव के साथ भारती भाषा के आभिजात्य में भी सेंध लगाते हैं। वे राधाकृष्ण के दिव्य प्रेम में उर्दू शेरो-शायरी की यहाँ तक कि बम्बइया फिल्मों तक की भाषा ले आते हैं। कुछ शब्द वे अपने गढ़ते हैं। इस शब्दावली में लीला-बन्धु भी बढ़िया शब्द बनाया गया, जिसमें लीला और बन्धु दोनों पद बहुत दार्शनिक मनोवैज्ञानिक निहितार्थ रखते हैं। उसके साथ जिस्म और तुर्श जैसे शब्द बार-बार आते हैं, चन्दन-बाँहों का जिक्र होता है, राधन्, राधन्, राधन् का जप सुनाई देता है।

अभिप्रायों के रूपान्तर और अलग भाषा की तलाश के साथ भारती बिम्बविधान भी अनूठा रचने का जतन करते हैं।

अक्सर जब तुमने
दावाग्नि में सुलगती डालियों,

टूटते वृक्षों, हहराती हुई लपटों और
घुटते हुए धुएँ के बीच
निरुपाय, असहाय, बावली-सी भटकती हुई
मुझे
साहसपूर्वक अपने दोनों हाथों में
फूल की थाली-सी सहेज कर उठा लिया
और लपटें चीर कर बाहर ले आए
तो मैंने आदर, आभार और प्रगाढ़ स्नेह से
भरे-भरे स्वर में कहा है—
'कान्हा मेरा रक्षक है, मेरा बन्धु है
सहोदर है।'

रक्षक और बन्धु तक ठीक था, जयदेव आदि राधा के मुख से कृष्ण को अपना सहोदर कम-से-कम नहीं कहलवाते। पर आवेग और आवेश के नशे में उरोजों पर चित्ररचना करने वाला प्रेमी सहोदर भी हो जाए, तो क्या होगा? कदाचित् यही कि एक झटके से धक्के के साथ यह जादू टूट जाएगा। तब जो बचेगा उसके विखंडित भग्नावशेष को बहुत ही बेहतरीन बिम्बों के साथ चित्रित किया जा सकेगा—

कल तक जो जादू था, सूरज था, वेग था
तुम्हारे आश्लेष में
आज वह जूड़े से गिरे हुए बेले-सा
टूटा है, म्लान है
दुगुना सुनसान है
बीते हुए उत्सव सा, उठे हुए मेले-सा—
मेरा यह जिस्म—
टूटे खँडहरों के उजाड़ अन्तःपुर में
छूटा हुआ एक साबित मणिजटित दर्पण-सा—
...
मंत्र पढ़े बाण-से छूट गए तुम तो कनु,
शेष रही मैं केवल,
काँपती प्रत्यंचा-सी
अब भी जो बीत गया,
उसी में बसी हुई
अब भी उन बाँहों के छलावे में
कसी हुई

जिन रूखी अलकों में
मैंने समय की गति बाँधी थी—
हाय उन्हीं काले नागपाशों से
दिन-प्रतिदिन, क्षण-प्रतिक्षण बार-बार
डसी हुई...

5

गीतगोविन्द और कनुप्रिया दोनों का विषय परकीया रति है। कनुप्रिया में गीतगोविन्द के राधा और कृष्ण के सम्बन्ध की तरह नायक और नायिका का सम्बन्ध अपरिभाषेय और अनिर्वाच्य बना रहता है—

मैं तो आज तक कुछ नहीं बता पाई
तुम मेरे सचमुच कौन हो कनु!

तथा—

एक मधुर भय
एक अनजाना संशय,
एक आग्रह भरा गोपन,
एक निर्व्याख्या वेदना, उदासी,

जो मुझे बार-बार चरम सुख के क्षणों में भी अभिभूत कर लेती है।

राधा का विरह गीतगोविन्द में भी है। शारीरिकता और देह की तड़प आत्मा की तड़प से एकाकार हो जाती है। यह तड़प जयदेव में किसी एक व्यक्ति की नहीं, एक सामूहिक चेतना की है। वहाँ कोई एक नहीं, कई जीवन अपने परमात्मा से मिलने को व्याकुल हैं। इस व्याकुलता को कनुप्रिया में एकान्त के आलाप से विस्थापित कर दिया गया है। इस एकान्त में निर्वासित जीवन की परिणति हताशा में ही होगी, गीतगोविन्द की तरह चिरमिलन के उल्लास में नहीं।

और मैं कितनी देर तक बाँह से
उसी आम्र डाली को घेरे चुपचाप रोती रही हूँ
जिस पर टिक कर तुम मेरी प्रतीक्षा करते हो
और मैं लौट रही हूँ,
हताश, और निष्फल
और ये आम के बौर के कण-कण
मेरे पाँव में बुरी तरह साल रहे हैं।

भारती की राधा या कनुप्रिया जयदेव की राधा की तरह मनस्विनी मानिनी नहीं है। वह तो हजारी प्रसाद द्विवेदी की निउनिया की तरह ढुलक जाने वाली है।

हजारी प्रसाद द्विवेदी स्वयं व्योमकेश शास्त्री के रूप में अपने स्वयं के कृतित्व की और अपनी भी प्रखर समीक्षा करते हुए कहते हैं कि बाणभट्ट में जो खुलापन और बेबाक कह पाने का साहस है,वह उनकी रचना में संकोच में जकड़ गया है। भारती तो इस मामले में द्विवेदी जी से दस कदम आगे ही हैं, क्योंकि उर्दू शायरी का नशा उन पर बहुत है। गुनाहों का देवता में उनके नायक और नायिका इसी शायरी के रस में खोये-खोये रहते हैं। भारती में कनुप्रिया रचते समय उसका खुमार बचा हुआ है, भले ही वे इस बीच सिद्धों और नाथपंथियों के साहित्य में गोता लगा आए हों, और श्रीमद्‌भागवत में भी कुछ डुबकियाँ लगा आए हों। रुख से हिजाब आहिस्ता-आहिस्ता हटाने की तो बात दूर रही उनकी कनुप्रिया तो अपनी काया का पोर-पोर अवगुंठन से आच्छादित करके अपने प्रिय के आगे जाती है, मुँह खुला भी हो तो वह अक्सर उसे अपनी हथेलियों में छिपा लेती है, वह इस कदर लजाती है कि वह प्रिय से अँधेरे के घने परदों में मिलती है।

सुनो, मैं अक्सर अपने सारे शरीर को—
पोर-पोर को अवगुंठन में ढक कर तुम्हारे सामने गई
मुझे तुमसे कितनी लाज आती थी,
मैंने अक्सर अपनी हथेलियों में
अपना लाज से आरक्त मुँह छिपा लिया है
मुझे तुमसे कितनी लाज आती थी
मैं अक्सर तुमसे केवल तम के प्रगाढ़ परदे में मिली
जहाँ हाथ को हाथ नहीं सूझता था
मुझे तुमसे कितनी लाज आती थी...

जयदेव की राधा भी कृष्ण के चरण पर गिरती हैं—प्रतिपदमिदमपि निगदति माधव तव चरणे पतिताऽहम्। पर वे मानिनी भी बहुत हैं। वे विरह में दीन और कृष्ण की भावना में लीन होती जाती हैं—

सा विरहे तव दीना,
मादवमनसिजविशिखभयादिव भावनया त्वयि लीना।

कनुप्रिया उपालम्भ का काव्य है, उपालम्भ गीतगोविन्द में भी है शिकवा-शिकायत बहुत है पर कनुप्रिया में उपालम्भ सामाजिक-राजनीतिक अभिप्राय ले लेता है। क्या यह भारती की मजबूरी और कमजोरी है। एक मुकाम पर उनमें भागवत भाव छूटकर समाजशास्त्र आ जाता है।

जयदेव में परदा नहीं है, संकोच नहीं है। नकाब और हिजाब नहीं, तो रुख से नकाब हटाने वाली कविता—सरकती जाए है रुख से नकाब आहिस्ता, आहिस्ता—की गुंजाइश भी उसमें न निकलेगी। कनुप्रिया में उसकी गुंजाइश ही नहीं, सम्भावनाएँ बनती हैं।

यह सत्य है कि मूल फारसी शायरी के छुईमुई जैसे मासूम संसार से भारती कनुप्रिया में काफी आगे निकल आए हैं। कनुप्रिया जितना भी अपनी काया का पोर पोर ढककर अपने को छिपा रहे, जब उस काया की रग-रग में प्रिय झंकार कर रहे हैं, तो उनसे वह कैसे छिपेगी?

कबीर की परम्परा का दोहा है—

सब मन तंत रबाब तन विरह बजावै नित्त।
और न कोई सुन सकै, कै साईं को चित्त।

तन को वीणा बनाकर मन के तार पर विरह का राग भीतर निरन्तर छिड़ा हुआ है, उसे सुनने वाला भी चित्त में बैठा साईं है।

ऐसी स्थिति में भारती की कनुप्रिया में प्रिय के सामना करने की झिझक शेरो-शायरी की दुनिया से आगे जाकर व्यष्टिचैतन्य के द्वारा अपने आवरणों को हटाकर समष्टि में घुलकर मिट जाने के भय का रूप ले लेती है। कनुप्रिया का कनु से मिलन आत्मा और परमात्मा के मिलन का रूपक बनने लगता है। प्रिय से एकाकार होने में और इससे आगे जाकर निरावरण हो जाने में आवरणों में अपने को छिपा-छिपा कर रखने वाले जीव को लगता है कि आवरण हठात् टूट रहे हैं—

पर हाय मुझे क्या मालूम था
कि इस वेला जब अपने को
अपने से छिपाने के लिए मेरे पास
कोई आवरण नहीं रहा
तुम मेरे जिस्म के एक-एक तार से
झंकार उठोगे
सुनो! सच बतलाना मेरे स्वर्णिम संगीत
इस क्षण की प्रतीक्षा में तुम
कब से मुझमें छिपे सो रहे थे?

शरीर माध्यम बन जाता है पलकें और बाँहें पगडंडियाँ हो जाती हैं, देह चेतना के मिलन के लिए माध्यम। कनु के कथन कनुप्रिया याद करती हैं—

राधन्! तुम्हारी शोख चंचल विचुम्बित पलकें तो पगडंडियाँ मात्र हैं
जो मुझे तुम तक पहुँचाकर रीत जाती हैं।

तुमने कितनी बार कहा है—

राधन्! ये पतले मृणाल सी तुम्हारी गोरी अनावृत बाँहें पगडंडियाँ मात्र
हैं जो मुझे तुम तक पहुँचा कर रीत जाती हैं।
...
मुझे ऐसा लगा है
जैसे किसी ने सहसा इस जिस्म के बोझ से
मुझे मुक्त कर दिया है
और इस समय मैं शरीर नहीं हूँ...
मैं मात्र एक सुगन्ध हूँ—
आधी रात में महकने वाले इन रजनीगंधा के फूलों की
प्रगाढ़, मधुर गंध—
आकारहीन, वर्णहीन, रूपहीन...
उन्माद, रोमांच
मेरे हर बावलेपन पर
कभी खिन्न होकर, कभी अनबोला ठानकर, कभी हँसकर
तुम जो प्यार से अपनी बाँहों में कसकर
बेसुध कर देते हो
उस सुख को मैं छोड़ूँ क्यों?
करूँगी!
बार-बार नादानी करूँगी
तुम्हारी मुँहलगी, जिद्दी, नादान मित्र भी तो हूँ न!

फिर कमी कहाँ रह जाती है? क्या सम्पूर्णता तक पहुँच-पहुँच कर कनुप्रिया वापस लौट आती है?

मैं उस दिन लौटी क्यों—
कण-कण अपने को तुम्हें देकर रीत क्यों नहीं गई?

सांख्यदर्शन के एक आद्य आचार्य ईश्वरकृष्ण कहते हैं कि प्रकृति पुरुष के भोग और अपवर्ग के लिए सृष्टि की सारी लीला रचती है। पुरुष जैसे ही उसे एक बार देख भर ले, वह फिर परदों के भीतर में इस तरह छिप जाती है कि दुबारा पुरुष के सामने नहीं आती। पुरुष तो वीतराग निर्लिप्त निर्विकार है ही। वह भी प्रकृति से मुक्त हो जाता है। तीसरे पहर की अलसाई वेला में घाट से लौटते हुए नायिका अपने पुरुष को अक्सर कदम्ब के नीचे ध्यानमग्न खड़ा देखती है, वह ऐसा अनजाना लगता है कि वह उसे वनदेवता समझकर प्रणाम कर लेती है। पुरुष अडिग, निर्लिप्त, वीतराग,

निश्चल खड़ा रहता है। प्रणाम को स्वीकार तक नहीं करता।

कनुप्रिया में बीच-बीच में ससीम के असीम होने का बोध बनता है और फिर मिट भी जाता है—

पर जब मुझे चेत हुआ
तो मैंने पाया कि हाय सीमा कैसी
मैं तो वह हूँ जिसे दिग्वधू कहते हैं, कालवधू—
समय और दिशाओं की सीमाहीन पगडंडियों पर
अनन्त काल से, अनन्त दिशाओं में
तुम्हारे साथ-साथ चलती आ रही हूँ, चलती
चली जाऊँगी...

कनुप्रिया में दो भाव हैं एक उन्माद रोमांच अनिर्वाच्य प्रेम की विह्वलता, दूसरे में नैराश्य का तमस और इतिहास का सामना करने की विफलता। फाँक किसमें है राधा के भाव में या श्रीकृष्ण के चरित्र में? क्या श्रीकृष्ण के चरित्र में फाँक है? वासुदेव कृष्ण उपनिषदों में वर्णित हैं। वे अंगिरा ऋषि से छालिक्य विद्या सीखते हैं। पुराणों में वे सान्दीपनि से शास्त्र पढ़ते हैं। हरिवंशपुराण और श्रीमद्भागवत में पहुँचकर वे रासलीला करने लगते हैं। ये अलग-अलग ध्रुव एक कैसे हो सकते हैं? क्या गीता के ज्ञान और भागवत के राधाभाव में द्वंद्व है?

कर्म, स्वधर्म, निर्णय, दायित्व...
मैंने भी गली-गली सुने हैं ये शब्द
अर्जुन ने चाहे इनमें कुछ भी पाया हो
मैं इन्हें सुनकर कुछ भी नहीं पाती प्रिय,
सिर्फ राह में ठिठक कर
तुम्हारे उन अधरों की कल्पना करती हूँ
जिनसे तुमने ये शब्द पहली बार कहे होंगे

7

इतिहास भारती के बस का नहीं है, वे राधा के पास ही लौटते हैं वैसे भी भाव के आवेग में इतिहास टूट जाए, तो उलटफेर हो जाए तो कहाँ परवाह? अब इस सरूर में महाभारत में लड़ने वाली अठारह अक्षौहिणी सेनाएँ कृष्ण की ही हो जाएँ वे सब द्वारका से ही चलें और वृन्दावन के गाँव से गुजरती निकल जाएँ तो इतिहास क्या करे—अपना सिर धुनता रह जाए? राधा अलबत्ता गर्व में फूली-फूली रह सकती हैं—

गर्व कर बावरी!
कौन है जिसके महान् प्रिय की
अठारह अक्षौहिणी सेनाएँ हों?

भारती की समस्या पीछे छूट गए बचपन और खो गई बचपन की मासूमियत को वापस पाने की थी, कनुप्रिया में वह यौवन के रीत गए उल्लास को वापस समेटने की है।

कनुप्रिया के कनु जो कभी छैल-छबीले थे, रसिया थे, वे सांख्य के पुरुष की तरह केवली होते जाते हैं। भारती की दृष्टि में कनु ही पहले थे, वे कान्ह होते गए, फिर कृष्ण बनते गए। भाषाशास्त्र और प्राचीन साहित्य के विद्वान् कहते हैं कि कृष्ण से ध्वनिविपर्यय होकर कण्ह हुआ। णकार और षकार की अदला-बदली हो गई, फिर षकार का हकार हो गया। तो कृष्ण कण्ह हुए, फिर कन्ह और कान्हा हुए। भारती जी ने अपने हिसाब से और छँटाई की तो बना लिया कनु। पर भारती में कनु ही मूल हैं, कृष्ण उनका विकार हैं।

अब कनुप्रिया चाहती है कि उसका कनु वापस उसे मिल जाए। यह तो इतिहास को उलट देने की प्रक्रिया है। 'गुनाहों के देवता' में भी यही समस्या है। वहाँ भी नायक और नायिका किशोरावस्था की मासूमियत में एक-दूसरे के रंग में रँगे, एक-दूसरे में पगे फिर कुछ के कुछ होते-होते एक-दूसरे से अजनबियाते जाते हैं। अन्त में भारती एक झटके से वहाँ दोनों को थोड़ी देर से पहले वाली मासूमियत और अन्तरंग अपनेपन के कुछ क्षण लौटाकर सन्तुष्ट होते हैं कि निपटारा हुआ। कनुप्रिया में ऐसा करना आसान नहीं है। इतिहास की पूरी धारा बदल देना 'गुनाहों के देवता' जैसा मामूली काम नहीं। यहाँ नायिका पेड़ के नीचे खड़ी रहती है कि कनु लौट आएगा। भारती इतिहास के लिए शिकायत के साथ समाप्ति की ओर बढ़ते हैं—

जिस को जाना था वह चला गया—
हाय मुझी पर पग रख
मेरी बाँहों से
इतिहास तुम्हें ले गया!

मुक्तिबोध को शिकायत है कि भारती में जीवनदर्शन नहीं है। कनुप्रिया में वैष्णव दर्शन आया, कुछ वेदान्त, कुछ सांख्य की झलक। प्रसाद शैवदर्शन को अपनाते हैं उसे अपना एक दर्शन बनाकर कविता का प्रस्थान रचते हैं। प्रसाद में जीवनदर्शन है, भारती नहीं रच पाते। भारती की राधा प्रसाद की ध्रुवस्वामिनी या रानी कमला तो नहीं हो सकती हैं कि साहस के साथ पुरुष के आगे चुनौती बनकर तनकर खड़ी हो जाएँ। पर कनुप्रिया अपनी विफलता में अद्वितीय है।

छन्दों में रंगों की बारिश : शमशेर की कविता

गति और यति के विन्यास से उत्पन्न विश्रान्तिमय सौन्दर्य लय है। गति प्रवाह या बढ़त है, यति विराम या ठहरना। जीवन में केवल गति नहीं होती, न केवल यति ही। साहित्यिक रचना में भी दोनों गलबाहीं करती हुई चलती हैं। इस गलबाहीं से लय का जन्म होता है।

हर कवि गति और यति के विन्यास से अपनी एक लय रचना है।

हम बातचीत में भी गति और यति का निरन्तर प्रयोग करते हैं। हम एक रौ में बोलते चले जाते हैं, वाक्यपूर्ति पर रुकते भी हैं। वाक्य अधूरा छोड़कर भी रुकते हैं। गति और यति में जन्मने वाली लय तोड़ी जाती है या खुद टूटती है। कविता में ये ही गतियाँ और यतियाँ मिलकर वृत्ति (अक्षरों का विन्यास), रीति (शब्दों का विन्यास) और महावाक्य का सौन्दर्य रचती हैं। लय इनमें समाई होती है।

साहित्यशास्त्र के आचार्यों ने गद्य और पद्य की छह प्रकार की गतियाँ बताई हैं—द्रुता, विलम्बिता, मध्या, द्रुतविलम्बिता, द्रुतमध्या, मध्यविलम्बिता। इन छहों में यतियाँ अलग-अलग तरह से होंगी। छहों प्रकार की गतियों और उनके साथ चलने वाली यतियों के सामरस्य से अलग तरह की लय रचना में उपजती है। संगीत की लय की तरह साहित्यिक रचना में भी द्रुत, मध्य और विलम्बित—ये तीन लय होती हैं।

हर कवि की अपनी लय होती है। शमशेर अपनी कविता में अपनी लय अलग बनाते हैं। निराला, नागार्जुन, त्रिलोचन या शमशेर आदि ने अपनी अभिव्यक्ति के लिए खास छन्द चुना। कवि शमशेर ने अपनी अभिव्यक्ति के लिए खास छन्द चुना जिसमें गति और यति के द्वारा वे अपनी अलग लय रच सके। कवि शमशेर ने अपनी कविताओं में छहों प्रकार की गतियों का उपयोग किया है, और उनमें यति की गलबाहीं कराते हुए लय रची है।

पंचचामर छन्द में रावण के नाम से प्रसिद्ध शिवतांडव स्तोत्र है। इसमें शिव के तांडव का वैश्विक रूप निरूपित करने के लिए गति और यति के सधे हुए प्रयोग से स्तोत्रकार ने एक अनोखी लय निर्मित की है।

जटा कटाहसम्भ्रमभ्रमन्निलिम्पनिर्झरी
विलोलवीचिवल्लरीविराजमानमूर्धनि।
धगद्धगद्धगद्धगज्ज्वलल्लाटपट्टके
किशोरचन्द्रशेखरे रतिः प्रतिक्षणं मम॥

पंचचामर छन्द या उसकी लय का प्रयोग प्रसाद ने भी 'हिमाद्रि तुंग शृंग से प्रबुद्ध शुद्ध भारती' गीत में किया है, मुक्तिबोध ने 'मुझे पुकारती पुकार खो गई कहीं' जैसी पंक्तियों में भी, और बच्चन ने 'इसीलिए खड़ा रहा कि तुम मुझे पुकार लो' आदि उक्तियों में भी। शमशेर कहीं-कहीं पंचचामर या उसकी लय का प्रयोग करते हैं, पर वे उसमें अपनी कुछ भिन्न लय उपजाते हैं।

12 जनवरी, 1944 को ग्वालियर के मजदूरों को गोलियों से भून दिये जाने की घटना को लेकर 'य शाम है' शीर्षक कविता में शमशेर ने आद्यंत पंचचामर छन्द ही लिया है।

य' शाम है
कि आसमान खेत है पके हुए अनाज का
लपक उठी लहू भरी दरातियाँ
कि आग है
धुआँ धुआँ
सुलग रहा
गवालियार के मजूर का हृदय
कराहती धरा
कि हाय-मय विषाक्त वायु...

शमशेर 'ये शाम' या 'यह शाम' न कहकर 'य शाम' कहते हैं, ग्वालियर की जगह गवालियार शब्द बनाते हैं (जबकि कविता के साथ गद्य में दी गई टिप्पणी में ग्वालियर शब्द ही रखा गया है)। सम्भव है कि इस कविता को लिखते समय उन्हें इस बात का अहसास न हो कि रचना पंचचामर छन्द में बन रही है। पंचचामर छन्द के प्रत्येक चरण में जगण, रगण, जगण, रगण का विन्यास होता है—इस बात का ध्यान रखे बिना अनजाने में या छन्दःशास्त्र की अपने कविमानस में स्वतःस्फूर्त समझ के कारण वे इस तरह लिख रहे हों—यह भी हो सकता है। यह भी सत्य है कि हिन्दी की आज की कविता जिस तरह पढ़ी या समझी जाती है, उसके मुताबिक 'य शाम है' शीर्षक कविता छन्दोबद्ध कविता नहीं मानी जाएगी, वह मुक्त छन्द की कविता ही कही जाएगी। पर हकीकत यही है कि इस पूरी कविता में पंचचामर छन्द की संरचना है। इसे लिखते वक्त यह तो शमशेर समझ ही रहे थे कि युद्ध, संघर्ष, जुलूस, संहार और तोड़फोड़ के वर्णन के लिए इस तरह का छन्द मुआफिक होता

है। यह भी सम्भव है कि वे इस छन्द की पूरी बनावट को समझकर जान-बूझकर उसकी पारम्परिक लय को तोड़ रहे हों। 'गवालियार के मजूर के हृदय' में शिव का तांडव नहीं हो सकता है, जिसमें दिग्दिगन्त प्रमोदमानमानस होकर थिरक उठें। इसमें मजदूरों के जुलूस का दृश्य है, जहाँ—

गरीब के हृदय
टँगे हुए कि रोटियाँ
लिये हुए निशान लाल लाल

प्रसाद ने पंचचामर छन्द के विधिविधान का पालन किया है, क्योंकि उनके यहाँ स्वयंप्रभा समुज्ज्वला में स्वतंत्रता अमर्त्य वीरपुत्र को पुकार रही है। यह पुकार रीतिबद्ध और लयबद्ध है। मुक्तिबोध में यह पुकार पुकारती हुई खोती जा रही है, तो वे पंचचामर कहीं लेते हैं, कहीं छोड़ देते हैं। बच्चन पंचचामर को गीत की लय में ढालते हैं। शमशेर ने पंचचामर को लेकर तोड़कर बिखेर दिया है। पंचचामर छन्द में या तो चार-चार वर्णों पर यति होती है या आठ-आठ पर। शमशेर कहीं चार पर सहसा यति करते हैं, कहीं आठ या सोलह वर्णों तक उसे खींचते हैं—य शाम है कि आसमान खेत है पके हुए अनाज का 'इन दो पंक्तियों में ही चार की गति पर प्रवाह को अचानक छेंक फिर एकदम सोलह वर्णों के बाद यति लाई गई है। 'लपक उठी लहू भरी दरातियाँ—कि आग है'—आगे की इन दो पंक्तियों में चार-चार वर्णों पर ही यति लाकर गति का साहचर्य रचा गया है। (उर्दू के गजल के बन्ध की तरह लपक को यहाँ लपक् पढ़ा जाएगा, लपक नहीं, तब यह दो वर्णों का ही शब्द रहेगा, जिसमें द्वितीय वर्ण गुरु होगा।)

रावण, प्रसाद और मुक्तिबोध या बच्चन इन सबसे अलग हटकर शमशेर पंचचामर छन्द के बन्ध में अलग तरह की लय पैदा करते हैं—शमशेर की कविता की तरह टूटी-बिखरी सी लय। भरतमुनि ने करुणरस में विलम्बिता और वीर, रौद्र, अद्भुत तथा बीभत्स और रसों में द्रुत लय के प्रयोग का निर्देश दिया है। शमशेर ने यहाँ करुणा के साथ रौद्र, तथा बीभत्स और भयानक को मिला दिया है। इसलिए वे यहाँ विलम्बिता और द्रुता को भी एक साथ रख देते हैं।

अनन्वय अलंकार की भाषा में कहें तो शमशेर की कविता शमशेर की कविता की ही तरह है। इस कविता में न केवल अलग तरह की लय और छन्द की बुनाई है, उसके ऊपर अलंकारों की रंगत भी अलग ही तरह की चढ़ाई गई है। 'य शाम है' में रूपक और समासोक्ति गुँथ गए हैं, यह सन्देह होता है कि सन्देह अलंकार है या नहीं। उपमाएँ यहाँ उत्प्रेक्षाओं में तब्दील होने लगती हैं।

सत्रहवीं शताब्दी के महान दार्शनिक और काव्य के मर्मज्ञ आचार्य अप्पय दीक्षित ने अपनी चित्रमीमांसा में उपमा को ऐसी नर्तकी बताया, जो काव्य के

रंगमंच पर तरह-तरह की भूमिकाओं में प्रकट होती आ रही है, और अपने नाच से काव्य को जानने वालों के चित्त रंजित करती आ रही हैं। उपमा ही भंगिमा के भेद से अनेक अलंकार के रूप धारण कर लेती है। शमशेर का कवि उपमा के साथ दो तरह का खास सलूक करता है, एक तो वह उपमा को अधिक से अधिक अमूर्त की ओर झुकाता जाता है, दूसरी ओर उसे उत्प्रेक्षा में तब्दील करने लगता है। अमूर्त उपमा को भरतमुनि ने कल्पितोपमा कहा है, अन्य आचार्यों ने असम्भव उपमा। कल्पितोपमा दरअसल में उत्प्रेक्षा ही है। ऐसा लगता है 'जैसे' या 'गोया कि'—इस तरह के शब्दों का प्रयोग करते हुए जब सम्भावन किया जाए, तो वहाँ उत्प्रेक्षा अलंकार होता है। आचार्यों ने 'सम्भावना' को उत्प्रेक्षा की पहचान बताया है। 'सम्भावना' उत्कटकोटिक सन्देह है। उपमा और उत्प्रेक्षा के बीच अन्तर बहुत बारीक होता है, कवि की तरफ से थोड़ा सा सन्देह या अपनी कल्पना का झोल डालते ही उपमा उत्प्रेक्षा में रूपान्तरित होने लगती है—

हल्की मीठी चा' सा दिन
मीठी चुस्की की बातें
मुलायम बाँहों सा अपनाव
पलकों पर हौले हौले तुम्हारे फूल से पाँव
मानो भूलकर पड़ते
हृदय के सपनों पर मेरे। (दूब, 1945)

यहाँ पहली तीन पंक्तियों में अमूर्त के लिए मूर्त उपमान सजाए गए हैं। दिन जब मीठी चाय के जैसा, बातें मीठी चुस्की सी और अपनाव मुलायम बाँहों की तरह रहता है जब तक उपमा है। फूल से पाँवों में भी उपमा ही है। पर जैसे ही पाँव मानो भूलकर हृदय के सपनों पर पड़ते हैं, तो उत्प्रेक्षा हो जाती है।

शमशेर उपमाओं और उत्प्रेक्षाओं के द्वारा कहीं मूर्त को अमूर्त के सन्दर्भ में परखते हैं, तो कहीं अमूर्त को मूर्त के सन्दर्भ में। अमूर्त उपमाओं के द्वारा वे अपनी कविता की बेहद नाजुक पर अनन्त सम्भावनाओं की दुनिया रचते हैं।

उत्प्रेक्षा इस तरह सारे अलंकारों में सबसे अधिक विषयीनिष्ठ है। इसके बावजूद सत्य के सर्वाधिक निकट पहुँचने की सबसे अधिक कोशिश कवि इस अलंकार में करता है। उत्प्रेक्षा जाग्रत और सचेत स्रष्टा का स्वप्न है, जो चरितार्थ होने को है। उत्प्रेक्षा का यह सम्भावन असाधारण होता है, इसलिए आचार्य उद्भट ने लोकातिक्रान्त सम्भावना को उत्प्रेक्षा माना है। विषय (उपमान) का विषयी (उपमेय) में समा जाना अध्यवसान है। रूपक ने उत्प्रेक्षा को 'साध्य अध्यवसान' कहा है। रूपक, उत्प्रेक्षा और अध्यवसान पर आधारित अतिशयोक्ति ये तीनों ही अभेदमूलक अलंकार हैं। इनमें से रूपक में विषय पर विषयी का आरोप होता है, उत्प्रेक्षा और अतिशयोक्ति

में अध्यवसान। अध्यवसान भी दो प्रकार का होता है—साध्य और सिद्ध। उत्प्रेक्षा में अध्यवसान साध्य होता है। उत्कृष्ट प्रेक्षा उत्प्रेक्षा है। उत्प्रेक्षा कवि की ऐसी प्रकृष्ट दृष्टि है जो, ऊपर के विश्व पर केन्द्रित है। उत्प्रेक्षा अलंकार में उपमान की ही सम्भावना उपमेय में होती है, उपमेय की सम्भावना उपमान में नहीं, और उपमान का भी उत्कृष्ट होना आवश्यक है। भामह और दंडी कहते हैं कि सादृश्यमूलक अलंकार होने पर भी उत्प्रेक्षा में सादृश्य कम सम्भावना अधिक होती है। दंडी ने (काव्यादर्श 12.221 में) वस्तुओं में अन्यथावृत्ति या कुछ और हो जाने का दर्शन होने को इसका मुख्य लक्षण माना है।

लोकातिक्रान्त सम्भावना का यह जो लक्षण परम्परा उत्प्रेक्षा के सम्बन्ध में स्वीकार करती आई है, उसके कारण उत्प्रेक्षा पूरी तरह सादृश्यमूलक अलंकार नहीं रह गया। वह सादृश्यमूलक अलंकारों के प्रपंच को भी अतिक्रान्त कर जाता है। उत्प्रेक्षा में कई बार तो उपमेय ही अज्ञात होता है। केवल एक के गुण की दूसरे में सम्भावना करने पर ही नहीं, क्रिया की सम्भावना करने पर भी उत्प्रेक्षा होती है। इस तरह मम्मट आदि ने वस्तूत्प्रेक्षा, हेतूत्प्रेक्षा, और क्रियोत्प्रेक्षा—ये तीन उत्प्रेक्षा के भेद माने हैं। 'दूब' कविता में पलकों पर हौले-हौले तुम्हारे फूल से पाँव / मानो भूलकर पड़ते / हृदय के सपनों पर मेरे इन पंक्तियों में क्रियोत्प्रेक्षा है।

शमशेर उत्प्रेक्षाओं की बेहद सुन्दर सुकुमार प्रदर्शनी लगाते हैं। वे इस प्रदर्शनी में अनेक उपमानों को बेतरतीब छितरा देते हैं, इस तरह कि आकाश, धरती, ऊषा, सूर्योदय सब एक साथ आ मिलें।

प्रात नभ था बहुत नीला शंख जैसे
भोर का नभ
राख से लीपा हुआ चौका
(अभी खाली पड़ा है)।
बहुत काली सिल जरा से लाल केसर से
कि जैसे धुल गई हो
स्लेट पर या लाल खड़िया चाक
मल दी हो किसी ने
नीले जल में किसी की
गौर झिलमिल देह
जैसे हिल रही हो
और ...
जादू टूटता है इस ऊषा का अब
सूर्योदय हो रहा है

शमशेर अमूर्त उपमा के जितने प्रकार अपनी कविता में रचते हैं, उतने अन्यत्र कम मिलते हैं। वे अमूर्त से मूर्त को उपमित करते हैं, मूर्त से अमूर्त को उपमित करते हैं, तो अमूर्त से अमूर्त को भी उपमित करते हैं।

छिपी मरम सी कोमल
उर में सहज मिलन की आतुरता।

यहाँ उपमेय और उपमान दोनों ही अमूर्त हैं।

वाल्मीकि ने अशोक वाटिका में विराजी विरहिणी सीता के वर्णन में अमूर्त उपमाओं की झड़ी लगा दी है। साहित्य के संसार में अमूर्त उपमाओं का ऐसा अचूक और सुदीर्घ प्रयोग अन्यत्र देखने में नहीं आया। भवभूति ने भी विरहिणी सीता को करुणा की शरीरिणी या अशरीरिणी मूर्ति कहा है। करुणा अमूर्त तत्त्व है, सीता मूर्त है। सीता को अशरीरिणी कहकर फिर अमूर्त बनाया गया है, फिर इस अशरीरिणी को भी मूर्त कहा गया है। मुझे लगता है कि 'करुणस्य मूर्तिरथवा शरीरिणी' इस पंक्ति को भवभूति ने 'करुणस्य मूर्तिरथवाशरीरिणी' इस तरह लिखा होगा। अथवा और शरीरिणी को मिलाकर लिखने पर सन्धिविच्छेद अथवा+अशरीरिणी—यह करना पड़ता है। तब सीता मूर्ति होकर भी अशरीरिणी हो जाती हैं। मूर्ति भी हो और अशरीरिणी भी हो यह असम्भव स्थिति ही तो भवभूति अपने नाटक में प्रदर्शित कर रहे हैं। सीता मूर्त होकर भी अशरीरिणी हैं, राम उनकी छाया देखते हैं, सामने खड़ी होने पर भी सीता को देख नहीं सकते।

शमशेर अपनी कविता में मूर्त से अमूर्त की ओर अमूर्त से फिर मूर्त की ओर बराबर आवागमन करते हैं। वे रूमान से क्लासिक के बीच भी संचरण करते हैं। मौन से मुखरता में और मुखरता से मौन में आवाजाही भी करते हैं। उन्हें आरम्भ और अन्त के बीच ठिठका हुआ कहने की बजाय आरम्भ और अन्त के बीच आवाजाही करने वाला कहना भी ज्यादा उचित हो सकता है। उनकी कविता टूटी हुई, बिखरी हुई चाय पाँव के नीचे पत्तियाँ हो जाती हैं, ठोस चीजें बेठोस और बेठोस चीजें ठोस होती जाती हैं। वे वैश्विक बिम्बों को ठेठ देसी ठाठ के बीच रखकर सहज भाव तत्क्षण आवाजाही करते हैं। वे उषा का जादू रचते हैं, और उसे तोड़ देते हैं। वे 'बुर्जुआ भावों की गुमटी को काटकर मजदूर किसानों के कठिन हठी स्वरों में हृदय' मिलाने और 'उनके मिट्टी के तन की अधिक आग और ताप में अपने विरह मिलन के पाप जला' डालने का संकल्प भी मुखर होकर कहते हैं।

अमूर्त चीजों को मूर्त करने के लिए शमशेर उन पर रंगों की बौछार करते हैं। सूनापन नीला नजर आता है। वे काली-स्याही सिल पर बहुत थोड़ी सी लाल केसर की धुलाई से बनने वाले रंग की सम्भावना तलाशते हैं, या स्लेट पर या लाल खड़िया चाक के मले जाने से जन्म लेने वाले रंग की बात करते हैं। पर नीले जल

में किसी की गौर झिलमिल देह के हिलने से जो रंगत आती है, उसे शमशेर के सिवा और कौन देख पाता? बादलों का पर्दा उन्हें हल्का नील दिया हुआ लगता है, उसकी नीली झाइयाँ मिटती हैं, तो उनके पीछे मौन गुलाबी झलक एकाएक उभरकर ठहर गई लगती है—

जैसे घोल गया हो कोई गंदले जल में
अपने हल्की मेहँदी वाले हाथ (सावन, 1948)

शमशेर आधिभौतिक, आधिदैविक और आध्यात्मिक—इन तीन विश्वों में एक से दूसरे में संचरण कर चलते हैं। भवभूति की तरह वे मूर्त और अमूर्त को गड्डमड्ड भी कर देते हैं।

संध्या की प्रतिमा सी मौन...
कर्मों की छाया सी गूढ़

(सजन स्नेह का भूषण केवल, 1934)

यहाँ संध्या, प्रतिमा, कर्म, छाया—इनको आमने-सामने रखकर मूर्त और अमूर्त का सम्मिश्रण रचा गया है। 1937-38 के आसपास लिखी 'प्रेम' शीर्षक कविता में प्रेमिका उन्हें 'अन्तिम भय सी विस्मय सी/ फिर भी कितनी अनुपम सुन्दर' दिखती है। खुशबू की क्रियोत्प्रेक्षा करते हुए वे इसे इशारों की तरह पलकों में बसाते हैं।

एक खुशबू जो मेरी पलकों में इशारों की तरह
बस गई है, जैसे तुम्हारे नाम की नन्ही सी
स्पेलिंग हो, छोटी सी प्यारी सी तिरछी स्पेलिंग

आह तुम्हारे दाँतों से दूब के तिनके की जो नोक
उस पिकनिक में चिपकी रह गई थी
आज तक मेरी नींद में गड़ती है।

(टूटी हुई बिखरी हुई)

पहली तीन पंक्तियों की क्रियोत्प्रेक्षा का साध्य अध्यवसान अगली तीन पंक्तियों में सिद्ध अध्यवसान में ढल गया है। ऐसी स्थिति में यह अतिशयोक्ति हो जाती है। अतिशय या लोकान्तिक्रान्तगोचरता को आचार्यों ने अलंकार की पहचान ही माना है। शमशेर में इस अतिशय या लोकान्तिक्रान्तगोचरता की चमक बहुत उजली है।

शमशेर आत्मविलोपन, आत्म-अवमूल्यन और आध्यात्मिक विनय के कवि हैं। उनका कवि इतना शर्मीला हो जाता है अपने आप से भी झेंपता हुआ चलता है। पर शमशेर उत्प्रेक्षाओं में रूपक जोड़कर शमशेर अपने हौसले, जिजीविषा और संघर्ष

के शस्त्र भी गढ़ते हैं। रूपकों और हौसला उत्प्रेक्षाओं और रूपकों में बँधता है—

ढीली सी इस जीवन की कमान
कसनी हैं
छूटेंगे जिस पर कड़े प्राण के
तीर, जो कि
भेदेंगे सातों आसमान। (जीवन की कमान, 1941)

वे सारी अमूर्तताओं के आकाशों से सहसा धरती पर ठोस वास्तविकताओं के बीच अचानक आ उभरते हैं। इसी कविता में—

जब जनबल का सागर
दहाड़ कर उट्‌ठेगा
करता विचूर्ण फासिस्ट हाड़।

'दहाड़ कर उठेगा' न कहकर 'दहाड़ कर उट्‌ठेगा' कहा है, चूर्ण न कहकर विचूर्ण कहा है।

शमशेर की कविता में गतियाँ और यतियाँ मिलकर जिस लय को उपजाती हैं, उससे अलग तरह की वृत्तियाँ और रीतियाँ बनती हैं।

सन्दर्भ

1. गद्यपद्यमिश्रादिगतिः। सा षोढ़ा—द्रुता, मध्या, विलम्बिता, द्रुतमध्या, द्रुतविलम्बिता, मध्यविलम्बितेति। (भोजकृत शृंगारप्रकाश, 10,2, भा. 1, पृ. 541)
2. एषां च द्रुतमध्यविलम्बितास्त्रयो लया रसेषूपपाद्याः। तत्र हास्य शृंगारयोर्मध्यलयः करुणे विलम्बितो वीररौद्राद्‌भुतबीभत्सभयानकेषु द्रुत इति। (नाट्यशास्त्र, 17.131)
3. प्रशंसा चैव निन्दा च कल्पिता सदृशी तथा।
   किंचिच्च सदृशी ज्ञेया ग्रुपमा पञ्चधा पुनः॥ (नाट्यशास्त्र, 16.50)
4. दे. जनसत्ता 26.9.2010 के अंक में श्री अशोक वाजपेयी का लेख।

भारतीय उपन्यास की खोज और बाणभट्ट की कादम्बरी

उपन्यास जीवन का भास्वर ग्रन्थ है। पुस्तकें जीवन नहीं हैं। वे ईथर की प्रकम्पन मात्र हैं। लेकिन उपन्यास एक प्रकम्पन के रूप में सम्पूर्ण मानव को जीवमान बना सकता है। कविता, दर्शन, विज्ञान या अन्य कोई भी पुस्तक जो प्रकम्पन कर पाते हैं—उनसे वह उच्चतर है।

—डी. एच. लॉरेंस

'उपन्यास' शब्द साहित्य की विधाविशेष के अर्थ में संस्कृत भाषा में प्रयुक्त नहीं होता। अंग्रेजी के 'नॉवेल' के अनुवाद के रूप में कुछ आधुनिक भारतीय भाषाओं में इसका इस्तेमाल हाल ही में होने लगा है। उपन्यास की अवधारणा पश्चिम से चलकर हमारे यहाँ आई है और पश्चिम में भी, अपने समस्त नव्य अभिप्रायों के साथ उपन्यास की अवधारणा अधिक पुरानी नहीं है। अंग्रेजी में उपन्यास के अवतरण के पूर्व 'रोमांस' या प्रेम-कथाओं का प्रचलन था, जिनकी गणना उस समय अच्छे साहित्य में नहीं की जाती थी, उलटे उन्हें अनैतिक, हेय और वर्जित समझा जाता था। नगरीकरण और प्रौद्योगिकी के विकास के साथ 'उपन्यास' रोमांस का स्थानापन्न बनकर उभरा। उपन्यास बुर्जुआ सभ्यता की अमानवीयता का आलेख 'बना तथा मनुष्य और समाज का जीववैज्ञानिक तथा ऐतिहासिक परिप्रेक्ष्य उसमें उजागर हुआ। किसी भी अन्य साहित्यिक विधा की अपेक्षा उसमें विकास की अधिक सम्भावनाएँ देखी जाने लगीं। यह स्वीकार किया गया कि 'किसी भी साहित्यिक विधा की अपेक्षा, या कदाचित् किसी भी प्रकार की रचना की अपेक्षा, उपन्यास वह प्रारूप हमें देता है, जिसे समाज अपने लिए गढ़ना चाहता है, वह एक ऐसा अभिव्यक्ति का माध्यम है, जिसमें और जिसके द्वारा समाज अपने संसार को अवधारित और परिभाषित करता है।'

उपन्यास की इस महत्त्वारूढ़ि में आज की दुनिया में बदलती हुई स्थितियाँ ही नहीं, तदनुरूप उपन्यास का अपना संरचनागत वैशिष्ट्य, गतिशीलता और लचीलापन भी कारण है। उपन्यास के इस विधागत लचीलेपन के कारण हम उसे एक स्तर पर पारम्परिक भारतीय कथा-साहित्य से जोड़कर देख सकते हैं, दूसरी ओर उसकी

सम्भावना-प्रवणता के कारण पारम्परिक कथा की समझ से उसकी अवधारणा को विस्तार भी दे सकते हैं।

'महाभारत' या 'कथासरित्सागर' जैसी कृतियों में कई-कई उपन्यासों के प्रारूप समाये हुए हैं, पर उपन्यास के वर्तमान विकसित स्वरूप को सामने रखकर देखने पर इनमें या तो उपदेश परायणता हावी होती लगती है या किस्सागोई का तत्त्व प्रबल हो जाता है। पर इनके अतिरिक्त भी संस्कृत, प्राकृत और अपभ्रंश भाषाओं में कथा-साहित्य का अपार भंडार है, जिसे भारतीय उपन्यास की खोज के सन्दर्भ में खारिज नहीं किया जा सकता। फिर भी, विस्तार से बचने के लिए हम संस्कृत के उन तीन महान गद्यकारों का ही यहाँ जिक्र करेंगे, जिन्होंने कथा की परम्परा में सर्वाधिक साहसी प्रयोग किये हैं—सुबन्धु, दंडी और बाण।

सुबन्धु लोककथा का तानाबाना कथा की विधा में एक बड़ी साहित्यिक महत्त्वाकांक्षा के साथ बुनते हैं। यदि उन्हें अपनी वासवदत्ता को 'प्रत्यक्षरश्लेषमय-प्रबन्ध—वैदग्ध-निधि' बनाने का व्यामोह न होता तो वह लोक और गद्यकाव्य (कथा) के और गहरे अन्तःसम्बन्ध को लेकर प्रस्तुत हो सकती थी। दंडी का दशकुमारचरित विस्थापित राजकुमारों के साहसिक कार्यों का रोंगटे खड़े कर देने वाला ब्योरा बनकर रह गया है, जो अपनी धूर्तता और क्रूरता में बेजोड़ है। दुनियादारी बताने में दंडी उपलब्धि के शिखर पर है और मानवीय संवेदना और मूल्यबोध में छूछे। बाण का हर्षचरित एक बड़े ऐतिहासिक उपन्यास का कच्चा मसविदा बनकर रह जाता है। शेष रहती है उनकी 'कादम्बरी'।

'कादम्बरी' अपने समय से आगे की रचना है। अपने देश, काल और कथा की परम्परा के सारे तत्त्व हजम करके भी बाण उसे आधुनिक उपन्यास की विधा के करीब पहुँचा गए हैं। मराठी में 'कादम्बरी' शब्द का व्यक्तिवाचक संज्ञा के स्थान पर उपन्यासविधा के अर्थ में जातिवाचक संज्ञा बन जाने के पीछे बाण की *कादम्बरी* का यह औपन्यासिक कलेवर कारण रहा है। पर यहाँ 'कादम्बरी' में आधुनिक उपन्यास के तत्त्व ढूँढ़कर बताना हमारा उद्देश्य नहीं है। 'कादम्बरी' पारम्परिक कथा की विधा को ही आगे नहीं ले जाती, एक स्तर पर उपन्यास की अछूती सम्भावनाएँ भी प्रकट करती है। इन सम्भावनाओं के पीछे बाणभट्ट के व्यक्तित्व और चरित्र का अनोखापन रहा है। बाण शुरू से एक बँधे हुए ढर्रे पर न चल सके, औरों की तरह उन्हें भी अपनी सारी जिन्दगी को बहुत सन्तुलित और व्यवस्थित रूप में जमा लेने के लिए एक चौखटा मिला था और उनकी वंशपरम्परा के सारे आभिजात्य, पावनता और पांडित्य की अनुपम थाती से गढ़ा यह चौखटा सचमुच उदात्त और भव्य था, बाण अपनी आवारागिरी के कारण ही उसके साँचे से बाहर निकल आए। यों अपने यौवन में आसेतु हिमाचल सारे देश में दर-दर भटकने का काम कालिदास, भवभूति या बिल्हण ने भी किया, पर संस्कृत के और किसी महाकवि में इसके साथ अपने

समाज के मध्यवर्ग या निम्नवर्ग से जुड़ने की गहरी और तीखी ललक नहीं मिलती, जो बाण में है। कैशोर्य की इत्वरता में भरकर बाण ने अपना घर छोड़ा और उन लोगों की बिरादरी के सहयात्री हो गए जो उनके पिता के घर की चौखट को बहुत दूर से ही सिर नवा सकते थे। पुराने सुभाषित संग्रहों में उद्धृत उनके वे मुक्तक इन्हीं दिनों लिखे गए होंगे, जिनके कारण संस्कृत में आम जनता की कविता लिखने वाले कवियों की परम्परा उन्हें अपना प्रेरणास्रोत मानती रही। *सुभाषितरत्नकोश* में बाण के 23 सदुक्तिकर्णामृत में 14 और सुभाषितावली में कुल 28 मुक्तक उद्धृत हैं। इनमें से कुछ उनके *चंडीशतक, हर्षचरित* और *कादम्बरी* से उठाए गए हैं, पर अधिकांश फुटकर हैं और इनमें प्याऊ पर पानी पिलाती पनिहारिनों, दरिद्र बटोहियों या गाँव के मन्दिर में शीत में ठिठुरते हुए रात बिताने वाले पथिकों की छवियाँ हैं। बाण के जहाँ-तहाँ ख़ाक छानते फिरने के दिनों की छायाएँ इन पद्यों में हैं। पर बाण अपने इस भटकाव से भी ऊबे होंगे और उनका रचनाकार इस तरह के मुक्तकों से कुछ आगे की चीज लिखने के लिए भी कसमसाया होगा। यह आगे की चीज मध्यवर्ग का महाकाव्य तो नहीं हो सकती थी, पर महाकाव्यों की प्रचलित परम्परा से अलग तो उसे होना ही था। विधा की दृष्टि से पद्य के स्थान पर गद्य का वरण करने के पीछे भी बाण के पास अपने कारण रहे होंगे।

बाण ने अपने व्यक्तिगत जीवन की जो जानकारी हमें दी है, उससे हम उनकी गद्यरचना की प्रक्रिया को ज्यादा अच्छी तरह समझ सकते हैं। अपने भटकाव और कैशोर्य से उबरकर बाण अपने गाँव लौट आए। इस भटकाव ने उन्हें जीवन के विविध अनुभव और कुछ प्रिय साथी दिये, पर वह समग्र जीवन तो नहीं हो सकता था। बाण एक बार फिर अपने घर-बार से जुड़कर जीवन का दूसरा उपक्रम करने जा रहे थे कि उनके लिए कन्नौज के राजा का बुलौवा आ पहुँचा। यह बुलौवा राजा हर्ष के चचेरे भाई और बाण के शुभचिन्तक कृष्ण ने उन तक पहुँचाया था, यह खबर करते हुए कि चुगलखोरों ने राजा को बाण के खिलाफ बहुत भर रखा है, और किसी तरह कहा-सुनी करने पर जब राजा उनसे मिलने को तैयार हो ही गए हैं, तो यह अवसर हाथ से जाने देना ठीक न होगा।

यहाँ यह अजीब-सी बात लगती है कि बाण एक छोटे से गाँव के पंडित के लड़के ही तो थे, चुगलखोरों ने उनमें ऐसा क्या देखा कि वे राजधानी जाकर उनके खिलाफ राजा के कान भरें और राजा को भी गाँव के एक मामूली लड़के की ओर से ऐसी कौन-सी विपत आती दिखी कि वह उसकी ओर से चौकन्ना हो गया और दरबार में उसके आते ही तन गया? खैर, बाण हमें अपनी आपबीती में बताते हैं कि दरबार जाने का उनका बिलकुल मन न था, चाटुकारिता और आडम्बर की इस दुनिया में भला उनके जैसे आदमी का क्या काम हो सकता था, पर जब उनके गाँव के लोग पीछे पड़ गए तो किसी तरह वे जाने को तैयार हुए। बाण कहते हैं कि

'राजसभा का उनका पहला अनुभव बड़ा अप्रिय रहा, राजा ने उनकी ओर ताका तक नहीं, उलटे अपने बगल में बैठे मालवराज से उनकी ओर इशारा करके कहा कि यह बड़ा लम्पट है।'

यह अशिष्टता देखकर बाण का ब्रह्मतेज जाग उठा और उन्होंने तमककर भरी सभा में राजा को जो खरी-खरी सुना दी, उसका उद्धरण उनकी आपबीती में पढ़कर एक हद तक हम समझ सकते हैं कि क्यों चुगलखोर लोग जा-जाकर राजा से उनके खिलाफ जड़ रहे थे और क्यों राजा उन्हें खतरनाक आदमी समझता था। बहरहाल उस वक्त तो वहाँ मामला किसी तरह रफा-दफा किया गया, राजा हर्ष जवाब में इतना ही बोले कि हमने सुना था वैसा और बाण को भी लगने लगा कि राजा आदमी तो भला ही है, और वे कुछ दिन राजधानी में टिके रहे, फिर राजा का सत्कार-सम्मान पाकर गाँव लौट आए।

बाण की अपने गाँव में यह दूसरी वापसी उनके कृतित्व में बड़ी भूमिका निभाती है। अपने पहले भटकाव में बाण ने अपने देश के लोगों को समझा और अपनी जमीन पहचानी। इस दूसरे भटकाव ने राजाओं और सामन्तों की दुनिया से उनका साक्षात्कार कराया। बाण अपने कविकर्म को पद्यरचना की दिशा में ही अग्रसर किये रहते, यदि गाँव के बड़े-बूढ़े लोग और उनके इष्ट-मित्र उन्हें घेरकर यह आग्रह न करते कि भैया हमें भी तो सुनाओ क्या-क्या देखा-भाला वहाँ जाकर! उन लोगों के लिए तो यह बड़ी बात थी—उनके गाँव का लड़का ठेठ राजा से मिलकर, अपना नाम और उनके गाँव का नाम ऊँचा करके सही-सलामत लौट आया था।

बाण राजदरबार में जाने को लेकर अपने गाँव के साथियों का अनुरोध नहीं टाल सके थे, राजा का किस्सा सुनाने के लिए इतनी उत्सुकता, स्नेह और कौतुक के साथ किया गया निहोरा वे टाल सकते थे? पर वे राजा के बारे में और 'वहाँ' की दुनिया के बारे में अपने इन लोगों को बताते भी तो क्या?

इस प्रश्न और उससे जुड़े द्वंद्व की परिणति *हर्षचरित* में हुई। कथा की सम्पन्न परम्परा के रहते बाण ने *हर्षचरित* में कुछ नया ही कर दिखाया। बाण के पहले साहित्यिक गद्य में कथाएँ और आख्यायिकाएँ शताब्दियों से लिखी जा रही थीं। पतंजलि (दूसरी शती ई.पू.) अपने से पहले की तीन आख्यायिकाओं—*वासवदत्ता, सुमनोत्तरा* और *भैमरथी* का हवाला देते हैं। यदि सुबन्धु को बाण का पूर्ववर्ती मान लें, तो वासवदत्ता जैसी कालजयी कथारचना भी तब तक सामने आ चुकी थी। यह पतंजलि से पहले लिखी गई *वासवदत्ता* से भिन्न कथाकृति है। अपने से पहले के गद्यकारों में बाण स्वयं हरिश्चन्द्र का उल्लेख करते हैं। पर उनके हर्षचरित में आकर आख्यायिका का फॉर्म ही बदल गया। काव्यशास्त्र के महान् आचार्य भामह को भी *हर्षचरित* को सामने रखकर आख्यायिका की विधा को परिभाषित करना भी पड़ा। और कथा से अलग आख्यायिका नाम की कोई विधा नहीं हो सकती—कुछ

आचार्यों की इस विप्रतिपत्ति को भी हर्षचरित ने ही अपने कृतित्व से समाप्त किया।

हर्षचरित में वस्तु और रूप दोनों के स्तर पर गद्यविधा के नवावतार के पीछे बड़ी सीमा तक बाण के जीवन की वे सारी स्थितियाँ जिम्मेदार थीं, जिनका ऊपर विवरण दिया गया है। *हर्षचरित* की रचना बाण ने अपने गाँव के लोगों को राजा हर्ष का किस्सा सुनाने के लिए इन लोगों के अनुरोध से ही की थी। अपने समकालीन राजा पर कथा लिखना जोखिम का काम था—बाण के पहले ऐसा साहस और किसी ने किया भी नहीं था। पर बाण ने इस चुनौती को स्वीकारा। अब समस्या थी हर्ष नाम के राजा को आख्यायिका में उतारने की—बाण को इस नायक की छवि उन लोगों के लिए उकेरनी थी, जो एक राजा का सत्य जानने के लिए उनके आस-पास मंडली बनाकर आ बैठे थे।

बाण इन लोगों के सन्दर्भ में अपने समकालीन नायक को परिभाषित करने का उपक्रम करते हैं। इसलिए हम देखते हैं कि कुल जमा सात उच्छ्वासों की किताब में पहले तीन उच्छ्वासों में तो हर्ष की कोई बात आई ही नहीं। बाण अपने पुरखों, अपनी धरती, अपने गाँव, अपने लोगों और अपनी स्वयं की रामकहानी पहले कहते हैं। महाकवि बिल्हण से पूर्व आत्मकथा लिखने वाले संस्कृत के पहले रचनाकार बाण हैं। पर बाण की यह आत्मकथा न तो अपनी साहित्यिक उपलब्धियों को भुनाने के लिए चिपकाया गया रसीदी टिकट है न उसके पीछे 'क्या भूलूँ क्या याद करूँ' का ही कोई भाव है। आधुनिक अर्थ में बाण ने कोई आत्मकथा लिखी भी नहीं है, पहले दो उच्छ्वासों में साहित्यकार बाण, बाण नाम के व्यक्ति की जो चर्चा करता है, वह इसलिए कि यह व्यक्ति बाण भी उन लोगों में से एक है, जिनके लिए, जिनकी कथा लिखी जा रही है और इस कथा की रचना में वह बाण व्यक्ति एक माध्यम बन गया है। बाण व्यक्ति से रचनाकार बाण अलग छिटककर उसकी चर्चा को निस्संग भाव से सर्वत्र तृतीय पुरुष एकवचन में ही करता है—उसका भी यही कारण है। राजाओं के चरित तो बेशक इसके पहले भी लिखे गए थे, पर लेखक ने राजदरबार से विदा लेकर अपने गाँव वालों के बीच बैठकर यह जो चरित लिखा, उसका रंग निराला ही निकला। कथा कहने की इस अनोखी पद्धति में नायक के रूप में राजा हर्ष का नाम साहित्य के रजिस्टर में तब तक दर्ज नहीं हो सकता, जब तक कथा के वास्तविक परिवेश के बयान के साथ कथाकार अपने संगी-साथियों के परिचय और नाम उसमें दर्ज न करा दे। बाण की इस मित्रमंडली में हर तबके के लोग हैं और बाण बेहिचक उनके नाम और पेशों की सूची प्रस्तुत करते हैं। भाषा कवि ईशान, विद्वान् वारबाण, प्राकृत कवि कुलपुत्र, पुस्तकवाचक सुदृष्टि तो इस मंडली में है ही, इसमें बौद्धभिक्षुणी, विषवैद्य, पानविक्रेता, स्वर्णकार, मृदंगवादक, मिट्टी के खिलौने बनाने वाला, गायक, प्रसाधिका, संवाहिका (मालिश करने वाली), नर्तक, जुआरी, नर्तकी, संन्यासी, जैन साधु कथावाचक, मंत्रसाधक, रसायनज्ञ आदि

वे सब लोग हैं, जिनकी सोहबत में रहने के कारण बाण की छवि धूमिल हुई थी। पर दरबार में कहने को एक तरह से सम्मानित हो चुकने के बाद भी गाँव लौटकर एक व्यवस्थित सामाजिक जीवन शुरू करने के बाद भी बाण अपनी आख्यायिका में यह बात निस्संकोच प्रकट और स्पष्ट कर देना चाहते हैं कि ये सब लोग न केवल अभी भी उनके वैसे ही मित्र हैं, बल्कि यह आख्यायिका ही वे उनके लिए लिख रहे हैं।

यदि बाण आज के आत्मकथालेखक की मन:स्थिति में होते, तो अपनी उन उपलब्धियों का ब्योरा जरूर देते जो उन्होंने अपनी मंडली के सहयोग से हासिल की होगी। पर बाण अपने और इस मंडली के लोगों के व्यक्तिगत जीवन का उतना ही खाका देते हैं, जितना उनकी आख्यायिका की पृष्ठभूमि के लिए आवश्यक था। फिर वे अपनी मित्रमंडली और गाँव के उन सब लोगों के सामने राजा हर्ष की कथा सुनाना शुरू करते हैं, जिन्होंने अपनी धरती के इस बेटे (बाण) को उसकी सारी बुराइयों और अच्छाइयों के साथ अन्तत: स्वीकार कर लिया था।

जाहिर था कि इस पृष्ठभूमि में रची गई आख्यायिका न तो सिर्फ किस्सा ही बन सकती थी, न इतिहास। बाण अपनी आख्यायिका को उस जगह पर समाप्त कर देते हैं, जहाँ एक भाई 'बन बन में बावला होकर भटकता अपनी विधवा और दुखियारी बहन को खोज रहा होता है और ठीक उस समय वह उसे पा लेता है, जब वह सब आशा छोड़कर प्राण त्यागने के लिए चिता पर चढ़ने ही वाली है। सौभाग्य से इस तथ्य पर पंडितों में भी कोई विवाद नहीं है कि बाण ने यहीं तक हर्षचरित लिखा था और इसके आगे लिखने की उनकी मंशा भी नहीं थी। जिन लोगों के लिए बाण ने राजा हर्ष का किस्सा लिखा था, उनके लिए तो वह ठीक इसी जगह आकर पूरा हो गया। अब उस दुखियारी बहन का वह भाई बड़ा भारी राजा बन गया तो उसने अपनी बहन के हत्यारों से बदला ले लिया तो इससे किस्सा कहने और सुनने वालों को क्या?

पता नहीं राजा हर्ष को यह बात ज्ञात हो सकी या नहीं कि गाँव के जिस तेज-तर्रार लड़के को उन्होंने कुछ दे-दिलाकर विदा किया था, उसने गाँव पहुँचकर उनका चरित लिख डाला है। उनके या उनके दरबार के लोगों के सामने बाण का लिखा यह चरित आता, तो वे अवश्य ही बाण से जवाब-तलब कर सकते थे कि राजा हर्ष की उपलब्धियों का चरित तो बहन राजश्री के मिल जाने के बाद ही प्रारम्भ होता है—उनकी दिग्विजय, उनका चक्रवर्ती बनने का स्वप्न,उनकी सभा में बड़े-बड़े कवियों, कलावन्तों का जमावड़ा, उनका अपने तन के कपड़े तक दान कर देना यही सब। वे बाण से यह भी पूछ सकते थे कि भैया, राजा हर्ष का चरित लिख रहे हो और शुरू में तुमने अपना और अपने गाँव का किस्सा जोड़ा सो जोड़ा, अब यह बीच-बीच में विन्ध्याचल के आदिवासियों की बातें—उनका चावल के भूसे में आग लगाना, गायों के लिए बाड़ा बनाना—इनका ब्योरा क्यों देते हो? बाघ

आकर ग्वालों के बछड़े उठा ले जाते हैं और वे बाघ को फँसाने का जाल बना रहे हैं, वनपाल लकड़हारों की कुल्हाड़ियों छीन रहे हैं, भूख से दुबलाए किसान कुदाली से कोड़ कर परती जमीन तोड़ रहे हैं—इन सब बातों को राजा हर्ष के चरित में जोड़ने में भला कोई तुक है? बटोहियों का सत्तू खाकर मिट्टी के सकोरे प्याऊ की मड़ैया के पास फेंकना, उन सकोरों पर मक्खियों का मँडराना—इस तरह की वाहियात बातों पर तो तुम अपने खानाबदोशी के दिनों में कुछ मुक्तक-वुक्तक लिख ही चुके थे—अब यहाँ तो उन्हें छोड़ देते! फिर राजा के सैनिकों का गाँव के खेत रौंद देने का जिक्र तो कम-से-कम न करते।

इस तरह से आक्षेप यदि हुए भी हों, तो बाण का रचनाकार उनसे समझौता करने वाला तो था नहीं। उसे अपने ढंग से अपनी राह बनानी थी। उसके सामने समस्या समकालीन जीवन की व्याख्या की थी। व्याख्या का एक पथ तो हर्षचरित की पद्धति पर चलकर पूरा हुआ। पर बाण को न तो उससे पूरा परितोष हो सकता था, न वे वहीं तक पहुँचकर ठहर ही सकते थे। हर्षचरित में समकालीन जीवन की व्याख्या मिथक की सृष्टि करके पूरी होती है। पहले उच्छ्‌वास में ही बाण बताते हैं कि उनके वंश की उत्पत्ति की कथा सरस्वती के धरती पर उतरने की कथा से जुड़ी हुई है। वेद का विस्वर पाठ करते दुर्वासा पर एक बार ब्रह्मा की सभा में सरस्वती हँस पड़ीं तो उसे धरती पर भटकने का शाप मिला। जिन लोगों के घर पाले हुए तोते भी गलत पाठ करने वाले वेदपाठियों को टोक देते हों, वे अपने मूल की खोज अपपाठी ऋषि का उपहास करने वाली सरस्वती की कथा में करें—यह स्वाभाविक ही था। बाण ने इस धरती पर अपने अभिशप्त होने और भटकते रहने की भी एक व्याख्या इस मिथक के द्वारा कर डाली है। पर बाण के जीवन के चिर अभिशाप और भटकाव की कथा पूरी तो यहाँ कही नहीं जा सकी।

एक मिथक जो बाण के मन में बहुत पहले से रहा होगा, वह तो हर्षचरित के गद्य में नहीं उतर पाया। यह मिथक 'कादम्बरी' का था। 'कादम्बरी' बाण के मन की तहों से कहीं तब से ही दबी थी, जब वे किशोर वय में ठौर-ठौर में भटक रहे थे। उसी को अपने लेखन में उतारने की छटपटाहट में उन्होंने अपने ढेरों फुटकर पद्य, अपना चंडीशतक और हर्षचरित लिखा था। 'कादम्बरी' कभी लुका-छिपी खेलती हुई उन्हें एक झलक दिखाती, कभी आकस्मिक प्रत्यवभास की एक कौंध में आलोकित होती। लगातार कई बरसों की साँसत थी—'कादम्बरी' को शब्दों में उतार लाने के पीछे। शायद बाण ने बहुत पहले इस उधेड़बुन में उसे पद्य में लिख भी डाला था—बाण की लिखी एक 'पद्य-कादम्बरी' के भी पुराने उल्लेख हमारी परम्परा में मिलते हैं। पर बाण को लगा होगा कि उनकी वह 'कादम्बरी' तो छन्दों में अँट नहीं सकी है और हो सकता है उन्होंने स्वयं ही 'कादम्बरी' के इस रफ ड्राफ्ट को नष्ट कर दिया होगा या नष्ट हो जाने दिया होगा। बाद में गाँव के लोगों

के आगे हर्ष का चरित सुनाते समय उन्हें लगा होगा कि उनके लिए सही माध्यम गद्य है, जिसे कुछ लोगों के आगे कथा सुनाने की विधा में लिखा जाए।

आज यह कहना मिथ्यावाद लग सकता है कि बाण का गद्य गाँव के लोगों के बीच, निश्चित किसी साँझ में अलाव के आस-पास बैठकर किस्सा सुनाने की तर्ज पर लिखा गया है, विशेषत: उस स्थिति में जब पाश्चात्य विद्वानों ने उनके गद्य को बीहड़ अलंघ्य जंगल बताया हो, जहाँ कदम-कदम पर अपरिचित शब्दों के हिंस्र जन्तु हमला करने को तैयार मिलते हैं और कई-कई पृष्ठों में जाकर समाप्त होने वाले लम्बे-लम्बे वाक्यों के झाड़ी-झंखाड़ों को हटाये बगैर जहाँ आगे बढ़ना दूभर हो जाता है। निश्चय ही हमारी किस्सागोई की शैली से अपरिचित व्यक्ति को बाण का गद्य बनावटी और असाध्य ही लगेगा। पर बाण की विधा जिस गणित से जन्मती है, उसे समझ लेने पर उनका गद्य सध ही नहीं जाता, वह उतना ही साफ और सीधे मन में उतरने वाला बन जाता है, जितना बाण के समय में, उनके गाँव के लोगों के लिए वह रहा होगा।

कादम्बरी का पहला ही वाक्य यह है कि शूद्रक नाम का एक राजा था। अब यह राजा क्या था—यह बताने के लिए बाण इस वाक्य को आलाप की तरह फैला देते हैं। वे शूद्रक राजा को उसके सारे परिवेश के बीच स्थापित करते हैं। एक दिन शूद्रक के दरबार में चांडाल-कन्या पिंजरे में बन्द एक अद्‌भुत तोते को लेकर आती है जो सब कलाओं और शास्त्रों का मर्मज्ञ तथा कवित्व-प्रतिभा से सम्पन्न है और मनुष्यों की भाषा बोलता है। बस यहाँ से कुछ लोगों के सामने बयान की जाती कथा के भीतर कुछ और लोगों के सामने कही जाती कथा का सिलसिला शुरू होता है और इस तरह एक कथा से दूसरी कथा के भीतर उतरते-उतरते बहुत गहरे जाकर 'कादम्बरी' मिलती है।

हर्षचरित के कथानक का संसार, ऊपरी तौर पर, बाण का समकालीन संसार है। पर यह समकालीन संसार बाण की व्याख्यापद्धति से, अपनी परिणति में, मिथक बनता है। कादम्बरी के कथानक का संसार, ऊपरी तौर पर मिथकीय या आश्चर्यलोक का संसार है, जहाँ एक तोता महापंडित की तरह लच्छेदार भाषा बोलता हुआ, अपनी आपबीती ही नहीं, अपने पिछले जन्म का वृत्तान्त भी सुनाता है, जहाँ प्रेमिकाएँ अपने प्रेमी के शव को युगों तक अक्षत रूप में सहेजे रहती हैं क्योंकि एक दिन उस प्रेमी को जी उठना है, जहाँ विचित्र सरोवर में कूदकर अश्व अप्सरा में परिणत होता है।

किन्तु कादम्बरी के इस गन्धर्वलोक में कुछ ही आगे बढ़कर हम अनुभव करते हैं बाण की समकालीन वास्तविकताएँ *हर्षचरित* की अपेक्षा कहीं अधिक गहरे स्तरों पर यहाँ पिरोई गई हैं और व्याख्यागम्य बनाई जा रही हैं। बिना बताए यह जाहिर हो जाता है कि राजसभा में लाया गया पिंजरे में बन्द बोलने वाला पंडित तोता तो

बाण स्वयं है। वैशम्पायन नामक इस तोते की मुँहजबानी उसकी राम-कहानी को सुनें, तो उसमें हर्षचरित में बाण के द्वारा उकेरा गया अपने जीवन का रेखाचित्र सारी छायाओं और वर्णविच्छित्तियों के साथ प्रकट होता है। इस तोते की माँ उसके जन्म लेते ही गुजर गई। उसका बूढ़ा पिता उसको पालता है। काल की तरह क्रूर एक बूढ़ा शबर एक दिन उनके घोंसले में हाथ डालता है। वह वैशम्पायन के पिता की गरदन मरोड़कर उसे मार डालता है और वैशम्पायन नाम का असंजातपक्षपुट, अपनी ग्रीवा सँभालने में असमर्थ, चोंच ऊपर न उठा पाने वाला चूजा अपने पिता के शव को पंखों में छिपा धरती पर गिरता है। एक अन्तहीन भटकाव का सिलसिला यहाँ से शुरू होता है। इस निरीह शुकशावक की मुमूर्षा और जिजीविषा, पिपासा और हताशा, ग्लानि और निर्वेद, तपती दोपहर में पानी तक पहुँचने के लिए घिसटने की चेष्टा और श्रान्ति—इन सबमें बाण की रामकहानी के वे सब अनुभव जिन्हें हर्षचरित में निर्लिप्त भाव से सपाटबयानी में कह दिया गया, बड़ी अन्तरंगता के साथ व्यंजित हुए हैं।

भाग्य ही था कि वैशम्पायन नाम का यह चूजा आश्रम के ब्रह्मचारियों द्वारा ऐन मरणासन्न स्थिति में देख लिया जाता है और इस तरह महर्षि जाबालि के आश्रम में जा पहुँचता है। महर्षि जाबालि तो त्रिकालदर्शी हैं, वे सब बताते हैं—वैशम्पायन के जन्म-जन्मों के आवारापन और भटकाव की कथा। इस आश्रम में रहकर मनुष्यों की वाणी, शास्त्रों का ज्ञान और अतीत की अपनी सब विरासत को पा लेने पर भी वैशम्पायन तोते की कुबुद्धि को क्या कहें कि वह जाबालि के पावन आश्रम से भी भाग निकला, और धर पकड़ा गया चांडालों के द्वारा। चांडालों की बस्ती में कई दिन गुजारना और फिर अनचाहे राजसभा में ले जाया जाना—इन सब प्रसंगों में बाण की आपबीती समवेत है। जिन लोगों को चांडाल, क्रूर और पशुओं की तरह जीवनयापन करने वाला समझा, वे तो बहुत ही सुहृद और जन्म-जन्मान्तरों के सगे निकले। उनके कारण ही वैशम्पायन अपनी तोतारटन्त के साथ राजा शूद्रक के दरबार तक जा पहुँचा। महाज्ञानी और फिर भी अध:पतित वैशम्पायन तोते को पिंजरे के भीतर से अपना दाहिना हाथ (पंजा) उठाकर स्वस्तिवाचन मुद्रा में राजा शूद्रक का प्रशस्ति पाठ करते प्रस्तुत कर बाण क्या कहना चाहते हैं—यह तो स्पष्ट है। पर जाबालि के आश्रम में सब कुछ पा लेने पर भी यह वैशम्पायन तोता किसकी तलाश में वहाँ से निकल भागा?

इसके साथ ही, यह प्रश्न भी उठता है कि तोते को कथानायक (या कथानायक को तोते) के रूप में प्रस्तुत करने की बाण को सूझी कैसे? हर्षचरित और कादम्बरी में बाण ने अपने घर-बार और जीवन के विषय में सीधे जो जानकारी दी है, उसमें से ही कथानायक की इस परिकल्पना का सूत्र मिल जाता है। बाण बताते हैं कि उनके प्रपितामह के समय घर में ब्रह्मचारी बटु नित्य प्रति वेद-पाठ करते और वहाँ पिंजरों

में पले तोतों को सुनते-सुनते वेद मंत्र इस तरह रट गए थे कि कहीं कोई नौसिखिया बटु अटकता या अशुद्धि करता, तो ये तोते टोंककर उसे सुधार देते। क्या बाण को इसी चीज ने कचोटा था कि अपने पैतृक घर में—वेद मंत्रों के उद्घोष और यज्ञ-याग के पवित्र परिवेश में वे एक रट्टू तोते में तब्दील होकर रह जाएँगे? हर्षचरित में अपने द्वारा घर छोड़ने की परिस्थितियाँ बताते हुए वे कहते हैं— '(पिता की मृत्यु के) शोक के धीरे-धीरे कम होने पर इस बाण के मन में अब खुली छूट मिलने से ढिठाई आने लगी, बचपने ने उसमें कौतूहल जगाया, युवावस्था के अवतरण ने उसमें अधैर्य धरा और वह बच्चों के जैसी चंचल चेष्टाएँ करता-करता इत्वर (आवारा) बन बैठा।—इसके आगे बाण ने आवारा लोगों की अपनी टोली के मित्रों की गिनती की है। फिर वे कहते हैं—'पुरखों के घर में सब कुछ था, ब्राह्मणोचित वैभव और विद्या की अविच्छिन्न परम्परा। पर फिर भी यह बाण अपनी इस मंडली के साथ दूसरे देशों को देखने के कौतुक से आक्षिप्त मन वाला होकर घर से निकल पड़ा। फिर तो अपनी मनमानी में इसने अपनी खूब हँसी कराई।'

बाण का अपनी मित्र-मंडली के साथ यह देशाटन केवल घुमक्कड़ी या भटकाव भर न था। इसका जो थोड़ा सा ब्योरा उन्होंने ऊपर उद्धृत स्थल के बाद दिया है, उससे प्रकट है कि बाण की यात्राएँ अपनी जड़ों की खोज और अपने समय में उनके पुनराविष्कार के लिए थीं। एक दूसरे स्तर पर, वे उसकी खोज के लिए भी थीं, जिसे कादम्बरी में 'महाश्वेता' नाम दिया गया है।

वैशम्पायन नाम का वह तोता जाबालि ऋषि के मुख से अपना इतिहास सुन और समझ लेने के बाद महाश्वेता के ही लिए व्याकुल होकर भाग निकलता है। पुंडरीक, वैशम्पायन ब्राह्मण और वैशम्पायन तोता—ये बाण के व्यक्तित्व के तीन प्रक्षेप हैं। एक ही व्यक्ति ये तीन जन्म लेता है। तीनों में महाश्वेता के प्रति दुर्निवार आकर्षण का सागर ब्राह्मणत्व की मिट्टी से बाँधे गए धैर्य के सेतुओं को जो बार-बार तोड़कर धाड़ मारकर उमड़ता है, वह जीवन के संशय, द्वंद्व,वर्जना का अनुभव तथा उससे प्रतिरोध और त्रास की कथा कहता है। हर्षचरित में बाण ने हर्ष की कहानी सुनाने के पहले इस महागाथा की पृष्ठभूमि के रूप में संकेत तो किया था, पर उसका पल्लवन यहाँ आकर हुआ। हर्षचरित में जो अधूरेपन का एक खड्ड बना रह गया है, यहाँ आकर उसका भी पुराव हुआ।

हर्षचरित में बाण यह तो प्रकट कर देते हैं कि उनके गाँव-गाँव के लोग और उनके पुरखों की कथा कहे बिना हर्ष राजा की कथा अपूर्ण रहेगी, पर दोनों के अन्त:सम्बन्ध का स्पष्टीकरण वहाँ नहीं हो पाता। नायक चन्द्रापीड और सहनायक वैशम्पायन की कथाओं का अन्त:सम्बन्ध स्पष्ट करते हुए कादम्बरी में बाण इनके द्वारा सम्बन्धों और संवेदनाओं की जटिल बनावट की पहचान करते हैं।

नायक चन्द्रापीड के जीवन में तीन स्त्रियाँ आती हैं—पत्रलेखा, महाश्वेता और

कादम्बरी। तीनों से उसके सम्बन्ध सिद्ध या परिभाषित नहीं, साध्य और परिभाषेय हैं। जिस सहजता और अपनत्व से महाश्वेता और कादम्बरी प्रथम परिचय में चन्द्रापीड को अपना लेती है और अभिभावकों के आधिपत्य से अलग अपनी दुनिया में उसे साझीदार बना लेती हैं, उसमें स्त्री-पुरुष सम्बन्धों का वह ताना-बाना बुनता जाता है, जो बाण के पहले इस रूप में नहीं बुना गया।

छन्द की औपचारिकता और महाकाव्य जैसी विधा के अनुशासन के बन्धनों से मुक्त हो जाने के कारण ही कदाचित् बाण अपने पात्रों को हमारे इतने निकट ले आते हैं। साहित्य की पूर्वप्रकल्पित कारा के खुलते ही हमें अपने अनुभवों के साझी बनाने को आतुर से उनके पात्र जैसे त्वरा से हमारे अगल-बगल में आ बैठते हैं। महाश्वेता, कादम्बरी, पत्रलेखा, वैशम्पायन, चांडालकन्या, जरदद्रविड़धार्मिक और भी बहुत से अभूतपूर्व लोगों का जमावड़ा बाण हमारे आसपास रच देते हैं और ये लोग हमें जितने पास और अपने से प्रतीत होते हैं, उतने भारवि, माघ आदि के महाकाव्यों में चित्रित नायक-नायिकाएँ नहीं। कालिदास के पात्र भी, भले ही वे जीवन की सारी उदात्तता और गहन मानवीय संवेगों के साथ चित्रित हुए हैं, एक निश्चित दूरी हमसे बनाए रखते हैं।

बाण गल्प रचते हैं, पर अपने तमाम मिथकीय परिवेश और फैंटेसी के घिराव के बावजूद उनके पात्र हमारे इतिहास के अंग बन जाते हैं। मिथकीय काल के वृत्त में ऐतिहासिक काल का प्रत्यय संस्कृत रचनाकारों में कितने बड़े आश्वासन के साथ बाण दे सके हैं—इसका एक रोचक उदाहरण हम 11वीं सदी के कवि बिल्हण के विक्रमांकदेवचरित महाकाव्य में एक स्थान पर देखते हैं। बाण के बाद बिल्हण दूसरे संस्कृत कवि हैं, जिन्होंने बाण की तरह अपनी धरती, पुरखों, अपने गाँव और अपने स्वयं के विषय में ब्योरा दिया है। फर्क यह है कि बाण यह सब ब्योरा अपनी आख्यायिका के आरम्भ में, उसकी एक अनिवार्य पृष्ठभूमि के रूप में देते हैं, जबकि बिल्हण चालुक्य राजा के जीवन पर लिखे गए अपने महाकाव्य के अन्त तक पहुँचते-पहुँचते, राजा के चरित को अपूर्ण छोड़कर आखिरी सर्ग में अपने प्रदेश कश्मीर का इतिहास उठाते हैं और फिर अपने गाँव और घर-परिवार पर आते हैं। इस सर्ग में कश्मीर के राजा कलश की दिग्विजय का वर्णन करते हुए वे कहते हैं—अपनी दिग्दिगन्तर की यात्राओं में वह राजा स्फटिक विशद आच्छोद सरोवर के किनारे जा पहुँचा। वहाँ वह इन्द्रायुध अश्व के खुरों से खोदी गई धरती पर घूमता रहा। मनुष्य-लोक के चन्द्र उस कलश को देखकर कादम्बरी के परिजनों की वाणी का विलास चन्द्रापीड की स्तुति में संकुचित हो चला।

राजा कलश बिल्हण के समकालीन इतिहास का हिस्सा है, जबकि आच्छोद सरोवर, इंद्रायुध अश्व, कादम्बरी, चन्द्रापीड—ये सब बाण के अपने कथा-संसार के, मिथकीय काल के घटक हैं। पर यह अनुभव दे सकना कि सचमुच कहीं

आच्छोद सरोवर रहा है, सचमुच भटकता-भटकता एक चन्द्रापीड उसके किनारे कभी पहुँचा है और कादम्बरी के परिजन अभी भी वहाँ हैं और अपने से चार सौ साल बाद हुए रचनाकार में इस प्रत्यय की वास्तविकता का भान दे सकना बाण की कथा की सामर्थ्य है।

यह सत्य है कि कादम्बरी आधुनिक अर्थ में उपन्यास नहीं है, वह भारतीय साहित्य की परम्परा में पनपी 'कथा' की विधा का एक शिखर है। फिर भी कादम्बरी उपन्यास की अपार सम्भावनाओं से साक्षात्कार अवश्य कराती है। कादम्बरी में आधुनिक उपन्यास के तत्त्व ढूँढ़ना या उसे अच्छी औपन्यासिक कृति सिद्ध करना यहाँ हमारा लक्ष्य नहीं है। पर उपन्यास की पश्चिमी अवधारणा में कादम्बरी जैसी कथा-रचना के द्वारा हमारी परम्परा काफी कुछ नया जोड़ती लगती है।

ऊपर हमने बाण की कथा के पात्रों की अपने से निकटता के प्रत्यय और अपने काल में उनकी वास्तविकता के भान का उल्लेख किया है। यह चीज बाण में आती कहाँ से है? स्पष्ट है कि मात्र कथा कहना बाण का लक्ष्य नहीं है। उनकी कथा-सृष्टि में घटनाएँ बाद में आती हैं, पहले वे परिवेश रचकर मनुष्य को उसमें स्थापित करते हैं। मनुष्य के परिवेश की पहचान और उसके अपने पात्रों में गुँथाव की अनुभूति बाण में बड़ी गहरी है। अपने समकालीन परिवेश की परख की दृष्टि से वे संस्कृत कवियों में सबसे आगे हैं—यह बात 'बाणोच्छिष्टं जगत् सर्वम्'—का उद्घोष करने वाली हमारी परम्परा भी स्वीकारती है।

बाण अपने आसपास के परिवेश को उसकी एक-एक छोटी-बड़ी तफसीलों के साथ उठाकर ही प्रस्तुत नहीं करते, वे मनुष्य के देह और मन से उसके संश्लेष की बनावट भी बूझते चलते हैं। इन्द्रियाँ विषयों में व्यापारित होती हैं, और अपने माध्यम से उन विषयों का मन को ग्रहण कराती हैं, मन में संसर्ग से चैतन्य रूप आत्मा को उनका भान होता है भारतीय दार्शनिक दृष्टि द्वारा अवगत विषय-बोध की यह प्रक्रिया बाण में प्रतिफलित होती देखी जा सकती है। बाण में आकर लगता है कि उनका मन कानों के माध्यम से कई-कई आवाजें एक साथ सुन रहा है, कई-कई दृश्य-खंडों को आँखों के माध्यम से विविध रंगों, छायाओं में पहचान रहा है, घ्राणेन्द्रिय के द्वारा कई गन्धों को अलग-अलग बूझ रहा है—और उनका रचनाकार इससे दूर खड़ा इस सबको एक साथ रिकॉर्ड किये ले रहा है। शब्द, स्पर्श, रूप, रस और गंध—इन पाँच वृत्तियों का असीम विस्तार बाण के अनुभव-संसार में समाहित है। इनके आनन्त्य का यह अनुभव भारतीय परम्परा के भीतर द्रष्टा की स्थिति में रहकर ही किया और कराया जा सकता है। किसी भी प्राकृतिक या मानव निर्मित पदार्थ या दृश्य के वर्णन में विवरणों की बहुलता और नामावली का परिगणन करने की प्रवृत्ति तो संस्कृत-कवि-परम्परा में बहुत पहले से चली आ रही थी, पर बाण ने इन विवरणों और नामावलियों को चैतन्य के स्पर्श

से स्पंदित किया है, मनुष्य के कार्य-व्यापार, आचरण और व्यवहार के सन्दर्भ में उनकी स्थिति को समझा है।

उनकी कथा का उपक्रम राजा शूद्रक की राजसभा के दृश्य से होता है। दुकूल, अम्बर, चन्दन, स्फटिक, कुंकुम, मालती आदि के रंगों की बारीक पहचान और उन सबकी विविधवर्णी छाया में राजसभा का चित्र बाण ने उकेरा है और कुछ देर बाद कई तरह की आवाजों के धक्के से इस चित्र को बिखेरा है। सभा का विसर्जन हुआ, राजा लोग उठे, बूढ़े हंसों के नाद के जैसा चामरधारिणियों का मणिनूपुरों का निनाद उठा, वारविलासिनियों की मेखलाओं की झंकार उठी, इस प्रकार कोलाहल, कूजन, रसन, घोष, ध्वनि, तारशब्द, स्वन, हुंकृति, रणित—इत्यादि लगभग बीस आवाजों में प्रत्येक की अलग-अलग पहचान और उनका सम्मिलित रूप तो बाण प्रस्तुत करते ही हैं, उनके द्वारा वे एक मनुष्य समुदाय की उसके परिवेश में पहचान करते हैं। जगत् की गतिमयता में मनुष्य की स्थिति और मनुष्य की गतिशीलता में जगत्—दोनों एक साथ बाण की कथा को आगे बढ़ाते हैं। उनके औपन्यासिक विश्व में स्थावर और जड़ कुछ भी नहीं रहता। एक अखंड चेतना बहती हुई हर चीज को लयबद्धता में संचालित करती है।

मनुष्य और उसके परिवेश के परस्पर क्रियात्मक सम्बन्ध की गतिशीलता और चैतन्य के कारण बाण की कथा में मनुष्य की जो छवि बनती है, वह बाण के पहले की कथाओं में चित्रित छवि से भी भिन्न है और आधुनिक कथाकृतियों में चित्रित छवि से भी। बाण पशुओं की दुनिया को जिस ढंग से प्रस्तुत करते हैं, उसके उदाहरण से इस बात को समझा जा सकता है। जार्ज ऑरवेल के 'एनिमल फार्म' से लगाकर हिन्दी में बदीउज्ज्मा के 'चूहे की मौत' जैसी रचनाओं में मनुष्यों की दुनिया की आपाधापी दिखाने के लिए पशुओं की दुनिया का बेरहमी से इस्तेमाल किया है। पशु वहाँ एक बहाना भर है, और आधुनिक उपभोक्ता समाज की क्रूर स्वार्थभरी बुद्धि ने अपने लिए उन्हें उपकरण बनाया है। पशुओं के संसार का इससे अधिक रचनात्मक उपयोग पंचतंत्र की कथा-परम्परा में मिलता है, जहाँ मनुष्य जीवन पर व्यंग्य करने या उसकी विसंगतियों को सामने लाने के लिए पशुओं को उपस्थित तो किया गया है, पर यह परम्परा पशु और मनुष्य को आमने-सामने खड़ा करके उन्हें एक दूसरे के सन्दर्भ में समझने के लिए सचेष्ट है। अलबत्ता उभयनिष्ठ समझ के रहते भी पशु और मनुष्य यहाँ एक दूसरे से निश्चित दूरी बनाए हुए, एक दूसरे को सन्देह और परखने की दृष्टि से भाँपते हुए रूबरू होते हैं। बाण में आकर यह दूरी और सन्देह मिट गए हैं। जिस ब्राह्मण बटु ने अपने पितामह के गुरुकुल में तोते-मैनाओं को ब्रह्मचारियों के वेद-पाठ में हस्तक्षेप करते देखा या सुना था, उसके लिए यह असहज नहीं था। यहाँ पशु मनुष्य के परिवेश के उसी तरह हिस्से हैं, जिस तरह मनुष्य स्वयं।

आदमी और जानवर का साहचर्य यहाँ फैंटेसी न होकर वास्तविकता है। मानवीकरण के अभिप्राय का इस्तेमाल बाण नहीं करते, न पशुजगत्, पर मनुष्यजगत् का आरोप ही। मानवीकरण और आरोप की प्रक्रिया पंचतंत्र में है, जबकि ऑरवेल आदि की कृतियों में मनुष्यजगत् का पशुजगत् में निगीर्याध्यवसान (एक का दूसरे को अपने में विलीन करके एकत्व की स्थापना) किया गया। बाण इन लेखकों की तरह निगीर्याध्यवसानमूलक अतिशयोक्ति, आरोपमूलक रूपक, सम्भावना या उत्कटकोटिक सन्देह से जन्मी उत्प्रेक्षा या अन्योक्ति का विस्तार करके कथा की सृष्टि नहीं करते, एक दृष्टि से विनोक्ति और सहोक्ति अलंकारों का विस्तार उनकी कथा में देखा जा सकता है। मनुष्य के बिना यह सारा परिवेश अधूरा है और परिवेश के बिना मनुष्य, दूसरे के पूरक के रूप में सह-अस्तित्व को चरितार्थ करते दोनों एक हुए उपस्थित होते हैं। पर सहअस्तित्व एक सुनिश्चित दूरी बनाए रखकर भी कायम किया जा सकता है। बाण में यह दूरी भी नहीं है। प्रकृति से तादात्म्य की बात आज यदि हम करते हैं, तो उससे अपने भेद और दूरी के कारण ही, क्योंकि भेद के रहते अभेद का प्रत्यय होना तादात्म्य है।

बाण मनुष्य और प्रकृति दोनों के एकत्व से एक अखंड वस्तु में विद्यमान होने का बोध देते हैं। इसलिए जब वे अनाथ तोते के चूजे वैशम्पायन की मरणासन्न स्थिति और पीड़ा का चित्रण करते हैं, तो यह नहीं कि मनुष्य की पीड़ा से मिलती-जुलती पीड़ा या मानो उसी की पीड़ा इसमें जुड़ हो गई हो, मूलतः और परमार्थतः ये दोनों एक ही हैं। मनुष्य और प्रकृति के अद्वैत का अनुभव बाणभट्ट की कथा में ही नहीं, कथा कहने की भंगिमा, वर्णन-विस्तार, भाषा और शब्दावली में भी व्याप्त है। कथ्य और कथन-भंगी दोनों भी एक अद्वैत में संश्लिष्ट हैं। अनुभव का यह कई स्तरों पर व्यापक और गहरा संश्लेष भारतीय कथा-परम्परा में बाण की *कादम्बरी* को शिखर पर ले जाता है।

कहा जा सकता है कि मनुष्य और प्रकृति के अद्वैत का अनुभव तो शाकुन्तल और उत्तररामचरित में भी व्यक्त है। कालिदास की शकुन्तला तो निसर्ग-कन्या ही कही गई है। पर शकुन्तला असाधारण है, उसका अनुभव सर्वसामान्य नहीं हो सकता। उसे देखकर हम कह सकते हैं कि आखिर वह शकुन्तला है, वह एकमेक हो सकती है—वन के वृक्षों, लताओं और हिरनों के साथ; वह हमारी तरह थोड़े ही है। शाकुन्तल के चौथे अंक में मनुष्य और प्रकृति के बीच तरलित होती सारी करुणा के बावजूद दोनों अचकित या सहज भाव से साथ नहीं हैं। अन्तिम अंक अपेक्षाकृत अधिक आगे की स्थिति में ले जाता है—वहाँ सिंह को देखकर मनुष्य और मनुष्य को देखकर सिंह चौंकते नहीं, पर दाँत गिनने के लिए सिंह-शावक को चुनौती देता भावी चक्रवर्ती सम्राट इस सहजता को भंग करता हुआ वहाँ उपस्थित है।

बाण इससे आगे जाकर मनुष्य का उसके सम्पूर्ण परिवेश के साथ पारस्परिक

उपकार्योपकारक भाव सम्बन्ध की उभयनिष्ठता परिकल्पित करते हैं। जिन परम्पराओं को बाण ने निजी जीवन में जिया था, उनके भीतर यह तो सहज सम्भाव्य था ही कि आश्रम के लोग अरण्य कुक्कुटों के लिए वैश्वदेवबलिपिंड रख छोड़ें, या पास की बावड़ी में तैरतें हंसों के लिए नीवार-बलि किनारे पर बिखेर आएँ। कादम्बरी में जाबालि के आश्रम के लोगों को उन्होंने यह सब करते दिखाया भी। पर इसके साथ जब बाण वहाँ देखते हैं कि आश्रम के लोगों को परच चुके बन्दर बूढ़े और अन्धे तपस्वियों के हाथ को सहारा देकर उन्हें दैनिक कृत्यों के लिए आश्रम के बाहर ले जा रहे या वापस ला रहे हैं, ऋषियों की आवश्यकता महसूस कर नुकीले सींगों वाले हरिण अपने सींगों से उनके लिए कंदमूल खोदे दे रहे हैं, हाथी आकर पौधों के आलवाल (थाले) को अपनी सूँड़ में भरे पानी से भर रहे हैं, तो न तो यह किसी विशफुल थिंकिंग से जन्मी गपोड़पंथी है, न यहाँ लेखक के द्वारा प्रकृति का मनुष्य के प्रति कृतज्ञता का भाव दिखाने की मंशा ही काम कर रही है। यह उस सम्पूर्ण जीवन पद्धति का अंग है, जिसे *हर्षचरित* की समकालीनता से ऊपर उठकर बाण कादम्बरी में जीते और रचते हैं।

परिवेश से इस तरह के गहरे, आत्मीय रिश्तों की चरितार्थता एक हद तक हिन्दी कथाकारों में हम निर्मल वर्मा में देखते हैं, नहीं तो हमारी कहानियों, उपन्यासों में सिर्फ पृष्ठभूमि की तरह 'इतने उदासीन, उखड़े भाव से मौसम का उल्लेख मिलने की खुद निर्मल वर्मा की शिकायत ही जायज लगती है। (पूर्वग्रह-68, पृ.8)

निर्मल वर्मा के बारे में भी इस सन्दर्भ में 'एक हद तक' पर ऊपर जोर इसलिए दिया है कि उनमें परिवेश के साथ आत्मीय सम्बन्धों की ऊष्मा उनकी व्यक्तिवादी व्यष्टि पर टिकी है, बाण की तरह सांस्कृतिक मूल्यों या परम्परा की समष्टि पर नहीं। बाण जब तपोवन में घिरती साँझ का वर्णन करते हैं, तो यह साँझ लेखक के अपने मूड या मन:स्थिति के कारण रोज-रोज घिरने वाली साँझों से या अन्यत्र घिरने वाली साँझों से भिन्न नहीं है, वह तपोवन की संस्कृति और जीवनपद्धति के कारण शेष संध्याओं से भिन्न है—'तभी दिन ढल गया। नहाकर निकले मुनियों ने अर्घ्य देते समय धरती पर जो लाल चन्दन की छाप लगाई, वह अंगराग की तरह सूर्य के बिम्ब पर पुत गई। ऊपर मुख किये सूर्य के गोले पर टकटकी बाँधे मुनिजन खड़े थे। उन्होंने दिन का सारा तेज मानो पी लिया था। दिन इसीलिए दुबला गया था। सूर्य की किरणों ने पृथ्वी तल से डेरा उठा लिया, कमलिनी वन को त्याग दिया—वे संध्या को घोंसलों में लौटी चिड़ियों की तरह तपोवन के पेड़ों के ऊपरी हिस्सों में डोलती रह गईं, उससे क्षणभर को लगा जैसे मुनियों ने अपने लाल रंग के वल्कल उन पेड़ों पर टाँग दिये हों। कहीं पर मुनि ध्यानस्थ बैठ गए थे, कहीं हवन-धेनुओं के दुहने से दूध की धार गिरने की ध्वनि आश्रम को धन्य बनाने लगी थी, अग्निहोत्र की वेदी पर हरे कुश बिछा दिये गए थे, ऋषियों की कुमारियों ने दिग्देवियों के लिए

इधर-उधर भात के दाने छितरा दिये थे। लाल तारों वाली साँझ दिन भर भटककर लौटी कपिला गाय के समान तपोवन में आ गई थी। अपने प्रिय सूर्य के चले जाने पर कमलिनी उनसे पुनर्मिलन के लिए व्रत-सा करती हुई निःस्तब्ध हो गई—मुँदते कमल उसके कमंडलु से दिखे, हंस श्वेतपरिधान, मृणाल यज्ञोपवीत बने, और भौंरे अक्षमाला।...फिर मुनिजन ने ऊर्ध्वमुख होकर प्रणामांजलि का जो जल ऊपर उछाला, उससे धुलकर संध्या की लालिमा जैसे बह गई।'

कादम्बरी में कई बार संध्याएँ घिरी हैं, और हर बार अलग-अलग। हर साँझ का दूसरी से अलग होना केवल देशकाल की भिन्नता के कारण भी नहीं है, कथा के मूड को लेखक द्वारा संध्या के दृश्य पर आरोपित करने के कारण भी नहीं है। न ही आलंकारिकता या मानवीकरण आदि की प्रवृत्ति के कारण। यह अन्तर इसलिए है कि साँझ और मनुष्य एक अखंड, गतिशील परिवेश के हिस्से हैं और इस परिवेश से उनका सम्बन्ध तिल-तंडुलवत् सांकर्य का नहीं, परस्पर संसृष्टि का है। मनुष्य का अपने परिवेश से संकर-सम्बन्ध अर्थात् ऐसा रिश्ता जिसमें पहला प्रधान और दूसरा गौण होकर परस्पर मिलते हैं, आधुनिक कथाकृतियों में खूब चित्रित हुआ है। पर यह संसृष्टि का सम्बन्ध बाण जैसे लेखकों की देन है। इसलिए जब आगे चलकर पुंडरीक से मिलने को विकल महाश्वेता के अभिसार के पूर्व घिर आई साँझ का वर्णन बाण करते हैं, जिसमें पश्चिम दिशा लोहितायमान है, कमलवन हरितायमान है, पूर्व दिग्भाग नीलायमान और समग्र जीवलोक पाताल के पंक से मटमैले हुए महाप्रलयकालीन जलधि के पयःपूर जैसे तिमिर से आविष्ट है, तो वहाँ भी लेखक ने केवल महाश्वेता के मन के रंगों से आविष्ट संध्या को छींट दिया हो ऐसा नहीं है।

मनुष्य के साथ परिवेश की अद्वैत और सायुज्य की स्थिति में बाण दिक् और काल की बनावट को संश्लिष्ट करते हैं। उनका आवारा भटकता मन एक देश और काल में पिंजरे में बन्द वैशम्पायन तोता बनता है, पर चन्द्रापीड का सहचर वैशम्पायन भी वही है। वही महाश्वेता के लिए विकल पुंडरीक है। महाश्वेता को न पाकर पथच्युत पुंडरीक ही राजकुमार चन्द्रापीड का सहचर, वैशम्पायन बनता है। महाश्वेता को देखते ही वह चन्द्रापीड का साथ छोड़ देता है—महाश्वेता उसकी सर्जन की शक्ति है, चन्द्रापीड का साथ उसमें अवरोध है। लेकिन राजसी वैभव और राजसभा उसे फिर अपने पिंजरे का तोता बना लेती है। महाश्वेता को पा लेने के लिए यह तोते का चोला और सोने का पिंजरा—दोनों का उसे त्याग करना पड़ता है। राजा हर्ष कादम्बरी की कथा में राजा शूद्रक के रूप में झलक दिखाता है। अपने सारे वैभव, कला और साहित्य में रुचि के रहते इस जन्म में तो वह कादम्बरी को पा न सका—कादम्बरी उसे मिल सकती थी, यदि वह राजकुमार चन्द्रापीड बना रहता। पर मात्र अन्योक्तिमूलक प्रतीक सृष्टि यहाँ बाण का लक्ष्य नहीं है, न अपने समकालीन परिवेश की सम्भावनाओं का मिथकीय परिवेश में साक्षात्कार करना

मात्र ही। बाण की दृष्टि में काल के प्रवाह का सातत्य है, जिसे वे एकरैखिकता में नहीं, उसकी पुनरावर्ती गतियों में देखते हैं।

अपने यायावर जीवन में बाण उज्जयिनी, दंडकारण्य और पंचवटी में खूब घूमे-फिरे होंगे। कादम्बरी में इन स्थानों के विस्तृत वर्णन हैं। बाण की इन सब स्थानों की अवधारणा मिथकीय काल से संश्लिष्ट होकर ही प्रस्तुत हो सकती है। पंचवटी के साथ अगस्त्य, राम, सीता और लक्ष्मण की स्मृतियाँ जुड़ी हैं। स्मृति का उपयोग बाण अतीत और वर्तमान दोनों को आमने-सामने देखने के लिए और उनका परस्पर संश्लेष समझने के लिए करते हैं। पंचवटी के पेड़ों की कोंपलें लाल हैं, क्योंकि सीता तोड़ती थीं, तो उनकी हथेलियों की लालिमा उनमें लग जाया करती थी। जरा से जर्जर सींगों वाले बूढ़े मृग आज भी यहाँ वर्षा के समय मेघ का गम्भीर गर्जन सुनकर ठिठककर रह जाते हैं, माँ जानकी का स्नेह और राम के धनुष की गूँजती टंकार उन्हें याद आ जाती है। उधर झोंपड़ी में सीता की तसवीर है—वनचारी भील कहते हैं कि उसे रामजी ने उनके वियोग में जी बहलाने के लिए बनाया था।...बाण के इस तरह के उल्लेख अतीतोपजीविता से उपजे हुए नहीं हैं, वे अपने इतिहास, मिथक और जातीय विरासत को एक ठोस ढंग से जिलाए रखने की और उन्हें अपनी वर्तमान जिन्दगी का जीवन्त हिस्सा बना लेने की भारतीय पद्धति से प्रेरित हैं।

वर्तमान को इतिहास के और इतिहास को वर्तमान के जीवित अंश में ढालकर बाण ने कथासृष्टि की उन सम्भावनाओं को कादम्बरी में साकार किया, जिनका इतना रचनात्मक इस्तेमाल अपने देश, काल में करने पर उपन्यास का कुछ अलग और शक्तिशाली ढाँचा हम खड़ा कर सकते थे। पर भारतीय साहित्य में बाण के बाद इस तरह की कोशिश सम्भवत: नहीं हुई। पश्चिम में अब इस तरह की कोशिश कहीं-कहीं हुई है। जर्मन लेखक गुन्थर ग्रास के 'दि फ्लाउंडर' नामक उपन्यास का उदाहरण इस सन्दर्भ में दिया जा सकता है। पर इसमें भी काल की एकरैखिक अवधारणा के साथ सिंहावलोकन की प्रचलित पद्धति अपनाई गई है और अतीत और वर्तमान के परस्पर संश्लेष की पहचान के लिए महामत्स्य का प्रतीक दोनों के बीच रखा गया है। कादम्बरी में उपन्यास की जो सम्भावनाएँ खुलती हैं, वे और भी व्यापक हैं, तोते के एक अजातपक्षपुट चूजे के मुख से पूरी गम्भीरता के साथ महर्षि जाबालि के आगे यह निवेदन कराना कि अब तो मुझे अपनी महाश्वेता से मिलवा दीजिए—यही सम्भव बनाया जा सका।

चारुचन्द्रलेख : एक टिप्पणी

'चारुचन्द्रलेख' आचार्य हजारी प्रसाद द्विवेदी का दूसरा उपन्यास है। पहले उपन्यास 'बाणभट्ट की आत्मकथा' और 'चारुचन्द्रलेख' के रचनाकाल में लम्बा अन्तराल है। दोनों उपन्यासों में हिन्दी उपन्यास का एक अलग चेहरा और तेवर सामने आता है। यह तेवर इन दोनों उपन्यासों की कथापीठिका से ही उभरने लगता है। दोनों का आरम्भ एक तरह के कथाछल से होता है, पाठकों के लिए एक भुलावा पैदा किया जाता है कि यह उपन्यास उपन्यासकार की कल्पना नहीं, वह तो किसी पुरानी पोथी का अनुवाद मात्र है। 'बाणभट्ट की आत्मकथा' में यह छलावा द्विवेदी जी को इसलिए आवश्यक लगा होगा कि वे बाण की रचनाओं का आधार लेकर उपन्यास की सृष्टि कर रहे थे, तो बाण की आत्मकथा की ही एक गुम हुई पांडुलिपि के मिल जाने और उसका आस्ट्रिया की मिस केथराइन के आग्रह पर अनुवाद करने का प्रसंग उन्होंने उपन्यास में जोड़ दिया। इस तरह द्विवेदी जी का उपन्यासकार इलियट के शब्दों में एक इम्प्लाइड आथर या काल्पनिक उपन्यासकार की सृष्टि करता है, जो काल्पनिक पांडुलिपि का अनुवादक भर है।

'बाणभट्ट की आत्मकथा' के बाद इस तरह का कथाछल 'चारुचन्द्रलेख' में भी है। यहाँ भी यह छल द्विवेदी जी साभिप्राय करते हैं—इस भाव से कि जो कुछ लिखा जा रहा है, उसमें उनका अपना कुछ नहीं है, वे तो माध्यम भर हैं, सारी विरासत और परम्परा उन्हें जिन स्रोतों से प्राप्त हुई है, उनको सँजोने वाले। इसी भाव से कालिदास ने रघुवंश के आरम्भ में लिखा था—

अथवा कृतवाग्द्वारे वंशेऽस्मिन् पूर्वसूरिभिः।
मणौ वज्रसमुत्कीर्णे सूत्रस्येवास्ति मे गतिः॥

(रघुवंश के वर्णन के लिए पहले के कवियों में मेरे लिए वाणी का द्वार खोल दिया है, इसलिए मैं मणियों में पिरोए जाने वाले धागे की तरह काव्य रचने में आगे बढ़ सकता हूँ।) यहाँ कालिदास भी कह रहे हैं कि मैं मात्र धागा भर हूँ, जिसमें पहले की मणियाँ गुँथती जाएँगी।

इलियट यह भी कहते हैं कि किसी भी रचनाकार की मौलिकता का एक बड़ा

प्रमाण यह है कि उसने पहले के कवियों या रचनाकारों से कितनी अधिक सामग्री लेकर उसे आत्मसात् किया है। कालिदास जैसे कुछ रचनाकारों में यह सामग्री उनकी प्रतिभा के आलोक में स्वत: विन्यस्त होती जाती है, आचार्य द्विवेदी जी जैसे कुछ लेखक इसे सायास खोजकर विन्यस्त करते हैं। दोनों में ही इस विन्यास के वैशिष्ट्य अभूतपूर्व मौलिकता आती है।

चारुचन्द्रलेख में द्विवेदी जी के स्रोत पहले से ज्यादा व्यापक हैं। बाणभट्ट की आत्मकथा में मुख्यतया स्रोत बाणभट्ट के दोनों गद्यकाव्य थे, यहाँ मेरुतुंग का पुरातनप्रबन्ध-संग्रह, फारसी के कुछ ग्रन्थ, तंत्र और शैव दर्शन के अनेक ग्रन्थों से आधार जुटाया गया है।

बाणभट्ट की आत्मकथा लिखते समय द्विवेदी जी में उपन्यासकार को लेकर बहुत आत्मविश्वास हो ऐसा नहीं लगता। यह उनकी पहली औपन्यासिक कृति थी, बीच-बीच में लेख वे छोड़ भी देते थे, उनके प्रशंसकों का आग्रह न होता तो लेखन जारी न रख पाते। उपन्यास का जारी रहना "अनेक मित्रों के आग्रह, अनुरोध और शुभेच्छा का परिणाम" था। विशाल भारत के "यशस्वी सुहृदवर श्री मोहनसिंह सेंगर ने बार-बार बढ़ावा देकर लिखवा न ली होती तो कथा लिखी ही न जाती।" इसके विपरीत चारुचन्द्रलेख के आरम्भ में ऐसा कोई क्षमायाचना जैसा भाव नहीं है, इसका आरम्भ उन्होंने महत्त्वाकांक्षा और आत्मविश्वास के साथ किया है—बड़े फलक पर बड़ी रचना, सारे इतिहास की व्याख्या। एक बड़ा संकल्प कि जो इतिहास बाणभट्ट की आत्मकथा में पृष्ठभूमि में ही रह गया, वह यहाँ सामने आए।

पर विचित्र बात है कि किसी तरह टूटे-बिखरे छोटे प्रसंगों को जोड़कर रची 'बाणभट्ट की आत्मकथा' हिन्दी कथा साहित्य की एक अनुपम निधि बन गई, जबकि चारुचन्द्रलेख का विशाल ढाँचा कहीं न कहीं से चरमराकर टूटा है। इस टूटन से द्विवेदी जी के लेखन की कम, सारी परम्परा और इतिहास की विडम्बना ज्यादा है।

चारुचन्द्रलेख की ऐतिहासिक पृष्ठभूमि स्पष्ट है—बाणभट्ट की आत्मकथा के मुकाबले ज्यादा सुस्पष्ट भी। महमूद गजनी आक्रमण करके जा चुका है। दिल्ली में उसके द्वारा छोड़ी गई सल्तनत है। बंगाल में राजा लक्ष्मणसेन का राज्य है। पृथ्वीराज और जयचन्द का अन्त हो चुका। इस ऐतिहासिक पृष्ठभूमि पर द्विवेदी जी अपनी कल्पना का साम्राज्य खड़ा करते हैं। उज्जैन में द्विवेदी जी सातवाहन को प्रतिष्ठित करते हैं, जिसका इतिहास में प्रमाण नहीं है, अलबत्ता यह सातवाहन भी उज्जैन में राज्य करने की बजाय नाटी माँ के कुटिया या भगवती विष्णुप्रिया के आश्रम या सुदूर अंचलों में भारतरक्षा के लिए सहायता माँगने के लिए भटकता ज्यादा रहता है। परमर्दि या परमाल राजा की दौहित्री इस उपन्यास में नायिका चन्द्रलेखा के रूप में अवतरित होती है। कालिदास के शाकुन्तल के दुष्यंत की तरह

सातवाहन एक हरिणशावक का पीछा करते-करते जंगल में भटकता है, और अपनी इस जन्म-जन्मान्तर की संगिनी को पा जाता है। इसी परमाल के राजकवि जगनिक जगन्नायक बनकर अपने बुढ़ापे में इस उपन्यास में आते हैं। जगनिक और फिर उसके (कल्पित?) पुत्र के मुख के वीरगाथाकाल की भाषा में फड़कते हुए छन्द कहलाए गए हैं, यद्यपि इनमें से कम-से-कम एक छन्द तो छन्द बरदाई से लेकर जगनिक के मुँह में डाल दिया है।

यह सारा ऐतिहासिक आधार जुटाकर इसे कल्पना में सानकर द्विवेदी भारत देश की एक मूर्ति यहाँ गढ़ते हैं। इस गढ़ने में उनका अपना स्वप्न सान लिया गया है। साथ में द्विवेदी जी इतिहास के अनेक अनछुए पक्ष उघाड़ते हैं, वे उस समय को खँगालते हैं, जिसमें भारतीय अस्मिता का सूर्य ही अस्त हो गया लगता है। मोह के विकट अँधेरे में देश खो गया लगता है। इस अँधेरे में द्विवेदी जी रोशनी तलाशते हैं।

'चारुचन्द्रलेख' के पात्र स्वप्न में डूबे रहते हैं, वे बार-बार स्वप्न देखते हैं और फिर स्वप्न से यथार्थ में आकर पुनः स्वप्नमग्न होते रहते हैं। एक स्वप्न चन्द्रलेखा का है—कि वह एक चिड़िया है जो पिंजरे में बन्द है। घुड़सवार आता है और उस पिंजरे के साथ उसे लेकर चल देता है। वह कहती रह जाती है कि मुझे पिंजरे से बाहर तो निकालो, मैं तुम्हारे साथ चलूँगी। पर घुड़सवार पिंजरे के साथ ही उसे ले जा सकता है क्योंकि उसे पिंजरा भी चाहिए और चिड़िया भी। वह उड़ेगी भी तो पिंजरे के साथ ही।

पिंजरा वह खोल है, जो भारत ढो रहा है। उस पिंजरे से मुक्ति नहीं है। द्विवेदी क्या इस पिंजरे को तोड़ना चाहते थे? पर बीसवीं शती तक में यह पिंजरा भारत को बन्द किये है। द्विवेदी ही कैसे इसे तोड़ देते?

ज्योतिष, तंत्र-मंत्र-तांत्रिक शक्तियाँ इन सबका अद्‌भुत संसार द्विवेदी ही रच सकते थे, वे इसे तोड़ने का बीड़ा उठाकर कठोर होकर लेखनी चलाते हैं, पर वे इसे तोड़ते-तोड़ते इसके सम्मोहन में बँधते हैं, फिर इसे तोड़ते हैं। वे महान् उपलब्धियों के विकट घटाटोप में स्खलन के बीज को खोजना चाहते हैं। मंगोलों और तुर्कों की अप्रतिम साधना, और उन्हीं की बर्बरता और हिंसक उन्माद। सीदी मोला की वेदना—जिसमें स्वयं द्विवेदी का अन्तःकरण झाँकता है—आध्यात्मिक शक्तियों और साधना के मार्ग में तमोगुण का दुर्दान्त विलास। सीदी मौला कहते हैं—

> मनुष्य अन्तःकरण और बाह्य जगत् का सामंजस्य नहीं खोज पाता, तो भयंकर तमोगुण का शिकार हो जाता है।

चारुचन्द्रलेख इस टूटे हुए सामंजस्य की कथा है। इस कथा में असमंजस आन्तरिक संरचना का अंग बन जाता है। यह सत्य है कि चारुचन्द्रलेख एक असफल उपन्यास है, द्विवेदी जी उपन्यासकार के रूप में सफल हुए या असफल यह प्रश्न

नहीं है, जिस भारत की तसवीर उन्होंने इस उपन्यास में पेश की है, वह असफल हो गया। द्विवेदी जी का उपन्यासकार इस तसवीर से इस तरह एकाकार है कि तसवीर खंडित होती है, तो उसके साथ उनका औपन्यासिक ढाँचा भी दरक गया है। उपन्यास टूट गया है, क्योंकि सातवाहन और चन्द्रलेखा के प्रयोग भी तो टूट गए। श्रीनेमिचन्द्र जैन ने 'चारुचन्द्रलेख' की सख्त आलोचना करते हुए यह तो ठीक ही लिखा है कि इसमें युद्ध और प्रेम के बीच असमंजस है, पूरी कृति ही असमंजस की कृति है। पर यह असमंजस क्या खुद द्विवेदी जी का नहीं है, यह सारे देश का है।

बौद्ध, शैव, पाशुपत सम्प्रदायों का गहन चिन्तन और दर्शन चारुचन्द्रलेख की पृष्ठभूमि में है। सातवाहन पाशुपत दर्शन के मान से बद्ध जीव है, जो रानी (इच्छाशक्ति) और मैना (क्रियाशक्ति) के आगे विवश है। वह ज्ञाता, द्रष्टा और साक्षी है। अन्त में उसकी क्रिया शक्ति मर जाती है, इच्छाशक्ति पंगु हो जाती है। बोधशक्ति भयग्रस्त हो जाती है। चारुचन्द्रलेख का अवसान अवसाद से भरा हुआ है, और निराशाजनक लगता है। चारुचन्द्रलेख में सब कुछ है—भर्तृहरि का अद्‌भुत भाषादर्शन जिसमें सब कुछ भाषाप्रपंच का अंग है—सारा संसार। वज्रयानियों की सिद्धियाँ, अमोघवज्र और अन्य तांत्रिकों के, नाथमार्ग, षोडश कुमारी साधना—सीदी मौला के माध्यम से शैव-शाक्त दर्शनों की अद्‌भुत सरल-सहज व्याख्या भी। पर देश के यह काम कहाँ आई?

यह भारत के सारे इतिहास की ही तो विडम्बना है कि चिन्तन और दर्शन की अगम्य ऊँचाइयों में विचरण करने वाला सन्तों, सिद्धों और दार्शनिकों का यह देश एक इस्लाम की चुनौती के आगे लड़खड़ा गया, आकाश तक को नापने वाले वैचारिक शिखर धूल चाटते दिखे।

'चारुचन्द्रलेख' एक समस्या है, अपूर्णता है, असफलता है। यह असफलता द्विवेदी जी की ही नहीं है। इसकी उपलब्धि और सफलता यह है कि द्विवेदी जी ने इसमें अपूर्व साहस के साथ वह कर दिखाया जिसकी कहीं से भी उस व्यक्ति से आशा और अपेक्षा नहीं की जा सकती थी कि जिसने बाणभट्ट की आत्मकथा जैसा सुकुमार भावोच्छ्‌वास से भरा उपन्यास लिखा, जो ज्योतिष, कर्मकांड और तंत्र का अच्छा पंडित भी है और इनमें पूरी आस्था रखता है, जो काशी में सारी पारम्परिक निष्ठाओं को पाल-पोस कर रहा, जो अपने एक चरित्र नेहनानानन्द की तरह नानात्ववादी है। द्विवेदी जी जो कोमल मन से रचना करते हैं, वे इस उपन्यास में कड़े पड़े हैं। तंत्र, मंत्र के नाम पर अभिचार, पाखंड का प्रपंच रचते और जनता तथा देश के साथ प्रवंचना करने वाले कथित साधुओं तांत्रिकों की जैसी खबर द्विवेदी जी ने यहाँ ली है, वह हिन्दी साहित्य में शायद ही इस तरह और कहीं ली गई हो, इतने तीखे शब्दों में, एक अदम्य आवेग के साथ। इस खबर लेने में काशी के उन सारे पाखंडियों की जमकर धुनाई और धुलाई कर दी गई है, जो तंत्र के नाम पर

गुंडइ करते हुए घुंडक सम्प्रदाय कायम करके और घुंडकेश्वर बनकर जमे हुए हैं।

जिस खेल-खेल में आचार्य द्विवेदी उपन्यासों में कल्पना, भ्रम और मिथक का मोहक जाल रचते हैं, उसी खेल से वे उसे एकाएक तोड़ भी देते हैं। चारुचन्द्रलेख तो तंत्र, मंत्र, जादू के विचित्र मायावी लोक में भ्रमण कराते-कराते पता नहीं कब बहुत निर्णायक ढंग से यह बोध कराने लगता है कि यह सब कितना झूठा था! सिद्धों, तांत्रिकों और महान् साधकों की अद्‌भुत गाथाओं के भीतर इतिहास की भयानक खबरें निरन्तर चीत्कार करती हुईं गूँजती हैं, जब नालंदा और तक्षशिला ध्वस्त होते हैं, वहाँ के पुस्तकालय धू-धू कर जलते हैं, आम जनता को तो पशुओं से भी गया बीता समझकर सताया जाता है, सिद्धों और तांत्रिकों का अपनी विद्या के बल पर देश को बचा लेने का दम्भ थोथा साबित हो जाता है। जो सिद्धियाँ वैयक्तिक स्तर पर अद्‌भुत प्रभाव दिखाती थीं, वे एक बड़ी राजनीतिक सत्ता के आगे पराहत होकर अपनी सारी दयनीयता में सिकुड़कर रह जाती हैं।

सीदी मौला एक महान् साधक और फक्कड़ सन्त हैं। वे आकाश में उड़ने की क्षमता रखते हैं। प्राणायाम से अपने शरीर को इस तरह साध सकते हैं कि उस पर आग, पानी का बुरी तरह मारे-पीटे जाने का असर न हो। वे चारुचन्द्रलेख में एक अदनी लड़की के इस प्रत्यादेश के आगे "लड़खड़ा गए। पहली बार उनकी फक्कड़ाना मस्ती पर अप्रत्याशित दिशा से धक्का लगा था।"

'चारुचन्द्रलेख' में मैनसिंह की यह अप्रत्याशित चुनौती पाँच हजार वर्षों की ज्ञान, ध्यान, तप और योग की परम्परा को आज के नये भारत की चुनौती भी है। यह ऐतिहासिक वर्तमान की पक्की सामाजिक और राजनीतिक धरती पर खड़े जागरूक लेखक का हमारी संस्कृति में घुस आए विकार का प्रत्याख्यान है।

कैसा अद्‌भुत साहस है कि भारतीय समाज की समीक्षा करते हुए उसके रूढ़ियों में जकड़े होने, वर्ण और जाति के नाम पर भेद की दीवारें खड़ी करने पर खीजकर द्विवेदी जी अपनी पूरी सनातनी आस्था के होते हुए भी इस्लाम की इस उपन्यास में इसलिए भरपूर प्रशंसा कर डालते हैं कि वह इन दीवारों को गिरा चुका है, वे इस्लाम के आक्रामक जिहादी अभियान तक को इसलिए अच्छा बता देते हैं कि उससे भेदभाव और पाखंड में जकड़े हिन्दू समाज को धक्का लगेगा, शायद वह उससे चेतेगा।

इस्लाम की सामाजिक समता की सराहना तो बाणभट्ट की आत्मकथा में भी द्विवेदी करा चुके थे—

> महामाया जिन्हें म्लेच्छ कह रही हैं, वे भी मनुष्य हैं। भेद इतना ही है कि उनमें सामाजिक ऊँच-नीच का ऐसा भेद नहीं है। जहाँ भारतवर्ष के समाज में एक सहस्र स्तर हैं, वहाँ उनके समाज में कठिनाई से दो-तीन

होंगे। बहुत कुछ इन आभीरों के समान समझो। भारतवर्ष में जो ऊँचे हैं, वे बहुत ऊँचे हैं, जो नीचे हैं, उनकी नीचाई का कोई आर-पार नहीं। परन्तु उनमें सब समान हैं। उनकी स्त्रियों में रानी से लेकर परिचारिका तक के और गणिका से लेकर वारविलासिनी तक के सैकड़ों भेद नहीं हैं। ('बाणभट्ट की आत्मकथा', पृ. 206)

पर यह इस्लाम की ओर से एक मुलायम वकालत भर है। चारुचन्द्रलेख में तो इस्लाम की एक प्रशस्ति ही द्विवेदी जी ने महान् बौद्ध दार्शनिक और साधक अमोघवज्र के मुख से करा दी है—

पश्चिम की ओर से जो महान् इस्लाम आ रहा है, उसे ठीक-ठीक समझो। उसके एक हाथ में अमृत का भांड है, दूसरे में नग्न कृपाण। वह समानता का मंत्र लेकर आया है, सड़े-गले अत्याचारों को चुनौती देने का अपार साहस लेकर उद्भूत हुआ है। और रास्ते में जो भी बाधक है, उसे साफ कर देने का विराट् संकल्प लेकर निकला है। उसने लाखों-करोड़ों को पैरों तले दबाकर उनकी मांस-मज्जा के ढूह पर प्रासाद खड़ा करने की त्रुटि नहीं दिखाई है। विचित्र है उसकी प्राणदायिनी शक्ति, अपूर्व है उसका दलितोत्थान का संकल्प!

इस इस्लाम ने मथकर जो अमृत निकाला भारत उसे स्वीकार नहीं कर पाया? मैंनसिंह बहुत उतावली में आवेग में शाह की हत्या कर देता है, जिस पर भारत का भविष्य टिका था, जो भारत की साधना में दीक्षित हो चुका था। पछतावे में मैनसिंह या मैना स्वयं अपना गला काटकर प्राण दे देती है। क्रिया इच्छा और ज्ञान से नाता तो तोड़कर स्वच्छन्द हो गई थी, वह यहाँ समाप्त ही हो जाती है।

सारी सनातनी लय टूट जाती है। 'बाणभट्ट की आत्मकथा' में जो अद्भुत सम्मोहक लय है, वह भी चारुचन्द्रलेख में आकर इस सारे कथ्य के साथ लड़खड़ाकर टूटती है। एक अलग लय चारुचन्द्रलेख में भी बनती है, पर सामाजिक स्थितियों, धार्मिक विकृतियों और एक घोर इतिहास के विरुद्ध जूझने के स्वर उसमें आ जुड़े हैं।

चारुचन्द्रलेख में भारतीय समाज को लेकर सरोकार और चिन्ता और अधिक साफ है। यहाँ उस भारत की तसवीर है, जिसमें—

सिद्धियों के पीछे पागल बने लोगों ने देश को निर्वीर्य और कायर बना दिया है। माया को पराभूत करने वाले लोग माया के सबसे मजबूत वाहन सिद्ध हुए हैं। काम-क्रोध को शत्रु घोषित करने वाले उसके क्रीतदास सिद्ध हुए हैं। हमारा समाज पाखंड और मिथ्याचार से अभिभूत हो गया है।

वैयक्तिक साधना के अस्वीकार में द्विवेदी जी इस अति तक भी पहुँच जाते हैं कि अमोघवज्र के शब्दों में व्यक्ति-चित्त का परिष्करण उन्हें 'असफल प्रयास' लगने लगता है, 'अनावश्यक भी।' ('चारुचन्द्रलेख', पृ. 256) वे समाजचित्त के परिष्करण को पहले अधिक आवश्यक मानते हैं। यह आज के लोकतंत्र भाव का मध्यकालीन भारत में प्रक्षेप है।

'चारुचन्द्रलेख' में ध्वस्त हो रहे देश की त्रासद और करुण तसवीर अपने समय को वे जाँच न रहे होते तो यह सब सम्भव न था।

भिसिलपाद अमोघवज्र से कहते हैं—

> आज आततायी के खड्गाघात से सिद्धियों का सारा खिलवाड़ टूटकर गिर गया है। फिर भी ढोंगी साधक मौजूद हैं जो 'मंत्रबल से तुर्कों की सेना उड़ा देने की गप्पों पर विश्वास करते हैं।' तंत्र की साधनाएँ मनुष्य को मनुष्य नहीं बना सकीं, उसकी पाशविकता को ही बढ़ाना देती रहीं। 'पंचचन्द्र, पंचपवित्र और पंचमकार की साधना घर किये जा रही है, यह हमारे समाज को निर्वीर्य और आलसी बना देगी।'

हल क्या है, क्या विष्णुप्रिया और नाटी माता जो वृंदावन रच देती हैं, जिसमें द्विवेदी जी भी डूबते-उतराते हैं, जिसमें पटु नट राधा की बाँह आ-आकर गह लेते हैं? 'चारुचन्द्रलेख' में भारत का आध्यात्मिक प्रकर्ष और भक्ति माधुरी दोनों ही तो कर्म से न जुड़ने से असफल हो गए। 'बाणभट्ट की आत्मकथा' भी बाण के इस कातर चीत्कार से समाप्त होती है कि फिर क्या मिलना होगा, चारुचन्द्रलेख एक अवसाद भरे प्रश्न के साथ, पर दोनों में अन्तर कितना है!

पद-कुपद : पदावली का नवावतार

कविता के क्षेत्र में आ रही जड़ता या गतिरोध को कुछ कवियों ने छन्द का आश्रय लेकर तोड़ने का प्रयास किया है। इस तरह का एक प्रयास अष्टभुजा शुक्ल के छोटे से काव्यसंकलन पद-कुपद में देखा जा सकता है। अष्टभुजा ने भक्तिकालीन कवियों या कबीर की पदावली की विधा को अपनाया है। विधा पुरानी है, कवि की संवेदना आज की है। इस तरह के प्रयोगों से यह प्रश्न भी उठता है कि पुरानी विधा में आज की संवेदना किस सीमा तक उतर सकती है? पदावली का छन्द आज के कवि के सामने आए गतिरोध को तोड़ता है, पर उसका अपना अनुशासन कवि को बाँधता भी है। इस बन्धन को स्वीकार करके अष्टभुजा शुक्ल ने अपनी पदावली में कविता की नई सम्भावनाओं को तलाशा है।

पद-कुपद की भूमिका में श्रीप्रकाश मिश्र ने लिखा है—

> अष्टभुजा शुक्ल अरबन कवि नहीं हैं। इसलिए उनका समाज से जुड़ाव ओढ़ा हुआ नहीं है। छटपटाहट कोरी मध्यवर्गीय नहीं है। सामूहिक और सामुदायिक जीवन ही उनकी जीवनशैली है। इसलिए एक ओर अनेक के सुख-दुख का विलगाव उनकी कविता में नहीं मिलेगा। सार्वजनीन होना उनका स्वभाव है।

यह सत्य है कि अष्टभुजा का कविस्वभाव और पारम्परिक काव्य की उनकी समझ ने उन्हें रचना-प्रक्रिया में भक्तिकालीन पदावली की विधा से सहज रूप से जोड़ दिया है, और यह विधा उन्होंने ओढ़ी हो ऐसा नहीं लगता।

पद-कुपद में दुर्लभ विशेषता रचनाकार की छन्द की पकड़ और समझ है। पद की साधना कबीर, सूर, तुलसी और मीरा के काव्य की समझ के साथ की गई है। बावजूद इसके कि अष्टभुजा शुक्ल के पदों में सन्दर्भ सीधे-सीधे आज की सामाजिक और राजनीतिक स्थितियों के हैं, अपने अन्दाज और दृष्टि में वे सन्त कवियों की बानगी लेकर चले हैं।

व्यंग्य और फक्कड़पन की मुद्रा अष्टभुजा ने यहाँ निरन्तर बनाए रखी है, जो इन पदों को सूर और मीरा के भक्तिभाव से विलगाकर इन पदों को कबीर की परम्परा

से जोड़ती है। पर बारीकी से देखें, तो कबीर से फर्क भी साफ है। पहला पद है—

भज आलोचक, भज आलोचक।
हे कवि, शरणागत बन जा, वह तेरा दुख मोचक।

कबीर ने निंदक नियरे राखिए कहकर आलोचक को अपने से छोटा भी साबित कर दिया। पद-कुपद का कवि उन्हें इस तरह सहज भाव से नहीं ले पा रहा है। आलोचक के खिलाफ चिढ़ को उसने इस बेलाग शैली में प्रकट होने दिया है।

लीद करो हिनहिना हिनहिना कर, वह कह दे मुँह बाओ।
सावधान दाएँ, बाएँ मुड़, गर्दन और झुकाओ॥
वह कह दे तो कवियों के कवि, वह कह दे, तो आलू।
उसकी वाणी आप्तवाक्य है, उसकी टीका चालू॥

यह संयत अभिव्यक्ति नहीं है। आलोचक के खिलाफ कवि की निजी शिकायत इसमें से झाँकती है। यह एक सम्भ्रम आक्रोश और असंयम के समय में लिखी गई पदावली है।

आलोचकों पर त्रिलोचन ने भी सॉनेट लिखे हैं। त्रिलोचन के सॉनेटों में प्रखरता या धार नहीं है। वे निरपेक्ष और तटस्थ होकर आलोचक की प्रकृति को परखते हैं। वहाँ व्यंग्य की तल्खी भी नहीं है, न वह आक्रोश जो अष्टभुजा ने आलोचक के लिए व्यक्त किया है। एक तरह की स्थिरता त्रिलोचन के काव्य में वहाँ भी है, जहाँ वे आलोचकों का छोटापन उघाड़ते हैं—

गद्य-वद्य कुछ लिखा करो कविता में क्या है।
आलोचना जमेगी। आलोचक का दरजा—
मानो शेर जंगली सन्नाटे में गर्जा
ऐसा कुछ है। लोग सहमते हैं। पाया है
इतना रुतबा कहाँ किसी ने कभी।
इसलिए आलोचना लिखो। शर्मा ने स्वयं अकेले
बड़े बड़े दिग्गज ही नहीं, हिमालय ठेले

(प्रतिनिधि कविताएँ, त्रिलोचन, पृ. 118)

यहाँ आक्षेप की हड़बड़ी के बजाय तथाकथित आलोचक की दम्भभरी उक्ति को पकड़ा गया है। इस पकड़ के पीछे अध्ययन और पर्यवेक्षण है, जो सॉनेट को संयत गरिमा देता है।

कबीर के पदों की तरह अष्टभुजा भी पद की अन्तिम पंक्ति में अपना नाम टाँचते हैं। पर कबीर की तरह व्यक्तित्व के अनोखेपन के बजाय आज के कवि का

सीमित दायरा यहाँ सामने ज्यादा आता है। त्रिलोचन अपने कुछ सॉनेट्स में जिस तरह अपने से अलग होकर अपने आपको चित्रित करते हैं, वैसा भी अष्टभुजा नहीं करते।

यह सही है कि अष्टभुजा की तुलना त्रिलोचन के साथ करना उचित नहीं। दोनों का कविस्वभाव काफी अलग है। अष्टभुजा की पदावली में प्राय: सर्वत्र फक्कड़पन और उक्ति का अनगढ़ तीखापन है। नये कवि की बानगी और बड़बोलापन भी उनमें है। व्यंग्य की पैनी धार सर्वत्र मार करती चलती है। इस व्यंग्य में लगातार टीसता हुआ असंगति का भाव पिरोया गया है—

पीठ हमारी भार तुम्हारे
ढोते ढोते निहुक गए हम, ईति भीति के मारे।
ऊपर से तुमने दाँत पीस कर कशाघात सटकारे। (पृ. 10)

सारे बड़बोलेपन और अभिधा में तीखे आक्रोश की अभिव्यक्ति के बावजूद अष्टभुजा के कुछ पद पारम्परिक रूपकों, उत्प्रेक्षाओं और अन्योक्तियों का रस निचोड़कर लाते हैं, और काव्यसाधना की गहराई में हमें उतारते हैं। अन्योक्ति का यह प्रयोग सधा हुआ है पुरानी विधा में नई उद्भावना के सन्धान का परिचायक है—

गन्ने अपनी गाँठ बचाना।
तुमको नया जन्म देने का, केवल वही ठिकाना।
रस के लम्पट गुड़ के लोभी, तुम पर आँख गड़ाए।
चिक्कन बने कोल्हार, करोड़ीमल आँख गड़ाए।
पोर पोर पेरेंगे तुमको, फिर कड़ाह में लाएँगे।
खोइया पाती झोंक तुम्हारी बार-बार खौलाएँगे।
जब जब तुम कड़ाह के बाहर उफन उफन कर आओगे।
अपने ही कच्चे रस से पानी जैसे पक जाओगे।
खट कर, छिल कर, निचुड़-निचुड़ कर होकर गेंड़ी गेंड़ी।
सब कुछ खो कर भी बच जाना, अष्टभुजा बन पेंड़ी। (पृ. 15)

अष्टभुजा कबीर का फक्कड़पन अपनाना चाहते हैं, और परसाई के तेवर भी। एक ओर वे यह दावा पेश करते हैं कि 'त्याग दिया सो त्याग दिया/जन्मी इच्छाओं को अपने हाथों दाग दिया' तो दूसरी ओर कहीं उनका कवि इस बात को लेकर भी सजग है कि वे अपेक्षाकृत अधिक कठिन समय में पद रच रहे हैं, जब सहज और बेलाग होना मुश्किल हो रहा है—कितना कठिन हुआ यह कौर/जोत गोड़ कर मरता कोई, डकरे कोई और...अष्टभुजा कैसा बसन्त यह लसियाए हैं बौर। (पृ. 24)

अष्टभुजा ने कई स्थलों पर अपनी पदावली में नये प्रतीकों और नई उत्प्रेक्षाओं की सृष्टि की है। ये प्रतीक और उत्प्रेक्षाएँ भी दूर की कौड़ी नहीं, बल्कि रोजमर्रा

की दुनिया से और अपने आसपास से उठाए गए हैं। भवसागर की तरह तीर्थ और घाट का प्रतीक जो प्राचीन काव्य में भी आए हैं, अष्टभुजा की पदावली में आज के सन्दर्भ लेकर उतरते हैं—

अभी नहाऊँ या न नहाऊँ?
चोर उचक्के घाट घाट पर करते आऊँ जाऊँ।
तन की लाज बचाऊँ या कि गठरी गाँठ रखाऊँ?
चोरी चुप्पे देख रहा है पहने साधु खड़ाऊँ।
पंडे को गोदान बहाने कर-पल्लव पकड़ाऊँ? (पृ. 8)

इसके आगे के पद में ही प्रभु के दरबार का प्रतीक है, जो आज की व्यवस्था के खोखलेपन, अफसरशाही और पुलिसराज का कच्चा चिट्ठा है। इस तरह की अभिव्यक्तियाँ कई बार सस्ती छींटाकशी में पर्यवसित हो सकती हैं। पर अष्टभुजा इससे उबरकर अपने फक्कड़पन और जिन्दादिली के कारण अन्ततः एक उदात्तभाव में कविता को प्रतिष्ठित कर लेते हैं।

अष्टभुजा की ताकत यह है कि उन्होंने अपने अंचल की बोली की अर्थवत्ता और सप्राणता को उसके पूरे देशज चरित्र की बनावट के साथ अपनाया है। कई पदों में गाँव-गिराँव के सीधे-सादे आदमी की साफगोई जस-की-तस उतार दी है—

फूँकन, देश फूँकि के जइहैं।
लाल बिलारि देखि घर घर पर मन्द मन्द मुसकइहैं।
चिर्राइन जट्ठाइन गंधे, संधि संधि मतुक हैं।
दुइ को एक न देख सकैं ये, दूध खून अलग हैं। (पृ. 12)

गाँव के आदमी की इस उक्ति में स्वभावोक्ति भी है और आलंकारिकता भी। भदेसपन अपशब्द की सीमा तक यहाँ अपना तेवर दिखाता है। इसी पद के अन्त में कवि कहता है—

भड़ुवागिरी स्वयं करि करि के कत्थक हमें नचइहैं।
अष्टभुजा इनसे बचना, ये जीयत मूअत खइहैं।[1]

(वही)

देश फूँकने वालों के खिलाफ आक्रोश और खीज से यहाँ एक किस्म की कविता रचने का प्रयास है, जिसमें न ब्याजस्तुति है, न ब्याजनिंदा, ब्याज को हटाकर

1. पद-कुपद के दूसरे संस्करण में इस पद की शब्दावली में अवधी का पुट कम करके उसका कुछ हिन्दीकरण कर दिया गया है। पर मूल पद अवधी के देशज ठाठ के साथ ही अधिक फबता है।

सीधे निंदा की गई है। इस निंदा में अटपटापन भी है, बड़बोलापन भी है, दुनिया की लानत-मलामत तो है, पर परसाई की तरह अपने आप पर हँस सकने की ताब वैसी नहीं है, न त्रिलोचन की तरह अपने को अपने से अलग काटकर देख सकने की निर्लिप्तता। इस सबके बावजूद अष्टभुजा की पदावली ने आज की कविता में सम्भावनाओं की एक उढ़के द्वार को धकियाकर उघाड़ा जरूर है।

थेरी की वापसी

बुद्ध के विषय में जैन परम्परा में एक कथा प्रसिद्ध है किसी ने भगवान् बुद्ध से पूछा कि उनके धर्म का रहस्य क्या है? बुद्ध ने कोई उत्तर न देकर एक फूल उसके आगे बढ़ा दिया। वह व्यक्ति कुछ झिझका और फिर उसने वह फूल ले लिया तथा बाद में उसने निर्वाण प्राप्त किया। बुद्ध के मौन रहकर उसे केवल फूल देने का अभिप्राय यही था कि धर्म का मर्म शब्दों से नहीं बताया जा सकता। फूल की सुगन्ध को देखा नहीं जा सकता, अनुभव किया जा सकता है।

गगन गिल अपनी कविताओं में मौन का सन्धान करती हैं। इसके लिए कविता का एक अलग शिल्प भी वे बुनती हैं, जिसमें हर दो या तीन-चार पंक्तियों के बाद मौन पसर जाता है।

थेरी शब्द के मूल में स्थविर शब्द है। स्थविर को पालि में थेर कहा जाता है। स्थविर का अर्थ होता है वृद्ध या बूढ़ा।

गगन गिल लड़की पर बहुत सी कविताएँ लिखती हैं, पर लड़की की शोखी चंचलता और शृंगार प्रेम की चर्चा उनमें नहीं है। उनमें भी रुककर सोचने का भाव है, जो फिर मौन में समाप्त होता है।

बुद्ध के आर्यसत्यों का मूल सूत्र दुःख है—उनकी कविताओं में समाया हुआ है, दुःख की स्वीकृति की कविताएँ हैं—

शोक मत कर
पिता ने कहा
अब शोक ही तेरा पिता है

इस थिराव में एक अलग तरह की लय अपनी कविताओं में गगन रचती है। यह अज्ञेय की तरह पहले सन्नाटा बुनने की कोशिश नहीं, बल्कि सन्नाटे में उतरने उसे जज्ब करने की कोशिश होती जाती है। इस कोशिश में वे लोकगीत जैसी लय भी लेकर आती हैं, पर लोकगीत की धरती से बहुत अलग—

निचुड़ा-निचुड़ा
दिल था

री माँ!

मैला-मैला
डर था
री माँ!

अथवा

जल गगन मगन
दुख नगन नगन
आँख जलन जलन
नींद चलन चलन

तारे भगन भगन
सपने अगन अगन
विष जलन जलन
पीर चलन चलन

दुःख गगन की कविताओं का विषय रहा है, आनन्द, रोमांच उमगने के भाव उनमें प्रायः नहीं आते। दुःख के बोध के भीतर विमर्श अवश्य चलता रहता है। आनन्दवर्धन ने महाभारत के रसबोध की व्याख्या करते हुए कविता के विरसावसान की बात कही है। जहाँ सारे रस चुक जाते हैं, उस विरसावसान या रसों के अवसान हो जाने पर जिस भूमि पर कविता अवस्थित होती है, वह महारस या शान्त रस की भूमि है। गगन की कविताएँ दुःख के बोध के साथ शान्त के धरातल पर ही जाकर टिकती हैं। महाभारत बाहर और भीतर दोनों भूमियों पर विकट संघर्ष, तनाव, द्वंद्व तथा जीवन का सारा बीभत्स यथार्थ है। गगन भी भीतर और बाहर दोनों दुनियाओं में जीवन के बीभत्स यथार्थ से साक्षात्कार करती हैं और शान्त के धरातल पर पहुँचती हैं। दोनों में अन्तर भी है। महाभारत में सनातन तत्त्व के रूप में श्रीकृष्ण की आश्वस्त करती उपस्थिति आद्यन्त है। गगन में बुद्ध के दर्शन का आधार है।

प्रसाद कहते हैं कि भारतीय विचार परम्परा में आनन्दवाद और दुःखवाद ये दो प्रस्थान आरम्भ से ही रहे हैं, एक के प्रतिनिधि इन्द्र हैं, दूसरे के वरुण। दूसरे के प्रतिनिधि के रूप में प्रसाद बुद्ध की नहीं वरुण की ही चर्चा करते हैं। वे बुद्ध पर इस प्रसंग में चुप्पी साधते हैं। जबकि पूरे भारतीय साहित्य में दुःखवाद की वैचारिक परम्परा के आद्य प्रेरयिता बुद्ध बने रहे हैं। महादेवी में 'तुझ को पीड़ा में ढूँढ़ा तुझ

में ढूँढूँगी पीड़ा'—के द्वारा दु:खवाद थेरियों के दु:खानुभूति से थोड़ा हटकर रहस्य के कुज्झटिका में चला जाता है, अज्ञेय दु:ख को सबके माँजने के उपकरण के रूप में देखने लगते हैं, एक अलग छोर पर सर्वेश्वरदयाल सक्सेना हैं जो दु:ख को महिमामंडित करते हुए उसके सहारे ईश्वर को ही चुनौती दे देते हैं—

दुख की बहुत बड़ी आँखें हैं
उनमें क्या जो नहीं समाया
यह ब्रह्मांड बहुत छोटा है
जिस पर तुम्हें गर्व हो आया
एक अश्रु की आयु मुझे दे
कल्पचक्र यह लिये जाइये
बस यही प्रार्थना है प्रभु
जब हारा हूँ तब न आइए।

बुद्ध का नया अवतार गगन गिल की कविता में होता है। उनकी अनेक कविताओं में बौद्ध दर्शन का एक अध्येता सोच-विचार और मनन करता लगता है। प्रतीत्यसमुत्पाद बुद्ध के दर्शन का सार है। प्रतीत्यसमुत्पाद के सिद्धान्त में बुद्ध कार्यकारण की श्रृंखला को समझने के लिए एक तार्किक प्रणाली और तार्किक सोच विकसित करते हैं। गगन गिल स्त्री के जीवन की पीड़ा की थाह लेते हुए कार्यकारण की श्रृंखला को बहुत साहस के साथ कुछ यों बयान कर सकती हैं—

बच्चे तुम अपने घर जाओ
घर कहीं नहीं है
तो वापस कोख में जाओ,
माँ कहीं नहीं है
पिता के वीर्य में जाओ,
पिता कहीं नहीं है
तो माँ के गर्भ में जाओ,
गर्भ का अंडा बंजर
तो मुन्ना झर जाओ तुम
उसकी माहवारी में
जाती है जैसे उसकी
इच्छा संडास के नीचे
वैसे तुम भी जाओ
लड़की को मुक्त करो

यह कविता बुद्ध की करुणा और एक उस विकट निर्ममता के सथ लिखी गई है, जिस निर्ममता से बुद्ध ने राहुल और यशोधरा को आधी रात में छोड़कर महाप्रस्थान कर दिया था।

संसार से मुक्ति की कामना थेरियों की कविता का मूल स्वर है। वे संसार के गलीज को और दु:ख को छोड़कर संघ में आई हैं। गगन गिल संसार के गलीज और दु:ख को लेकर कविता में जाती हैं और कविता में उससे मुक्ति का सन्धान करती हैं। वे यह थेरियों की तरह नहीं करतीं जो एक झटके में संसार की डोर काटती हुई कह देती हैं—

मुमुत्ता साधुमुत्ताम्हि तीहि खुज्जेहि मुत्तिया।
उदुक्ळेन मुसलेन पतिना खुज्जकेन च।
मुत्ताम्हि जातिमरणा भवनेत्ति समूहता'ति॥

(थेरीगाथा, एककनिपातो, 11)

(मैं मुत्ता तीन क्षुद्र बातों से मुक्त हुई
मैं ओखली से मुक्त हुई
मैं मूसल से मुक्त हुई
मैं क्षुद्र पति से मुक्त हुई
अब जन्म-मरण से मुक्त हूँ,
मैंने काट दी है संसार की डोरी)

सुमुत्तिका सुमुत्तिका साधु मुत्तिकाम्हि मुसलस्स।
अहिरिको मे छत्तकं वापि उक्खलिका मे देड्डुभं वाति॥
रागं च अहं दोसं च चिंच्चिटि-चिंच्चिटीति विहनामि।
सा रुक्खमूलमुपगम्य अहो सुखं ति सुखतो झायामि॥

(थेरीगाथा, द्वकनिपातो, गाथा, 23-24)

(मैं उस मूसल से मुक्त हुई
जिससे मैं धान कूटा करती थी
मैं दरिद्रता के दिनों के बर्तन-भांडों से मुक्त हुई
जिनके बीच मैं बैठी रहती थी मैली-कुचैली
मेरा निर्लज्ज पति मुझे उन छातों से भी तुच्छ समझता
जिन्हें वह जीविका के लिए बनाया करता था।
मैंने राग और दोष को चुन-चुन कर नष्ट कर दिया है
मैं पेड़ के नीचे बैठकर ध्यान करती हूँ

अब मैं कितनी सुखी हूँ,
कितने सुख से मैं ध्यान करती हूँ।

किञ्चापि खोम्हि किसिका गिलाना बाळ्हदुब्बला।
दंडमोलुब्भ गच्छामि पब्बतं अभिरुहिय॥
सङ्घाटिं निक्खिपित्वान पतकञ्च निकुङ्जिय।
सेले खम्भेसिमत्तानं तमोखन्धं पदालिया'ति॥

(चित्ताथेरी, थेरीगाथा द्वक निपातो 27,28)

(मैं क्षीण और बीमार थी
एक लकुटी की सहायता से मैंने पहाड़ी की चोट पर चढ़ने का प्रयास किया
मैंने अपने कपड़े फेंक दिये
भिक्षा पात्र फोड़ दिया
उस पहाड़ पर मैंने अपने को स्तब्ध कर लिया
और अँधेरे के ढूह को चकनाचूर कर दिया।)

थेरीगाथा की गाथाकार स्त्री की वेदना को समझती और पहचानती हैं। थेरियों की निजी अन्तरंग जीवन की पीड़ाएँ युग-युग से अभिशापित नारी की व्यथाओं की अभिव्यक्ति बन जाती हैं। गगन गिल स्त्री के भीतर की वेदना को व्यक्त करती हैं। थेरी की वेदनाओं का शमन तो बुद्ध की, संघ की और धम्म की शरण में जाकर हो जाता है। अंडाल, अक्का महादेवी और मीरा की कविता में भी नारी जीवन की वेदना है, पर उसकी टीस भक्तिभाव और समर्पण में लीन हो गई है। अपने बूते पर बिना समर्पण के जी लेने की ताब और आब महिला कवियों की ऐसी कविताओं में बीसवीं शताब्दी में ही सम्भव हो सकी। हिन्दी काव्यधारा में तो महादेवी जैसी गिनी-चुनी कवियों के बाद इस तरह की गहरी अभिव्यक्ति गगन गिल की ही कविता में हुई है।

यह एक ऐसी काव्यधारा है, जिसमें देह की उपस्थिति और हस्तक्षेप को छिन्न-भिन्न करके कविता देही से एकाकार होने लगती है। गगन थेरियों की तरह इच्छा, तृष्णा और देह के पाश छिन्न-भिन्न कर देना चाहती हैं—

प्रेम में इच्छा थी
इच्छा में देह

देह जब नहीं बचेगी
इच्छा कहाँ रहेगी (एक दिन लौटेगी लड़की, पृ. 112)

विपश्यना के साधक की तरह अपनी चेतना को कवि बिखेरकर टुकड़े-टुकड़े करके देखता है। भीतर के अन्धे कुएँ के बारे में वह सचेत होता है।

उस दिन से बहुत दिनों दूर
सपने में लड़की झाँकेगी
अंधे कुएँ में
भीतर होगी जिसके अंधी एक और लड़की
आँखें जिसकी देखेंगी जिसे भी
अंधा कर देंगी...
लड़की सोचेगी—
जो हिस्सा अंधा होना था, हो गया
जो चुप होना था, वह हो गया
जो लाचार होना था, वह भी हो गया
फिर अब भला वह क्या करती है
अंधे कुएँ में बैठी?
वह यह सब सोचेगी, लेकिन सिर्फ सपने में

थेरी गाथा में ओखली मूसल धान आदि के रूपक मध्यवर्ग या निम्नवर्ग के रोजमर्रा के संसार की वस्तुओं से गढ़े गए हैं। वे रोजमर्रा के संसार को भी कविता में उपस्थित करते हैं और अपनी सारी प्रतीकात्मकता के साथ मन के भीतर के संसार को भी। गगन गिल सूई और धागे का रूपक लेकर कविता टाँकती हैं और एक अलग तरह की बखिया बनाती हैं—

तुम सूई में से निकलती हो
मैं धागे में से, माँ

कभी सूई में से मैं
धागे में से तुम

कौन सी बखिया, मैं
हम सिले जा रहीं सदियों से

कौन सा यह टाँका
पूरा होने में नहीं आता (मैं जब तक आई बाहर, पृ. 15)

गगन गिल की कविताओं में पूर्ण विराम नहीं हैं, या कम हैं। पर बीच-बीच

में ठहरना और अटकना उनमें होता है। कई कविताओं में हर दो-तीन या अधिक से अधिक चार पंक्तियों के बाद एक मौन पसरता है। इस मौन को अनुभव करके ही कविता के साथ चलना होता है। वेदना की टीस और आह भरने की गुंजाइश नहीं बनती, मौन में जाकर निर्विकार होते जाने में वेदना का पर्यवसान होता है। गगन गहरी से गहरी वेदना को इस निर्विकारता में ले जाकर देखती और समझती हैं, इस समझ से उनकी कविता में एक विरल शिल्प सहज रच जाता है—

इतनी लम्बी ये सूई
कभी उँगली में तुम्हारी
कभी नाखून में मेरे

छेद में से तुम निकलती हो
जैसे ईश्वर के द्वार से

तुम्हारे पीछे पीछे मैं
तुम्हारा चिथड़ा (मैं जब तक आई बाहर, पृ. 16)

माँ के प्रति सम्बोधनों में भी गगन कुछ देर बुझ जाने की गुहार करती हैं, किसी ओट में हो जाने की कामना करती हैं। यह एकान्त में अपने फिर से देखने और सँभालने की कामना है। उनकी कवि भीतर दरकती धरती को सँभालना चाहता है।

किसी ओट हो जाऊँ
कुछ देर, माँ?

थम जाए भीतर
दरकती हुई धरती

बौद्ध दर्शन के क्षणभंगवाद में वास्तविकता एक क्षण में अपने को व्यक्त करके विलीन हो जाती है। उस क्षण में उसकी बस झलक भासती है। वह अनकही, अनदेखी अनसुनी रह जाती है। गगन इस अनकही-अनसुनी और अनदेखी को भीतर देखती हैं—

रख लूँ एक बात
बिन छलकाए
अपने भीतर

न कही तुमने जो कभी
न मैंने

देख लूँ
पार होती है कि नहीं
तिड़कन यह गहरी खड्ड जैसी

भीतर और बाहर के संसार को लेकर गगन में प्रश्नाकुलताएँ हैं। वे प्रश्नाकुलताएँ अव्यक्त को इंगित करती हैं उसकी एक झलक दिखा कर थम जाती हैं—

मैंने नहीं पिया, माँ
अपने हिस्से का दूध
न पिया कभी छोटी ने
मेरे हिस्से का
...
कौन सुखा गया था, माँ
मेरे हिस्से का दूध?

तुरन्त व्यथाओं को इस ठहराव में ले जाकर देखने-सँभालने की जुगत के कारण बाहर की दुनिया की वास्तविकताओं को गगन अक्सर नई व्याख्या देती चलती हैं। भ्रूणहत्या से किसी होने वाली माँ की वेदना को वे गंगा के द्वारा अपनी कोख से जन्मे सात वसुओं को अपनी धारा में बहा देने के मिथक से जोड़कर देखती हैं—

वे सब वसु थे माँ
मरने आए थे
तुम्हारी गोद में

मुक्ति पाने
जल्द से जल्द

तुम घबरा गईं
समझ नहीं पाईं
उन्हें सिराना है
कि छिपाना

बौद्ध दर्शन में अपोह के द्वारा वास्तविकता को बताने की एक तकनीक

निर्मित की गई। गगन अपनी कविताओं में इस तकनीक को भी लेकर आती हैं। इस तकनीक में जिस वस्तु को बताना है, उससे भिन्न को नकारते-नकारते उसे परिभाषित किया जाता है।

न ये दिल है
न गेंद

न ये लोंदा किसी मांस का
न गुच्छा किसी प्रकाश का

ये जो बैठी हूँ मैं
इस क्षण यहाँ

नन्ही सी ओस
चौंधियाई हुई सूर्य से

न मैं ओस हूँ
न भाप

अभी
बिलकुल अभी
कोई ले जाएगा मुझे
तुम्हारे बादलों के पार (मैं जब तक आई बाहर, पृ. 36-37)

गगन गिल की सभी कविताएँ मन्थर गति से चलती हैं। एक थिराव में वास्तविकता की कई परतें खोलती हैं। गगन उलटबाँसियों में धीरे-धीरे सवाल, जवाब और बयान पेश करती हैं, तब बहुत सहज निरायास उनकी भाषा एक नया शिल्प गढ़ती जाती हैं—

अंडे से निकलूँ बाहर
कि निकलूँ घोंसले से?

घोंसले से निकलूँ बाहर
कि अपने पंखों में से?

पंख से निकलूँ बाहर
कि निकलूँ उड़ान में से?

उड़ान से निकलूँ बाहर
कि निकलूँ आकाश में से?

आकाश से टपकूँ बाहर
कि अपनी थकान में से? (वही, पृ. 40)

अंडा, घोंसला, पंख, उड़ान, आकाश, थकान—ये सब यहाँ न उपमान की तरह सँजोये गए हैं न अलंकार की रचना के लिए। वे अनुभव की यात्रा के पड़ाव हैं। यात्रा अपने में अपनी ही तलाश की है। इस तलाश में पूर्व स्वीकृत पूर्वप्रदत्त कोई अलंकार, औजार काम नहीं आता। स्वानुभव ही औजार बनता है।

दिन के दुख अलग थे
रात के अलग

दिन में उन्हें
छिपाना पड़ता था
रात में उनसे छिपना

गगन मूर्त को अमूर्त और अमूर्त को मूर्त करती हैं। दुःख अपरिभाषेय है। गगन उन्हें सजीव बनाकर उनके आने की आहट सुनती हैं। वे किस तरह आदमी को दबोचते हैं शिकार बनाते हैं इसका साक्ष्य देती हैं—

उन्हें सब पता था
भाग कर कहाँ जाएगा
जाएगा भी तो
यहीं मिलेगा
बिस्तर पर
सोया हुआ शिकार (वही, पृ. 51)

इस मूर्तिकरण में कभी-कभी उपमान आते हैं, वे भी कहीं बाहर की दुनिया से नहीं गगन के भीतर की दुनिया से वे उपजते हैं—

अन्धी आँख जैसा
सफेद दिन

मुझे यदि पता होता
कैसे रोकनी है यह घड़ी
रक्त में
करती टिकटिक

दही दमाती मेरे सिर में

मालूम होता यदि
कैसे मोड़नी है पत्तल
सूखी देह की
इस पत्ती की (वही, पृ. 53)

इस मूर्तिकरण में 'विरह का रंग उजला' हो जाता है, जिसके सारे 'खुरंड झर गए हैं' इसमें—

कुछ भी नहीं हुआ ऐसा
जो सहने से बाहर हो (वही, पृ. 70)

ये कविताएँ असम्भाव्य का बयान करती हैं, जिसमें गगन अपने आप को अपने आप से देखती हैं, आत्म को आत्म से पहचानने की कोशिश करती हैं।

आत्मा सुन लेती
मेरी बात
यदि थोड़ी देर और

प्रार्थना ले आती
कहीं से
मामूली कोई शान्ति

नोचती न मैं यदि
ये हृदय
अपने पंजों से
उछालती न इसे
कभी हवा
कभी समुन्दर में (वही, पृ. 54)

दु:ख की स्वीकृति, दु:ख के कारण का सन्धान, तृष्णा के प्रपंच का उच्छेद और जगत् की नश्वरता का प्रत्यय बुद्ध के ये मन्तव्य गगन में कविता के प्रत्यय बनते हैं। वे बाहर की दुनिया के छूटते जाने का प्रत्यय भी रचते हैं। संसार का कुछ भी साथ नहीं आएगा। दु:ख भीतर है, दु:ख का कारण भी भीतर ही होगा। पर गगन अपनी कविता में बाहर को भीतर से जोड़कर देखती हैं—

मालूम था
साथ नहीं जाएगा कुछ
यहीं छूट जाएगा

फिर भी

थामे रखने को
चाहिए था एक हाथ
अटकाए रखने को
एक मुख। (वही, पृ. 81)
...
चाहिए था
कड़े रखने को
एक हाथ

रोक रखने को
एक पुकार (वही, पृ. 83)

विराग का भाव एक स्थायी टेक बनकर गगन की कविताओं में चलता है। देह, हाथ, मुख जैसे सबको वे उनसे अलग होकर देख रही हैं। पर रोक रखने के लिए पुकार क्या है, वह तो लगता है वे स्वयं हैं।

रूप नश्वर है अरूप सनातन है। अरूप को पहचाना कैसे जाएगा? उसमें पहुँचकर संसार की नश्वरता का बयान करते हुए यह जानते हुए भी यह सब छूट और टूट जाएगा कवि यहाँ थोड़ी देर और अटकना चाहता है क्योंकि—

एक दिन जब पहुँचूँगी
सभा में तुम्हारी
बिना नेत्रों, इन्द्रियों के
कैसे पहचानूँगी तुम्हें तब (पृ. 89)

इन्द्रियाँ साकार का अनुभव कराती हैं, क्या वे निराकार तक पहुँचने का भी द्वार खोल सकती हैं? गगन की कविता में साकार और निराकार के भेद निरस्त हो जाते हैं। साकार निराकार और निराकार साकार बनता जाता है। नश्वरता और मृत्युबोध के साथ संसार का छूटना, रूप का टूटना यहाँ अनुभव किया जा सकता है—

होना चाहिए मालूम
पीठ को
भैंसे के बारे में

अचानक सींग के
आ ठुकने के बारे में (पृ. 94)

गगन गिल की कविताएँ अन्ततः यह प्रत्यय देती हैं कि जो बाहर है वह भीतर है। एक चिड़िया बाहर है जो ऊपर कहीं से नीचे आन गिरी है। बहुत महीन सुकुमार संवेदना के गगन इसकी परवाह करती हुई कहती हैं—

जरा देखो तो सही
ढेला लग गया उसे
कि काँटा

पंख तो नहीं नुचवा आई
किसी बिल्ली से

छू तो नहीं गई
किसी बिजली के तार से
फिर यह चिड़िया इस आकाश में पहुँचती हुई भी दिखती है जहाँ
न वहाँ अन्न न जल

फिर भी जाना है वहीं
रोज रोज
पंख में हवा भर

जैसे पकड़ में आ लेगा सूरज
झूल लोगी बैठकर

झूला एक इन्द्र धनुष
...

ईश्वर तो नहीं देख आईं ऊपर

छू तो नहीं गया कहीं
वह तुम्हारा पंख (पृ. 109-10)

नन्ही सी चिड़िया की उड़ान रूप से अरूप तक जाने की उड़ान बन जाती है। बाहर की दुनिया चेतना से सम्पृक्त ही नहीं चेतना मात्र बनने लगती है, चेतना के भीतर दुनिया बसती जाती है।

कुमार गंधर्व जैसे बहुत विलम्बित में निर्गुनिया भजन गाएँ उस तरह कविता में गगन निर्गुन का आलाप भरती हैं—

वही दाना देना प्रभु
जिस पर
मेरा नाम हो

वही बूँद पानी मिले
जिस पर मेरी प्यास हो (पृ. 117)

और अपनी प्रार्थना के सम्बोध्य इस प्रभु से कवि की आत्मीयता भी कितनी है कि वे उसे पूछ ही लेती हैं

सध तो जाता है न
तुम से सब?

इतनी गड़बड़ दुनिया

झोल तो नहीं
पड़ जाता
तुम्हारे तराजू में

कभी-कभी ईश्वर (वही, पृ. 122)

ईश्वर से बात करने की यह शैली भी एक आलाप की शैली है।

गगन ऐन्द्रिय अनुभवों से अतीन्द्रिय अनुभवों के संसार में पहुँचती हैं। सुनना

और देखना—यह भीतर देखना और सुनना भी है और यह बाहर की हकीकत को देखना और सुनना भी बन जाता है। बाहर सुनाई पड़ता नाद अनाहत नाद बनता जाता है। फिर यह सुनना और गुनना इतना बारीक और महीन चीजों तक पहुँचता है और अनन्त से लगाकर सूक्ष्मातिसूक्ष्म को भेदता जाता है—

सुननी चाहिए मद्धिम सी आवाज
कभी-कभी रुककर
फँस तो नहीं गई कोई तितली
गिरगिट के मुँह में

जानी चाहिए आपकी दृष्टि दूर
उस बच्ची तक
जिसके साथ कुछ गलत किया किसी ने
अब वह तक रही है
सामने गुमसुम (वही, पृ. 134)

गगन भीतर और बाहर दोनों दुनियाओं की यात्रा करती हैं, पर अकेले। अकेले होने का बोध लगता है उनका स्थायी भाव है। एकान्तवीणा को वे स्वयं बजाती हैं स्वयं सुनती हैं।

सब मन तंत रबाब तन, विरह बजावै नित्त।
और न कोई सुन सकै, कै साईं को चित्त॥

यह तो निर्गुनिया सन्त की पुरानी उक्ति है। गगन एकान्त साधना के साथ अपना रास्ता स्वयं बनाती भी हैं—

किसी ने बताया नहीं
मैंने पूछा भी नहीं

रास्ता किधर से है

इतना भी नहीं
कि सीढ़ियाँ चढ़नी हैं
या उतरनी

पीछे मुड़ कर देखना है
कि नहीं (वही, पृ. 138)

प्रति क्षण में संसार बदलता चला जा रहा है। हमें बोध नहीं होता। युधिष्ठिर ने यक्ष से कहा कि संसार का सबसे बड़ा आश्चर्य यही है कि लोग लगातार दिन-प्रतिदिन यममन्दिर चले जा रहे हैं, बाकी लोग बेखबर हैं वे संसार से चिपके रहना चाहते हैं। इस बेखबर होने को गगन की कविताएँ ध्वस्त करती चलती हैं। पता न चलने का पता वे देती हैं—

पता भी नहीं चलता
और एक दिन
बन चुका होता है
बीज में अँखुआ
मिट्टी के नीचे

उतर चुका होता है
तितली का खोल

निमिष भर में होता है सब

निमिष भर के भौचक में
कोई समझ नहीं पाता (पृ. 141-42)

इसी को आकस्मिक प्रत्यवभास कहा गया है। एक क्षण में वास्तविकता झलक दिखाकर लुप्त हो जाती है।

मैं जब तक आई बाहर
एकान्त से अपने
बदल चुका था
रंग दुनिया का
अर्थ भाषा का
मंत्र और जप का
ध्यान और प्रार्थना का (पृ. 151)

बुद्धवचन और रिनपोछे के सत्संग की परछाइयाँ गगन की कविता में हैं, वे उनकी कवितचेतना के निर्मल जल में प्रतिबिम्बित होकर एकमेक हो जाती हैं। कवि त्रिलोचन के शब्दों में जैसे जल के हिलने पर हिलती है जल की परछाईं, वैसे ही वे उनकी चेतना की हलचल के साथ गतिशील होती हैं। गगन हिन्दी कविता में एक ऐसा प्रस्थान रचती हैं, जिसके बारे में धर्मकीर्ति के शब्दों में कहा जा सकता है—

वहति न पुरः कश्चिन्न पश्चात् कोप्यनुयाति माम्
न च नवपदक्षुण्णो मार्गः कथ न्वहमेककः।
भवतु विदितं पूर्वव्यूढोऽधुना खिलतां गतः
स खलु बहलो वामः पन्था मया स्फुटमूर्जितः॥

(धर्मकीर्ति, सुभाषितरत्नकोश, 1729)

(कोई नहीं जा रहा है मेरे आगे-आगे
कोई नहीं आ रहा है मेरे पीछे-पीछे
ऐसा नहीं है कि केवल मैं ही चला हूँ पहली बार इस पथ पर
फिर भला मैं एकाकी कैसे!
चले हैं पहले भी इस पर लोग
आज भले ही रीता हो यह पथ
पर मैंने इसे चुन ही लिया है बस।
यह मेरा समृद्ध वामपंथ।)

यहाँ वामपंथ का आशय न तो आधुनिक वामपंथी विचारधारा से है, न वाममार्गी साधनापद्धति से। यह वामपंथ भीतर से बाहर और बाहर से फिर भीतर की यात्रा के कारण वाम या घुमावदार बन गया है। इस पथ पर चलने वाला अपने को चलता हुआ देखता भी है। भीतर और बाहर की यात्रा का द्रष्टा होने का बोध उसकी अभिव्यक्ति को भव्यता और उदात्तता देता है। यह भव्यता और उदात्तता गगन गिल की कविता की एक पहचान है।

सन्दर्भ

1. गगन गिल—'मैं जब तक आई बाहर', वाणी प्रकाशन, 2018
2. वही—'एक दिन लौटेगी लड़की', राजकमल प्रकाशन, 1989
3. 'थेर गाथा तथा थेरी गाथा', पालि अध्ययन केन्द्र, राष्ट्रीय संस्कृत संस्थान लखनऊ परिसर, 2012

अक्का महादेवी : एक सम्भावना

वल्लभाचार्य ने श्रीमद्भागवत की सुबोधिनी टीका में तीन प्रकार की भाषा बताई है—समाधिभाषा, मतान्तरीय भाषा तथा लौकिक भाषा। ऋषियों और सन्तों की वाणी में समाधिभाषा उतरती है, मतान्तरीय भाषा शास्त्रों में पूर्वपक्ष और उत्तरपक्ष की भाषा है, और लौकिक भाषा हम रोजमर्रा की दुनिया में बोलते हैं। कविता लौकिक भाषा से समाधिभाषा के बीच यात्रा करती है।

गगन गिल की कविता का मार्ग अलग है, अक्का महादेवी की वचनों का पथ भी बहुत अलग है। दोनों में कहीं-न-कहीं कोई तार जोड़ता है। यह स्वाभाविक ही है कि गगन ने रूपान्तर के लिए अक्का महादेवी का वरण किया। या यह भी कहा जा सकता है अक्का महादेवी ने उनका वरण किया।

क्या है जो गगन गिल, रिनपोछे और अक्का महादेवी को जोड़ता है? तीनों ही संसार में रहकर संसार से परे हो जाते हैं। थेर या थेरी के पथों पर तो तीनों ही चलते हैं, ये पथ एक दूसरे के समानान्तर जाते हैं, कहीं-कहीं इनके पथिक एक दूसरे के बहुत पास भी आ जाते हैं।

मैं दिल्ली में आठ-दस साल रहा। दो लोगों से परिचय मेरे लिए चिरस्मरणीय रहा। एक समदोंग रिनपोंछे जो मेरे आमंत्रण जिस विश्वविद्यालय में कुलपति था, वहाँ दो-तीन बार आए, दूसरी गगन गिल जिन्हें मैंने समदोंग रिनपोंछे के सम्मान में वक्तव्य देने के लिए आमंत्रित किया। अभूतपूर्व अनुभव था गगन को सुनना रिनपोंछे के बारे में।

यह स्वाभाविक ही था कि गगन गिल ने अपने इस भावरूपान्तर की चर्चा समदोंग रिनपोंछे से की, उनसे अनुरोध किया कि वे इसकी भूमिका लिखें। अक्का महादेवी, समदोंग रिनपोंछे और गगन गिल तीनों के मार्ग ऊपरी तौर पर बहुत अलग-अलग हैं, कोई एक तार है, जो उन्हें जोड़ता है। यह तार संसार से परे जाकर अमरता के सन्धान का है।

अक्का महादेवी सन्त हैं, जिन्हें बसवेश्वर, चेन्न बसव, किन्नरी बोम्मैया, सिद्धर्मा, अलामप्रभु एवं दास्सिमैय्या जैसे सन्तों ने पहचाना और माना। अक्का महादेवी निर्मल शेट्टी और माता सुमति की पुत्री के रूप में शिवमोग्गा जिले के शिकारिपुर तालुक

के गाँव में सन् 1130 ई. के आसपास जन्मीं। वे अपूर्व सुन्दरी थीं। पुरुषों की लोलुपता से जूझते हुए अपने सौन्दर्य को उन्होंने वैराग्य की भट्टी में जला डाला।

वे सहज सुगम पथ पर चलने वाली सन्त नहीं हैं। उनके अपने शब्दों में वे तलवार की धार पर चलने वाली सन्त हैं। सन्तों की भी कई कोटियाँ हो सकती हैं। तुलसी जैसे सन्त सत्संग की महिमा गाते हैं, सत्संग में रमते हैं और सत्संग करते हैं। अक्का महादेवी उन सन्तों में हैं, जिन्होंने सत्संग को भी त्याग दिया है, क्योंकि सत्संग भी तो उसी संसार का हिस्सा है जिसे वे पीछे छोड़ आई हैं। वे कहती हैं कि अज्ञानियों की संगत पत्थर घिसकर चिंगारी पाने की तरह है, ज्ञानियों की संगत गोरस मथकर मक्खन पाने की तरह है, पर मल्लिकार्जुन की शरण में संगत पा लेना कपूर के पर्वत की तरह धधक उठना है। (वचन-46, पृ. 83)

तेजस्विनी की भूमिका में गगन यह सवाल उठाती हैं कि स्त्री के लिए संसार का मार्ग और भक्ति का मार्ग दोनों ही इतने विकट क्यों हैं?

सामान्यतः माना जाता है कि ज्ञान का पंथ कृपाण की धारा है और भक्ति का मार्ग सहज सीधा या सरल है। इस धारणा के कारण हमारे समय में भक्ति एक खिलवाड़ बना दी गई है। फूल-पत्र अर्पित करने, नाच-गा लेने और भावुक होकर रो-रो कर हल्के हो जाने को भक्ति मान लिया जाता है। यदि यह चराचर जगत् ईश्वर की अभिव्यक्ति है, तो ईश्वर की इस विश्वव्यापिता की प्रतीति के बिना सच्ची भक्ति कैसे हो सकती है? विनयपत्रिका के पदक्रमांक 167 में तुलसी कहते हैं कि रघुपति की भक्ति वास्तव में तो बहुत कठिन है, कहने में ही सुगम है, जिस पर बन आती है, वही जानता है। जैसे मछली सुरसरिता के जल (पानी) में सुख से तैरती है और विहरती है, पर गजराज इसके तीव्र प्रवाह में बहकर नष्ट हो सकता है। रेत और शक्कर को मिला दिया जाए, तो सामान्य जन के लिए अलग-अलग करना सहज सम्भव नहीं होता, पर एक अतिरसज्ञ चींटी उसके ढेर में धँसकर रेत से शक्कर को अलग कर उसका आस्वादन कर लेती है।

रघुपति भगति करत कठिनाई, कहत सुगम करनी अपार।
जाने सोई जेहि बनियाई, जो जेहि कला कुसलता कहु सोई
सुलभ सदा सुखकारी सफरी सन्मुख जल सदा सुर सरी बहे गज भारी
जो सर्करा मिले सिक्ता मह बल ते न कोउ बिलगावैं
अति रसज्ञ सूच्छम पिपीलिका बिन प्रयास ही पावै।

रामचरितमानस के उत्तरकांड में शिव भक्ति को परम दुर्लभ बताते हुए कहते हैं कि यह भक्ति करोड़ों में से किसी-किसी से ही सधती है—

नर सहस्त्र यह सुनहिं पुरारी,
कोउ इक होइ धरमव्रत धारी।

धर्मशील कोटिक महँ कोई
विषय विमुख बिराग रत होई।
सब ते सो दुर्लभ सुरराया
रामभगतिरत गतमदमाया,
सो हरि भगति काग किमि पाई।

हमारे समय में तथाकथित सन्तों में मीडिया पर प्रवचन दे-देकर भक्ति का एक बाजार खोल दिया है। भक्ति बहुत सस्ती और बिकाऊ हो गई है। सिद्ध, सन्त और आगमविद् बताते हैं कि चरणों पर गिरने का सुख लूटने में भक्ति नहीं है। भक्ति आराध्य से एकीभाव की स्थिति में होती है। शैवशास्त्र के मान्य ग्रन्थ महार्थमंजरी में भक्ति का लक्षण यह किया गया है—

न पादपतनं भक्तिर्व्यापिनः परमेशितुः।
भक्तिर्भावस्वभावानां तदेकीभावभावनम्॥

(महार्थमंजरी, पृ. 108)

(पाँवों पर गिरते रहना सर्वव्यापी परमेश्वर की भक्ति नहीं है। भावों के स्वभाव से एकीभाव का भावन भक्ति है।)

चरणों पर गिरकर सुख पाने वाली लोक और परलोक दोनों साध देने का दावा करने वाली, फूल-पत्र चढ़ाकर गर्वान्वित हो जाने वाली भक्ति के खोखलेपन को अक्का महादेवी जानती हैं। उनके शब्दों में यह भक्ति कुछ ऐसी है—

जैसे प्रतिमा सुनती है
मोम के तोते की रटन

जो कह रहा है उसमें जीवन नहीं

जो सुन रहा है उसमें ज्ञान नहीं

अज्ञानी की भक्ति
तुम्हारे लिए वैसी ही
जैसे मोम के तोते की रटन सुनती प्रतिमा

(ओ मल्लिकार्जुन! वचन 120, पृ. 168)

गगन गिल का अक्का महादेवी के वचनों का रूपान्तर भक्ति के नाम पर किये जा रहे तमाशे के सामने भक्ति की वास्तविकता से परिचय कराता है। गगन ने अपने इस कार्य को अनुवाद नहीं रूपान्तरण या भावरूपान्तरण कहा है। साहित्यशास्त्र

के आचार्यों ने प्रतिभा दो प्रकार की बताई है—कारयित्री और भावयित्री। कारयित्री प्रतिभा सर्जक की प्रतिभा है। भावयित्री रचना के मर्म की थाह लेने की शक्ति है। इसके द्वारा भावक किसी रचनाकार के बनाई हुई दुनिया में भीतर कर प्रवेश करता है, और उससे संवाद करता है। यह प्रक्रिया योगसमाधि के द्वारा साधे जाने वाले परकाय प्रवेश की तरह होती है। गगन गिल ने इस रूपान्तर के द्वारा अक्का महादेवी के काव्य की काया में प्रवेश करके उससे उसकी आत्मा से संवाद किया है।

परकाय प्रवेश के बाद योगी स्वयं अपना रूपान्तर कर लेता है। वह वही नहीं रह जाता जो परकाय प्रवेश के पहले था। शंकराचार्य के लिए कहा जाता है कि उन्होंने राजा अमरुक की मृत शरीर में प्रवेश करके उसके रनिवास में शृंगार और काम का स्वरूप जाना-परखा। उस राजा की काया से बाहर निकलकर वे वैसे तो नहीं रह गए होंगे, जैसे काया में घुसने के पहले थे। जो शंकराचार्य केवल ज्ञान के पक्ष पर ही बात करते आ रहे थे, वे बाद में देवी की स्तुति में भाव-विभोर होकर मनोहारी छन्द रचते हैं।

परकाय प्रवेश का कार्य एक असाध्य वीणा को साधने की तरह तो है ही, परकाय प्रवेश करने वाला या करने वाली अपने लिए प्रवेश योग्य काया का चयन भी स्वयं ही करता या करती है। जिस काया में उसे प्रवेश करना है वह उसके अनुरूप होनी चाहिए। अनुवाद का या रूपान्तर करने का काम परकाय प्रवेश की तरह है। जिस तरह हर योगी हर किसी की काया में प्रवेश नहीं करता, उसी तरह हर अच्छा रूपान्तरकार हर किसी रचना में अनुवाद या रूपान्तर के लिए प्रवेश नहीं करता। गगन गिल ने अक्का महादेवी की कविता में प्रवेश करके उसका रूपान्तर किया, क्योंकि उनकी अपनी कविता का पथ अक्का महादेवी की कविता का कहीं न कहीं सगोत्रीय है।

गगन स्वयं कहती हैं कि अक्का महादेवी उनकी जीवन यात्रा में बार-बार उतर कर उनसे मिलती रही हैं। कैलास मानसरोवर की यात्रा में, श्रीशैलम् की यात्रा में भी। मेरी समझ से उनकी अपनी कविता में भी कहीं न कहीं अक्का महादेवी उतरती हैं।

गगन की अपनी कविताओं में माँ के लिए सम्बोधन आते हैं। उनके रूपान्तरों में 'उइ माँ' और 'ओ माँ' की आकुल पुकार उनकी ओर से जुड़ी है या मूल काव्य में वह रही है—यह तो कन्नड़ मूल से मिला करने पर ही स्पष्ट हो सकता है, पर मूल कविता और रूपान्तरकर्त्री के बीच संवाद की एक धारा है यह तो स्पष्ट है।

माँ बेटी के रिश्तों पर गगन गिल ने बहुत अलग तरह की कविता लिखी है। वे माँ से संवाद करती हैं, अक्का महादेवी कुछ और आगे जाकर माँ को लताड़ देती हैं—

जा, जा, नहीं चाहिए मुझे
तेरी माँ-बेटी वाली बकबक
जा अब, तू जा! (वचन 35, पृ. 71)

गगन गिल ठीक कहती हैं कि अक्का महादेवी कवि नहीं हैं उन्होंने हमारे आपके लिए कविताएँ नहीं लिखी हैं (भूमिका, पृ. 11)। इसे पलटकर यह भी कह सकते हैं कि जिस भूमि पर पहुँचकर अक्का महादेवी अपने वचन कहती हैं वह सामान्य कविता के लिए अगम्य है। हम जिसे कविता मानते समझते हैं वह तो इस चराचर जगत् के भीतर ही उपजती है, जो वचनकार चराचर जगत् को थमकर पीछे रुक जाने का आदेश देती हुई आगे बढ़ गई है उसकी अभिव्यक्ति इस चराचर में होने वाली अभिव्यक्ति से विलक्षण ही होगी।

भूख तू यहाँ थम, यहाँ थम
प्यास तू यहाँ थम यहाँ थम
नींद तू यहाँ थम यहाँ थम
काम तू यहाँ थम यहाँ थम
क्रोध तू यहाँ थम यहाँ थम
मोह तू यहाँ थम यहाँ थम
लोभ तू यहाँ थम यहाँ थम
मद तू यहाँ थम यहाँ थम
विद्वेष तू यहाँ थम यहाँ थम

चराचर तुम सब
यहाँ थमो यहाँ थमो

मैं पहुँचाने चली
मल्लिकार्जुन को
अति आवश्यक सन्देश
मेरा प्रणाम, प्रभु!

ऐसा नहीं कि अक्का महादेवी की कविता में समय और समाज नहीं है। वे समाज की विसंगति और विषमता की बात भी करती हैं पर अपने मल्लिकार्जुन को समझाने के लिए करती हैं। वे मल्लिकार्जुन से कहती हैं कि तुम उस धनी जैसे हो जो निर्धन के प्राण पखेरू उड़ने को हों, फिर भी अपने धान का औसारा नहीं खोलता (वचन 122, पृ. 170)। वे खेत-खलिहान की चर्चा करती हैं। कर्नाटक में कनकदास

एक और सन्त हुए हैं। कन्नड़ में उनका लम्बा काव्य है, जिसमें खेत-खलिहान के द्वारा वे जीवन के सत्य समझाते हैं।

अक्का महादेवी और उनका यह रूपान्तर हमारे लिए इसलिए भी महत्त्व रखे हैं कि अध्यात्मलोक की अपनी यात्रा के सोपानों और आत्मसंघर्ष पर जितनी बेबाक चर्चा अक्का महादेवी करती हैं कम सन्तों के वचनों में वैसी चर्चा कदाचित् हुई है।

एक स्तर है जब वे घर-बार छोड़कर बाहर निकलने के लिए आतुर हैं।

घर में पति
बाहर प्रेमी
मुझ से नहीं निभते दोनों

लौकिक और अलौकिक
मुझसे नहीं निभते दोनों

एक हाथ में
बेल फल
दूसरे में कंठ बेल
मुझ से नहीं बन पड़ता (मल्लिकार्जुन! वचन 11, पृ. 41)

अक्का महादेवी बार-बार संसार के अपने साथ लिथड़ आने पर और अपने कुलनाशिनी न हो पाने को लेकर खिन्न होती हैं। वे दिन में डाका डालकर डकैती में विफल हो जाने पर पछताती हैं, (वचन 73, पृ. 116) अगले ही वचन में वे यह भी विश्वास व्यक्त करती हैं कि "मेरा मल्लिकार्जुन/ अपने जगत् के विलास से सन्तृप्त हो एक दिन स्वयं ही तोड़ेगा/ अपना माया-पाश!" (वचन 74, पृ. 117)

देह में रहकर देह से परे होते जाने की एक यात्रा अक्का महादेवी और गगन गिल दोनों अपनी-अपनी रचनाओं में करती हैं। गगन गिल अपनी एक कविता में कहती हैं—

देह जब नहीं बचेगी
इच्छा कहाँ रहेगी (एक दिन लौटेगी लड़की, पृ. 112)

अक्का महादेवी एक स्तर पर आकर वे देह को लेकर झिझकते-झेंपते कुंठा में मरते लोगों को देखकर चकित होती हैं—

झेंप जाते हैं लोग
पुरुष हों या स्त्री

सरक जाए यदि
लज्जा से ढके उनके अधोवस्त्र

व्याप्त हो जब जीव जगत् में
बिना मुख का प्रभु
किससे तुम करोगे संकोच?

समस्त जगत् जब
आँख है प्रभु की
देखती हुई सब
छिपाओगे क्या, ढकोगे क्या (वचन 14, पृ. 45)

अन्तिम स्तर पर अक्का महादेवी देह धारण करने के दंड से सर्वथा मुक्त हो जाती हैं।

किसे परवाह है
कौन तोड़ता है पेड़ से पत्ती
एक बार फल टूट जाने के बाद?

किसे परवाह है
कौन जोतता है जमीन?
त्याग दी जो तुमने?

किसे परवाह है
कौन सोता है उस स्त्री के साथ
जिसे छोड़ दिया तुमने?

एक बार प्रभु को जान लेने के बाद,
किसे परवाह है
कुत्ते खाते हैं इस देह को
या गलती है यह पानी में? (वचन 4, पृ. 34)

कहीं वे मल्लिकार्जुन से यह शिकायत भी करती हैं कि "मुझे स्पर्श से पावन कर के/ फिर संसारी दुखियों के हाथ में सौंप दिया तूने!" कहीं वे एक कौंध में झलकने वाले, एक प्रलयकारी आवेग में सब कुछ डुबो देने वाले अनुभव की बात करती हैं जिसमें "सूखे तालाब में बाढ़ आने जैसा, सूखे पौधे पर पानी बरसने

जैसा" अनुभव कभी उन्हें होता है, और "भव का सुख, परलोक की सद्गति/दोनों साथ-साथ मिलने जैसा" लगता है। (वचन 93, पृ. 137) अक्का महादेवी ही हैं जो मल्लिकार्जुन से संयुक्त होने के अपने दर्प को घिनौना भी कह देती हैं। (वचन 118, पृ. 166) गगन गिल ने अपनी भूमिका में समदोंग रिनपोंछे से अक्का महादेवी के बारे में हुए अपने एक संवाद का हवाला दिया है, जिसमें रिनपोंछे यह कहते हुए लगते हैं कि हमारे समय में अक्का महादेवी का होना सम्भव नहीं है। अक्का महादेवी सामान्य अर्थों में जिसे स्त्री कहा जाता है, उसे छिटककर अपने से दूर कर चुकी हैं। वे तो स्वयं अपने पीछे-पीछे चले आए किसी भैया से कहती हैं कि इस काया के उन्नत स्तनों और छलकते यौवन से वशीभूत तुम उसके पीछे यहाँ तक चले आए हो, पर "भैया/ न मैं स्त्री हूँ/ न वेश्या।" पर यह तो नहीं कहा जा सकता है अक्का महादेवी अब सम्भावना नहीं हैं। आज जिस तरह की जटिल समाजतंत्र में हम रह रहे हैं अनेक स्त्रियाँ देखी जा सकती हैं जो अपने भीतर की स्त्री और वेश्या को परे हटाकर किसी अलग राह पर चल पड़ी है, अलबत्ता वह रास्ता अक्का महादेवी के मल्लिकार्जुन का रास्ता नहीं है।

क्या अक्का महादेवी और उनके वचनों का गगन गिल का भाव रूपान्तर आज की स्त्री को साहस और सम्बल दे सकते हैं? यह संसार जिस तरह से हमसे चिपका हुआ है, उसे झटक देनेवाले साहस के लिये स्फूर्त कर सकते हैं? एक स्त्री का सारे पुरुष समाज के सामने अपराजेय चुनौती बनकर खड़े होने के साहस वे जगा सकते हैं? यह अक्का महादेवी का सारी संकीर्णताओं और रूढ़ियों को तोड़ते हुए, स्त्री पर किये जाने वाले अत्याचारों के सामने भी अप्रतिहत रूप में खड़े रहने का साहस है, जो आज की स्त्री का साथी बन सकता है। अक्का महादेवी इस साहस के साथ कहती हैं—

ओ भाइयों क्यों कसते हो बोल
बिखरे बाल
मुरझाये मुखड़े
सूखी देह के लिए
इस स्त्री पर?

ओ पिताओ
क्यों सताते हो तुम इस स्त्री को?
उसके अंगों में नहीं प्राण
छोड़ दिया उसने यह संसार
त्याग दी सब इच्छा

हो गई वह भक्तिन

सोई थी वह मल्लिकार्जुन के संग,
अपनी जात गवाँ बैठी है। (वचन 17, पृ. 48)

अक्का महादेवी दुरन्त व्यथाओं को शिव के सायुज्य में लीन कर देती हैं। गगन गिल स्वयं अपनी कविताओं में उनके पीछे चलती लगती हैं, वे व्यथाओं को तटस्थ होकर ताकती हैं। संसार में होकर अक्का महादेवी असंसारी हो जाती हैं और गगन गिल भी।

अक्का महादेवी की निरावरण निर्वसन काया पर बलात्कारी मनोवृत्ति वाले पुरुष समाज ने हमले किये, इसका साक्ष्य तो उनके वचन देते हैं, पर वे उन हमलों के आगे अडिग अटल खड़ी हैं। जिस काया को रौंदकर पुरुष अपने पुंस्त्व को सहलाता है, वे तो उसे स्वयं रौंदकर उससे बाहर जा चुकी हैं। इसलिए वे निर्भय हैं। रूपान्तरकार पादटिप्पणी में बताती हैं कि अपनी निर्वसन काया पर पुरुष हिंसा के संकेत उनके वचनों में जगह-जगह मिलते हैं, जैसे इस वचन में—

मैं कभी भयकातर न होऊँगी
जी रही हूँ सूखे पत्ते खा कर
सो रही हूँ असिधार पर

मल्लिकार्जुन!
आन पड़ा यदि
बड़ा व्याघात, तो
तन प्राण अर्पण कर तुझ को
मैं परिशुद्ध बनूँगी (वचन 60, पृ. 101)

यहाँ बड़ा व्याघात से आशय पुरुषों के द्वारा की जाने वाली जोर-जबरजस्ती और काया पर आघात से है।

देह को लेकर अक्का महादेवी झिझकती हैं, अपने-आप से लड़ती हैं, देह को छोड़ती हैं, रौंदती चली जाती हैं।

एक ऐसे भयावह समय में जब स्त्री की देह और मन को रौंदा जाना आम बात मान लिया गया है, अक्का महादेवी के रूपान्तर का अर्थ भी है कि उनके वचन स्त्री के निर्भय होने का आह्वान भी बनते हैं।

दीप्ति और विमर्श की कविता

यह तो हम सभी स्वीकार करेंगे कि कविता भीतर से बदलाव करती है। हमारे भीतर हो सकता है बाहर की दुनिया में भी बदलाव की सूरत इससे बनती है, आदमी भीतर से बदलता है तो बाहर की दुनिया उससे अलग तो है नहीं। कविता हमारे भीतर कुछ सोच पैदा कर सकती है, कुछ का कुछ हमें कर देती है।

हमारे यहाँ इसे तार्किक ढंग से साबित किया गया कि भाषिक व्यवहार हमारे संसार को बदल सकते हैं। वाक् से यह विश्व जन्मा, जितनी भी कलाएँ हैं सभी इसी वाक् की परिणतियाँ हैं।

कविवचनायत्ता च लोकयात्रा। सैव निःश्रेयसमूलम्। —राजशेखर

कविता अगर संसार में सीधे-सीध हस्तक्षेप नहीं करती, तो भीतर की दुनिया में करती है। जब हम यह कहते हैं कि भीतर की दुनिया में बदलाव करती है कविता—तब कैसे करती है—हमारे यहाँ इस दृष्टि से चित्तवृत्तियों की मीमांसा की गई है। द्रुति, दीप्ति और विकास ये तीन चित्तवृत्तियाँ साहित्यिक रचना का पाठ करते समय हमारे भीतर बनती हैं। पतंजलि ने योगदर्शन में बहुत अच्छी पड़ताल की, चेतना का प्रवाह कैसे हिलोर लेता है, कैसे उछाल भरता है, क्षिप्त, विक्षिप्त मूढ़—इनमें कैसे अपनी रवानगी हासिल करता है जब हम किसी कविता को सुनते हैं या पढ़ते हैं।

द्रुति, दीप्ति और विकास ये तीन चित्तवृत्तियाँ कविता को पढ़ते या सुनते हुए बनती हैं। द्रुति चित्त का विगलन या पिघलना है, दीप्ति उसकी प्रकाशमयता या स्फूर्ति-जैसे लपट सी कौंधती है भीतर कविता को पढ़ते हुए, और विकास उसका विस्तार है। इन चित्तवृत्तियों का सम्बन्ध अलग-अलग रसों से जोड़ा गया है, पर पंडितराज जगन्नाथ की स्थापना को आगे बढ़ाते हुए इन्हें काव्यभाषा से भी सम्बद्ध किया जा सकता है। करुणभावाभिव्यंजक कोमलकांतपदावली से द्रुति होती है। विमर्शमय, वक्रोक्तिमय या प्रौढ़भंगीभणितिमय पदावली से दीप्ति तथा सामाजिक विषयवस्तु को व्यक्त करने वाली वस्तुपरक पदावली से विकास या विस्तार की स्थिति बनती है।

अशोक वाजपेयी दीप्ति के कवि हैं। उनकी कविताएँ दीप्त करती हैं। इसलिए

दीपक अलंकार का प्रयोग भी अपनी बहुत सारी कविताओं में वे करते हैं।

साहित्यशास्त्र में दीपक एक अलंकार है, जिसका निरूपण भरतमुनि के समय से ही होता आया है। दीपक का सामान्य लक्षण यह किया जा सकता है कि यहाँ शब्द एक दूसरे को दीप्त करते हैं, वहाँ कविता में दीपक अलंकार होता है। मम्मट आदि आचार्यों ने दीपक का लक्षण करते हुए कहा कि है जहाँ एक क्रिया कई कारकों को या एक कारक कई क्रियाओं को प्रकाशित करे, वहाँ दीपक अलंकार होता है।

हम कह सकते हैं कि क्रिया और कारकों के इस दीप्यदीपकभावसम्बन्ध से भाषा और अभिव्यक्ति में एक विशिष्ट दीप्ति या चमक आ जाती है। यह दीपक अलंकार की पहचान मानी जा सकती है।

संगीतशास्त्र में दीपक एक राग है। दीपक राग गाने से दिये जल उठते हैं—यह किंवदंती है। दीपक राग का भी सामान्य लक्षण करते हुए कहा जा सकता है कि जहाँ स्वर दीप्ति करते हों, वहाँ दीपक राग होता है। भट्ट माधव के अनुसार दीपक वीर और अद्भुत रसों में गेय है। जगदेवमल्ल के अनुसार इसे शान्त रस के प्रसंग में गाया जा सकता है। दीपक में तीव्र मध्यम के प्रयोग से स्वर दीप्ति करते हैं। स्वर किसकी दीप्ति करेंगे? दीपक अलंकार के शब्दों की तरह वे एक दूसरे को भी दीप्त कर सकते हैं। इस तरह दीपक राग के सुरों में परस्पर दीप्यदीपकभाव हो जाता है। साथ ही संगीत का कोई रसज्ञ इन सुरों को सुन रहा है, तो वे उसके चित्त में भी दीप्ति उत्पन्न करते हैं। पलटकर यह बात दीपक अलंकार के विषय में भी कही जा सकती है। कविता में जब शब्द एक दूसरे को दीप्त कर रहे हों, तो कविता श्रोता या भावक को भी दीप्त करेगी। इस तरह दीपक अलंकार और दीपक राग दोनों भावक के चित्त को विशेष रूप से प्रभावित करते हैं।

भरतमुनि ने सिर्फ चार ही अलंकार बताए उनमें दीपक एक है। यह हमारे साहित्यशास्त्र में प्रतिपादित उन मूलभूत अलंकारों में से है, जो कविता की सम्पूर्ण संरचना में सौन्दर्य का आधान करते हैं। यह कविता के आख्यान का अनिवार्य घटक बनकर आता है।

अशोक वाजपेयी अपनी एक कविता में कहते हैं—

यह जो नहीं दिखता धुँधलके में
यह जो कुहरे में ओझल हो जाता है
यह जो दूर खिड़की से झाँकता है
यह जो भीड़ में देखते-देखते गायब हो जाता है
यह जो दूर किसी कंदरा में अपने को सदियों से
घुटनों में छिपाए बैठा है,
यह जो बचपन की किसी घटना के बाद फिर कभी नहीं दिखा

यह जो विषाद की आभा में कभी-कभार झलकता है,
यह किसका चेहरा है किसकी छवि है—
समय उन्हें उकेर कर क्यों भूल जाता है?

(बहुरि अकेला, पृ.11)

पूरी संरचना सोच की उद्दीप्त करती है सवाल पर खतम होती है। यहाँ धुँधलके में न दिखना, कुहरे में ओझल होना, खिड़की से झाँकना, भीड़ से गायब होना, कंदरा में छुपना, न दिखना, झलकना—इन क्रियाओं के लिए एक सर्वनाम (यह) प्रयुक्त है। इन सब क्रियाओं का कर्ता यदि एक है, तो कारक से अनेक क्रियाएँ प्रकाशित होने का कारण यहाँ दीपक अलंकार है।

दीपक अलंकार में दीप्ति एक अचम्भे की तरह आती है। हम नहीं जानते कितनी-कितनी क्रियाएँ एक कर्ता कर लेगा या कितने कारक मिलकर एक ही क्रिया करते रह जाएँगे। दीपक अलंकार में सदैव अज्ञातज्ञापकत्व रहता है। जब कवि एक कारक से अनेक क्रियाएँ या अनेक कारकों से एक क्रिया को सम्बद्ध करता है, तो वह हमें बताता है कि इन क्रियाओं का निष्पादक कौन है, वह बताता है कि इतने सब मिलकर जो कुछ एक काम कर रहें हैं—वह क्या है, या यह एक जिन कई-कई कामों को कर रहा है, वे क्या-क्या हैं। एक अर्थ में दीपक अलंकार का प्रयोग कौन-कौन और क्या-क्या—के उत्तर में होता है। इस प्रकार प्रश्नोत्तरगर्भता के कारण इस अलंकार के प्रयोग से अन्वेषण या विमर्श से जनित प्ररोह कविता में आ जाता है। यह कविता उस आदमी के बारे में छानबीन करती है जो कुहरे में ओझल हो जाता है, दूर खिड़की से झाँकता है, भीड़ में देखते-देखते गायब हो जाता है, जो विषाद की आभा में कभी-कभार झलकता है। इन क्रियाओं में कितना-कितना एक आदमी झलक सकता है—क्रियाएँ उस आधमी को खोजने के लिए जैसे निकल पड़ी हैं।

अशोक वाजपेयी की कविता में यह विमर्शजन्य प्ररोह प्रायः पिरोया हुआ है। वह उनकी कविता को दीप्ति देता है। वाजपेयी मूलतः दीप्ति के कवि हैं, द्रुति और विकास अपेक्षाकृत उनकी कविता में अल्प है। दीप्ति के लिए अन्य अलंकारों का प्रयोग भी उन्होंने किया है, पर दीपक का प्रयोग बार-बार किया है। यह अंलकार कदाचित् उनके कविस्वभाव के निकट बैठता है। अतः दीपक अलंकार का वे सन्धान करते हैं। इस सन्धान में वे अक्सर चीजों की फेहरिस्त बनाते हैं, और फिर उन्हें किसी एक क्रिया से जोड़ देते हैं। उनकी एक कविता में 'अर्धचन्द्र नारंगी फूल को चुगती नीली चिड़िया' से लेकर 'स्कूली बस्ते में चुपके से चुराकर लाई गई जासूसी कहानियों की किताब' तक बारह चीजें गिनाई गई हैं। फिर कहा गया है—

यादों का इतना सारा बोझ लेकर हम कहाँ जाएँगे?

दीपक मूलतः औपम्यमूलक अलंकार है, यह वैधर्म्यमूलक भी हो सकता है।

जो चीजें इस कविता में गिनाई गई हैं, वैसे उनमें कोई समानता नहीं। पर वे कवि की स्मृतियों में अन्त तक अंकित रहेंगी—यह एक समानता उनमें है।

यह कविता एक अन्विति खोजना चाहती है। इतनी-इतनी चीजों में समानता क्या है।

पाठक समझ सकता है कि ये चीजें यादों पर भारी बनी हुई हैं, और इनमें अपनी बुद्धि से भी वह ऐसी चीजें जोड़ सकता है। यादों का इतना सारा बोझ बनना इन चीजों में साधारण धर्म है। 'बहुरि अकेला' का कवि बारह चीजों के यादों पर बोझ बनने से खिन्न तो नहीं ही है, वह तो इन चीजों के प्रति अपनी संसक्ति का ही प्रख्यापन कर रहा है।

कहाँ है वह भरोसेमन्द ताक जहाँ इन्हें रखकर
इत्मीनान से आगे चले जाओगे?

दीपक अलंकार में जो कारक और जो क्रियाएँ संसार में सम्भव होती दिखती हैं, उन्हें एक अन्विति देकर पिरोया जाता है। यह उत्प्रेक्षा की तरह पारलौकिकता का अलंकार नहीं है। इसलिए दीपक अलंकार का प्रयोग इहलौकिक जगत् से जुड़े कवि ज्यादा करते देखे जाते हैं। अशोक वाजपेयी भी इहलौकिकता के कवि हैं। पारलौकिकता भी उनकी कविता में आती है, पर वे इहलोक में लौटने के लिए परलोक को ताकते हैं। वे अज्ञात लोक से इस दुनिया में बार-बार लौटने की बात भी करते हैं। परलोक और इहलोक दोनों कविता में ही बनाते हैं।

जन्मान्तर और नामहीनता की राहत
अस्वीकार कर,
हम फिर इसी मटमैले पर
वापस आएँगे।

मिले, न मिले
यहीं शरण पाएँगे...।

यहाँ भी वापस आएँगे और शरण पाएँगे इन भविष्यकाल की क्रियाओं के कारक एक ही हैं।

अशोक वाजपेयी कविता इस पृष्ठभूमि में स्वत: कारकबहुलता या क्रियाबहुलता से आच्छादित होती है। वह उन वस्तुओं की सूचियाँ प्रस्तुत करती है, जो बची रहेंगी अथवा बच नहीं पाएँगी (कहीं नहीं, वही, पृ. 16); या जो साथ नहीं आएँगी और पीछे रह जाएँगी; (वही, पृ. 17) या जिन्हें हम साथ ले जाएँगे; (वही, पृ. 20) या जिन्हें हम यहीं छोड़ जाएँगे। (वही, पृ. 21) इन चीजों में साधारण धर्म उनकी इहलौकिकता और

उनका कवि को या कवि अपने जिन साथियों को 'हम' कह रहा है, उनको, अपनी ओर खींचना है। वे एक अन्तहीन सिलसिला कारकों और क्रियाओं की बहुलता से रचना चाहते हैं। तब सान्त अन्तहीन में समाने लगता है—

अन्त के बाद
हम चुपचाप नहीं बैठेंगे
फिर झगड़ेंगे
फिर खोजेंगे
फिर सीमा लाँघेंगे
क्षिति, जल, पावक,
गगन समीर से
फिर कहेंगे
चलो हमको रूप दो
आकार दो।

क्रियाएँ यहाँ भी कई हैं—अन्त के बाद अन्त नहीं होगा, अन्त के बाद हम समाप्त नहीं होंगे, हम यहीं जीवन के आसपास मँडराएँगे—यह विश्वास दीपक अलंकार का प्रयोग करते हुए इस कविता में प्रकट किया गया है।

खोज कहीं निराकार से साकार को पाने की खोज बन जाती है।

इसके ठीक आगे की कविता है—

अन्त के बाद कुछ नहीं होगा
न वापसी न रूपान्तर
न फिर कोई आरम्भ
अन्त के बाद
सिर्फ अन्त होगा।

वाक् या कवि की सर्जनशीलता एक संसार रचती है, वह इस रचे हुए संसार को दी हुई दुनिया के सामने रख देती है। कविता में जो संसार रचा गया वह टकराता है दी हुई दुनिया से वाजपेयी बार-बार अपनी इस दुनिया में लौटकर आना चाहते हैं। इसके अलावा अगर कोई दुनिया है तो वे उसे नकारते हैं उसकी सत्ता के सामने झुकने से इनकार करते हैं।

कविता में रची हुई दुनिया अमरता का सन्धान है। सम्भावनाओं का संसार समाया हुआ है। यह संसार अपरिभाषेय है। उपनिषद् 'नेति नेति' की भाषा में इसका रहस्य खोलते हैं। वाजपेयी की कविता में अनन्त के जिक्र के साथ अज्ञात और अपरिभाषेय विश्व का सन्दर्भ बार-बार आता है। इस विश्व में उनकी सदाशयतामयी कामनाएँ

समाई हुई हैं। उसमें तमाम विकल्प भी खुले हुए हैं। सम्भावनाएँ और कयास हैं।

वहाँ मृत्यु के चिकने चुपड़े भवन में
क्या वह एक नीरव स्त्री गाती होगी काया की अमरता का गान
या वहाँ भी चुप बैठी होगी
गरम दूध से भरा गिलास लिये?

(एक पतंग अनन्त में, पृ. 16)

यह मात्र भावोच्छ्‌वासजन्य अनुमान नहीं है। यह विमर्श और तार्किकता की कविता की भाषा में परिणति है, जो दी हुई दुनिया के भीतर की सारी क्षरणशीलता और नश्वरता के बीच "अपने निरन्तर होने/ अमर होने/ के अन्तहीन खेल" को खोलती है।

दीपक की तकनीक को विस्तार देते हुए वाजपेयी इसे इहलौकिकता से—इस दुनिया में अपने रमाव से जोड़ देते हैं। उदाहरण के लिए उनकी 'एक बार जो'—यह कविता—

एक बार जो ढल जाएँगे
शायद ही फिर खिल पाएँगे।

जीवन से जब छूट गए तो
फिर न वापस आएँगे।
अभी बचाने या सहेजने का अवसर है
अभी बैठकर साथ
गीत गाने का क्षण है।

वे मनुष्य की गरिमा की तलाश के लिए इस संरचना का विनियोजन करते हैं। एक कारक के अनेक क्रियाओं वाले दीपक का भी प्रयोग उन्होंने कहीं-कहीं किया है; जैसे इस कविता में—

जो रौब के सामने नहीं गिड़गिड़ाता
अपने बच्चे के नंबर बढ़वाने नहीं जाता मास्टर के घर
जो रास्ते पर पड़े घायल को सब काम छोड़कर
सबसे पहले अस्पताल पहुँचाने का जतन करता है,
जो अपने सामने हुई वारदात की गवाही देने से नहीं हिचकिचाता

वही थोड़ा सा आदमी
जो धोखा खाता है, पर प्रेम करने से नहीं चूकता

जो अपनी बेटी के अच्छे फ्राक के लिए
दूसरे बच्चों को थिगड़े पहनने पर मजबूर नहीं करता

वही थोड़ा सा आदमी
जो बूढ़ों के पास बैठने से नहीं ऊबता
जो अपने घर को चीजों का गोदाम बनने से बचाता है
वही थोड़ा सा आदमी
अगर बच सका
तो वही बचेगा।

'थोड़े से आदमी' के लिए यहाँ सकारात्मक तथा नकारात्मक कई क्रियाएँ आई हैं। वाजपेयी की अन्य अनेक कविताओं की तरह यह पूरी की पूरी कविता भी दीपक अलंकार का ही उदाहरण है। ये कई क्रियाएँ 'थोड़े से आदमी' में कवि के विश्वास को व्यक्त करती हैं; वह आदमी बचा रहेगा या नहीं—इस सवाल के जवाब को अनिर्वचनीयवाद या स्याद्वाद के सुपुर्द कर दिया गया है। बची रह गई है उन अनेक क्रियाओं की दीप्ति, जिससे यह आदमी उद्भासित है।

जिस कवि का मानस कई कारकों और कई क्रियाओं की बात सोचता हो, बहुलता और विकल्पों में चीजों को जानना-समझना चाहता हो, उसके काव्य में कारकदीपक या क्रियादीपक आएँ यह स्वाभाविक है। कई कारकों को एक क्रिया से अन्वित करने वाले कवि की दृष्टि चीजों और उनकी परस्पर अन्विति पर रहती है। कई क्रियाओं को एक कारक से अन्वित करने वाले कवि की दृष्टि संसार की गत्यात्मकता और उसमें अन्तर्निहित अन्विति पर हो सकती है।

अशोक वाजपेयी ने काव्यरचना में लम्बी यात्रा तय की। कम कवि ऐसा सातत्य बना पाते हैं। कविता में अनेक विषय उन्होंने उठाए। प्रेम के अनुभव की नये सिरे से पहचान करते हैं। नृत्य करती हुई नृत्यांगना पर उनकी कविता है। उसमें वे नृत्य की लय को कविता में उतारते हैं। कविता में नृत्य उतरता है और नृत्य में कविता उतरती है—यह अनुभव पढ़ते हुए होता है। कलाओं की पारस्परिकता की बात समीक्षा में करते हैं, कलाओं की पारस्परिकता वे कविता में स्थापित करते हैं। समझ को कविता में उतारते हैं। कभी-कभी बहुत बारीकी से प्रतिमाशास्त्र और प्रतिमालक्षण उनकी कविता की नींव बन जाते हैं। पानी पर कविता है—

पानी
ढलकता है उसकी
उपत्यकाओं शिखरों में से—

पानी
उसे घेरता है
चूमता है

पानी सकुचाता
लजाता
गरमाता है
पानी बावरा हो जाता है

पानी के मन में
उसके तन के
अनेक संस्मरण हैं।

दीपक अलंकार यहाँ भी है। पानी कारक है। कई क्रियाएँ उससे जुड़ गई हैं। पर कविता में प्रतिमाशास्त्र भी आ गया है। स्त्री को यहाँ एक प्रतिमा में तब्दील कर दिया गया है। प्रतिमा बन गई काया की उपत्यकाओं और ढलानों पर पानी रिसता है, काया को घेरता-चूमता है, पानी ही लाज से पानी पानी होता है, सकुचाता-लजाता रहता है। स्त्री की काया मूर्ति की तरह जड़ हो गई है। इस देह से शरमाने, सकुचाने और उसे चूमने के भाव में कविता पर्यवसित होती है।

जिन्होंने कालिदास का कुमारसम्भव पढ़ा है उन्हें तुरन्त याद आ जाएगा कि कालिदास ने तपोनिरत पार्वती की काया पर वर्षा की बूँदों के रिसाव का कुछ ऐसा ही वर्णन किया है—

स्थिताः क्षणं पक्ष्मसु ताडिताधराः
पयोरोत्सेधनिपातचूर्णिताः।
वलीषु तस्याः स्खलिताः प्रपेदिरे
चिरेण नाभिं प्रथमोदबिन्दवः।
(क्षण भर को अटकीं घनी बरौनियों में
फिर नीचे आकर चोट कर गईं अधर पर
फिर पयोधरों की ऊँचाई पर गिर कर हो गईं चूर चूर
वहाँ नीचे सरकीं तो धीरे-धीरे
रिपटी पेट की सलवटों पर
बहुत देर में पहुँचीं नाभि के गह्वर में।)

स्त्री की कायारूपी एक प्रतिमा यहाँ भी बन गई है। बल्कि प्रतिमाशास्त्र तो

कालिदास में बहुत साफ है। पर कालिदास में तपोनिरत पार्वती की काया है, पार्वती उसमें रहकर भी उससे परे चली गई हैं। कालिदास की अभिव्यक्ति में एक विस्मयजनक निस्पृहता है। पार्वती पानी की बूँदों से निःस्पृह हैं। पर पानी की बूँदों को कालिदास ने उनकी काया से एकदम तटस्थ बना दिया है। यह तपस्विनी की काया है। उसके स्पर्श से विकार कैसे आ सकता है। अशोक वाजपेयी में यह काया भोगी जाती स्त्री की काया है, पार्वती शरीर से परे चली गई हैं। पानी उनकी काया पर ढलता है, उन्हें भान नहीं है। कविता शरीर से परे चली जाती है। स्त्री की देह का प्रतिमा के रूप में देखना कविता को अध्यात्म की ऊँचाई दे देता है। जो अभिप्राय कालिदास की कविता को अतीन्द्रिय बोध देते हैं, वे ही अशोक वाजपेयी की कविता को एक गहरी ऐन्द्रिय अनुभूति में सान देते हैं।

हुसेन पर वाजपेयी की कविता है। शब्द-चित्र के रंग और रेखाएँ बनने लगते हैं, हुसेन के चित्र के रंग और रेखाएँ शब्द बनने लगते हैं। उजाले की गहरी लाल आँखें शब्द के कैनवस पर चमकती हैं। हँसी खिलखिलाती है, पर उसका रंग भूरा हो जाता है। पेड़ की अँधेरी कतारों के शिखर पर हँसी दिखती है—

हुसेन के एक चित्र की अचानक याद
उजाले की दो गहरी लाल आँखें
मुड़ गईं उस सड़क पर
जो मेरे घर के अँधेरे के पास से
गुजरती है।
तालाब पर सोए धुंध में
खिलखिलाकर एक भूरी हँसी
हँसता है कोई।
पेड़ों की अँधेरी कतारों के शिखरों पर
हँसता है कोई।
घिरता जाता है आकाश—काला
—घर मेरा उभरता है, डूबता है
अँधेरे में, सड़क पर,
गहन लाल आँखों में छूटकर
एक मद्धिम पीली रोशनी में लगातार...

कुमार गंधर्व पर बहुसंख्य कविताएँ अशोक वाजपेयी ने लिखी हैं। किसी संगीतकार पर इतना कम कवियों ने लिखा है।

अशोक वाजपेयी की अनेक कविताओं का विषय समय है। शब्दों में समय को बाँधने की समस्या पर वे बात करते हैं। शब्द नहीं गिरते शीर्षक कविता का कथ्य

यही लगता है शब्द समय को बाँधने में विफल हो रहे हैं। वाजपेयी के लिए यह तय है कि कविता समय को नहीं बदल सकती, वह समय को बयान कर सकती है। पर यह जो समय है उसे लिख पाने में भी कविता कारगर नहीं हो पा रही है। समय की जटिलता के बोध के साथ अशोक वाजपेयी का कवि इस मुश्किल का बयान करता है। बौद्ध दार्शनिक धर्मकीर्ति ने कहा कि शब्द अर्थ को नहीं छूते। शब्द विकल्पों को जन्म देते हैं और विकल्प फिर शब्दों को जन्म देते रहते हैं। अशोक वाजपेयी कहते हैं कि शब्द समय पर नहीं गिर रहे हैं—

वे गिरते हैं धरती पर
जिस पर गिरती है धूप
वर्षा, ऋतुएँ।

वाजपेयी अपने समय की चुप्पी को शब्दों में लिखते हैं, समय की निर्जनता का बयान करते हैं। अन्ततः निष्कर्ष यह है कि यह हमारा अपना समय नहीं हम किसी और के समय में बलात् आ गए हैं।

यह ठहरा हुआ निर्जन समय
जिसमें पक्षी और चिड़ियाँ चुप हैं,
जिसमें रोजमर्रा की आवाजें नहीं सिर्फ गूँजें भर हैं
जिसमें संग साथ कहीं दुबका हुआ है,
जिसमें कुछ पर चुप्पी समय की तरह पसर गई है,

ऐसे समय को हम कैसे लिख पाएँगे
पता नहीं, यह हमारा समय है
यहाँ हम किसी और के समय में बलात् आ गए हैं

यहाँ बलात् आ गए हैं इस कथन में वदतोव्याघात या अन्तर्विरोध है। आने की क्रिया स्वातंत्र्य की सूचक है, उसके साथ जोड़ा गया बलात् पारतंत्र्य का। बलात् आना नहीं बलात् लाया जाना हो सकता है।

कितना सपाट है यह समय
कि इसमें कोई सलवटें, परतें, दरारें, नजर नहीं आतीं
और इसमें भागने की कोई पगडंडी तक नहीं सूझती,
हम अपना समय लिख नहीं पाएँगे।

यह जो समस्या है कि किसी ओर के दिये हुए समय में रहने को विवश हैं।

दीपक अलंकार की संरचना को अपने समय की भयावहता को परिभाषित

करने के लिए विनियुक्त करते हैं। आततायी की प्रतीक्षा को लेकर उनकी कविताएँ हैं। इनमें एक में वे कहते हैं—

सभी कहते हैं कि वह आ रहा है
उद्धारक, मसीहा, हाथ में जादू की अदृश्य छड़ी लिये हुए
इस बार रथ पर नहीं, अश्वारूढ़ भी नहीं,
लोगों के कन्धों पर चढ़ कर वह आ रहा है :
यह कहना मुश्किल है कि वह खुद आ रहा है
या कि लोग उसे ला रहे हैं।

यह समय की जटिलता का बयान है या कविता की अपनी अनिश्चितता है। निश्चय न कर पाने का असमंजस ऐसी अनेक कविताओं में जटिलता के बयान के आवरण में व्यक्त होता है। और कोई लिखता तो यहीं रुक जाता कि वह लोगों के कन्धों पर चढ़कर आ रहा है, सरलीकरण के कवि नहीं हैं, जटिलता को समझना चाहते हैं। जटिलता को समझना चाहते हैं अपने अनिश्चय को परिभाषित करना चाहते हैं। वे अपने समय के साथ अपने समाज को परखने का प्रयास करते हैं, उनकी कविता समय और समाज की विफलता का बयान बनती जाती है—

हम जो कीचड़ से सने हैं,
हम जो खून में लथपथ हैं,
हम जो रास्ता भूल गए हैं,
हम जो अँधेरे में भटक रहे हैं,
हम जो डर रहे हैं,
हम जो ऊब रहे हैं,
हम जो थक-हार रहे हैं,
हम जो सब जिम्मेदारी दूसरों पर डाल रहे हैं,
हम जो अपने पड़ोस से अब घबराते हैं,
हम जो आँखें बन्द किए हैं भय में या प्रार्थना में;—

यहाँ तक दीपक अलंकार की संरचना कारक जनता हम लोग, अब इस कारकों को अन्विति में बाँधा गया है—

हम सबसे कहा जा रहा है कि
उसकी प्रतीक्षा करो :
वह सबका उद्धार करने, सब कुछ ठीक करने आ रहा है।

हमें शक है पर हम कह नहीं पा रहे,

हमें डर है पर हम उसे छुपा रहे हैं,
हमें आशंका है पर हम उसे बता नहीं रहे हैं!
हम भी अब अनचाहे
विवश कर्तव्य की तरह
प्रतीक्षा कर रहे हैं!

वाजपेयी उस समय को लिखने की कोशिश करते हैं कि जिसमें दुख रखने की जगहें, धीरे-धीरे कम हो रही हैं।

एकाएक पता चला कि टोकनी नहीं है
पहले होती थी
जिसमें कई दुख और
हरी-भरी सब्जियाँ रखा करते थे
अब नहीं है...
दुख रखने की जगहें
धीरे-धीरे कम हो रही हैं।
समय को लिखने की कोशिश विडम्बना और व्यत्यय
अब हम
अब हम ऐसे समय में आ गए हैं
कि झूठ को सच की तरह देख सकते हैं :
उज्ज्वल, अदम्य और स्पष्ट!
जो असल में सच है
वह हमारे समय में पिछड़ता जाता है
और उसे दृश्य से बाहर हकाले जाते देखना हमने बन्द कर दिया है।
सच अब हमारे भरोसे या सहारे नहीं है
और हम राहत महसूस करते हैं
कि हमें उसके लिए परेशान नहीं होना पड़ता।
हमें अब किसी अदालत में हलफ नहीं उठाना है
क्योंकि अदालत ने
जैसी-तैसी गवाही पर यकीन कर हमें दोषी नहीं पाया :
हमने नरसंहार दूर से देखा
पर हमारे साफ धुले कपड़ों पर खून का एक भी दाग नहीं है।
जब वह सब हुआ तो मौके पर हम मौजूद नहीं थे :
हमारा न होना साबित है,
अपने होने को साबित करने की हमें अब दरकार नहीं।

ये कविताएँ कठिन समय में कविकर्म की सम्भावना लेकर आती हैं। पर अवसाद में नहीं चुकती हैं। निर्वेद अशोक वाजपेयी की कविताओं में व्यभिचारी के बजाय स्थायी भाव बनता जाता है, पर निर्वेद के साथ उम्मीद भी बँधती है। निर्वेद को स्थायी बनाकर बहुत सारा सन्तकाव्य भी रचा जाता रहा है। निर्वेद के साथ कौतुक और जिजीविषा बने हुए हैं। शास्त्र की भाषा में यह भावसन्धि है। इस कविता में समय का पैनी दृष्टि से निर्ममता के साथ किया गया है, सारी सम्भावनाएँ सामने रखकर किया गया है, इसलिए सतहीपन से अशोक जी चिढ़ते हैं, कविता में भी सतहीपन नहीं है, सारे पक्ष उधेड़कर कवि रखता है। पर उनकी कविता का अवसाद नहीं चुकता। अन्ततः वह अपनी पहचान खोजने की कविता बन जाती है। आततायी की प्रतीक्षा-2 में वे कहते हैं—

हम किसी और की नहीं
अपनी प्रतीक्षा कर रहे हैं :
हमें अपने से दूर गए अरसा हो गया
और हम अब लौटना चाहते हैं :
वहीं जहाँ चाहत और हिम्मत दोनों साथ हैं,
जहाँ अकेले पड़ जाने से डर नहीं लगता,
जहाँ आततायी की चकाचौंध और धूम-धड़ाके से घबराहट नहीं होती,
जहाँ अब भी भरोसा है कि ईमानदार शब्द व्यर्थ नहीं जाते,
जहाँ सबके छोड़ देने के बाद भी कविता साथ रहेगी,
वहीं जहाँ अपनी जगह पर जमे रहने की जिद बनी रहेगी,
जहाँ अपनी आवाज और अन्तःकरण पर भरोसा छीजा नहीं होगा,
जहाँ दुस्साहस की बिरादरी में और भी होंगे,
जहाँ लौटने पर हमें लगेगा कि हम अपनी घर-परछी, पुरा-पड़ोस में
वापस आ गए हैं!

आततायी आएगा अपने सिपहसालारों के साथ,
अपने खूँखार इरादों और लुभावने वायदों के साथ,
अश्लील हँसी और असह्य रौब के साथ...
हो सकता है वह हम जैसे हाशियेवालों को नजरअन्दाज करे,
हो सकता है हमें तंग करने के छुपे फरमान जारी करे,
हो सकता है उसके दलाल उस तक हमारी कारगुजारियों की खबर पहुँचाएँ,
हो सकता है उसे हमें मसलने की फुरसत ही न मिले,
हो सकता है उसके दिग्विजय का जुलूस हमारी सड़कों से गुजरे ही न,

हो सकता है उसकी दिलचस्पी बड़े जानवरों में हो, मक्खी-मच्छर में नहीं।
पर हमें अपनी ही प्रतीक्षा है,
उसकी नहीं।
अगर आएगा तो देखा जाएगा!

अशोक वाजपेयी की कविता स्वीकारोक्ति है, उन लोगों की जो लड़े पर जीत नहीं पाए। अन्तत: जीतने की कोई आश्वस्ति भी यह कविता नहीं देती। अवसाद से उबरने का वक्तव्य अवश्य बनी रहती है। 'खाली हाथ और टूटे हथियार लिये, शिविर में लौटना होगा' यह कवि को विदित है। 'यह भी कि हम जैसे लोग/कभी जीत नहीं पाए/वे या तो हारते हैं/या खेत रहते हैं।' हार की स्वीकृति के यहाँ यह गर्व है कि समर्पण या समझौता नहीं किया गया।

यह कोई वीरगाथा नहीं है :
इतिहास विजय की कथाएँ कहता है,
उसमें प्रतिरोध और पराजय के लिए जगह नहीं होती।
लोग हमारी मूढ़ता पर हँसते हैं—
हमेशा की तरह
वे विजेताओं के जुलूस में
उत्साह से शामिल हैं—
हम भी इस भ्रम से मुक्त होने की कोशिश में हैं
कि हमने अलग से कोई साहस दिखाया :
हम तो कविता और अन्त:करण के पाले में रहे
जो आदिकाल से युद्धरत हैं, रहेंगे!
हम पथहारे हैं
पर पथ हमसे कहीं आगे जाता है।

कुल मिलाकर अशोक वाजपेयी की कविता असम्भव को सम्भव से स्पर्श करने की सूरत तलाश करती दिखती है, सतहीपन और सीमित विश्व के विरुद्ध। अनन्त में उड़ना चाहती है। समग्रता की कामना करती है। तारों को बुहारकर, सूर्य और चन्द्रमा को एक तरफ रखकर, पृथ्वी को झाड़-पोंछ कर आकाश की तहें ठीक करके प्रेम के लिए जगह बनाने की प्रक्रिया कविता है, जो धधकते हुए ज्वलंत सूर्य की कामना करती है, मृत्युबोध, नश्वरता के बीच अमरता का गान करने का प्रयास करती है। यह कविता असत्य के गौरवगान में अपनी कायर बेसुरी आवाज से सुर नहीं लगाती। इसका कवि उन लोगों की बिरादरी में शामिल है जो स्वप्नहारे लोग नहीं हैं—'जो दुनिया बदलने का सपना बेकार मानकर घूरे पर फेंकने के पहले/एक बार ठिठककर सोच भर रहे हैं।'

विजय बहादुर सिंह अपनी श्यामपट्ट और खड़िया को लेकर लिखी कविता में कहते हैं कि श्यामपट्ट जितना ही काला होता है, खड़िया उतने ही सफेद-स्वच्छ अक्षरों में अपने को उस पर अंकित करती है। यह ऐसे कवि की कविता है, जो प्राध्यापक भी है। दूसरी ओर अपनी कविता को परिभाषित करते हुए वाजपेयी उसे 'इतिहास की कभी न साफ हो सकने वाली स्याह पड़ती स्लेट पर/उम्मीद की एक नई वर्णमाला लिखने की कोशिश' बताते हैं। वे यह भूल जाते हैं कि लोकव्यवहार में स्लेट तो स्याह ही हुआ करती है, और वर्णमाला सफेद ही हुआ करती है। उनकी कविता उम्मीद का रास्ता खोजती और दिखाती भी है, पर अन्ततः अनिश्चय इस कविता में बना रहता है, शायद शब्द से उसका छुटकारा नहीं हो पाता।

कविता जैसी छोटी जगह में
उम्मीद का घर कैसे बस सकता है?
या कि छोटी जगह में रहकर ही उम्मीद
और सब जगह छा सकती है?
शब्दों में रोशनी हो तो शायद उम्मीद उधर आ सकती है।

कविता में स्वभावोक्ति, सत्य और सम्भावनाएँ

मौसम की चिट्ठी, पृथ्वी का प्रेमगीत, पतझर की बाँसुरी के बाद 'भीमबेटका तथा अन्य कविताएँ' विजय बहादुर सिंह का नया और महत्त्वपूर्ण काव्य-संकलन है। विजय बहादुर सिंह एक अधीती समीक्षक हैं। अपनी काव्ययात्रा को लेकर भी वे सचेत और गम्भीर रहे हैं, और यह काव्ययात्रा अपने नैरन्तर्य के साथ उनके साहित्यिक व्यक्तित्व और कृतित्व का अनुषंग न होकर उसकी मुख्य घटक बनी रही है। कम समीक्षक रचनात्मक लेखन में इस तरह सार्थक यात्रा कर सके हैं। विजय बहादुर सिंह का अध्येता और समीक्षक उनकी कविताओं में पृष्ठभमि में मौजूद बना रहा है, जिससे उनकी समीक्षक और कवि के बीच अन्विति बनी रही है।

विजय बहादुर समीक्षा में भी खरी-खरी कहने के लिए जाने जाते हैं। बेबाक और साफ-साफ कथन जब कविता में उतरे, तो स्वभावोक्ति अलंकार हो जाता है। विजय बहादुर की कविताओं में स्वभावोक्ति अलंकार है, वे अपनी कलम से स्वभावोक्ति को पुन:परिभाषित करते हैं। संस्कृत के अलंकारशास्त्रियों की परम्परा मानती आई है कि जीवन के सहज रूप के निरूपण में जैसे—गाँव-गिराँव, खेत-खिलहान, शिशुओं के भोलेपन के सहज वर्णन में—स्वभावोक्ति होती है। पर उसमें तेजस्विता खरापन और बेबाकी आ मिले तो यह विजय बहादुर सिंह की स्वभावोक्ति है। उन्होंने स्वभावोक्ति को सत्य के सन्धान का माध्यम बना लिया है। सत्य कई-कई सत्याभासों की परतों में छिपा रहता है। ईशोपनिषद् के ऋषि जानते हैं कि सत्य पर डाले गए आवरणों की परतें हटाना सहज और सरल काम नहीं है। इसके लिए वे सत्य के देवता का ही आह्वान करते हैं—

हिरणमयेन पात्रेण सत्यस्यापिहितं मुखम्।
तत् त्वं पूषन्नपावृणु सत्यधर्माय दृष्टये॥

विजय बहादुर अपनी 'भावसमर' कविता में कहते हैं—

कहा तब गंधर्वकन्या ने
यही है तुम्हारी चुनौती
देखो सच को

झूठ की भीड़ में
नीड़ में छिपा कैसे बैठा है वो अँधेरे के।

सत्य को लपेटने वाली परतों को इंगित करने के लिए नीड़, भीड़ और अँधेरे के एक दूसरे को लपेटते रूपक यहाँ प्रयुक्त हुए हैं।

इन कविताओं में सत्य कहा गया है, पर एक सन्धान के साथ। मोहभंग है, पर सार्थककर्म की परिणति माँग करता हुआ। पंडितराज जगन्नाथ ने अवज्ञा अलंकार का विस्तार से प्रतिपादन किया था। कविता में तिरस्कार और स्वाभिमान की धारदार अभिव्यक्ति हो, तो अवज्ञा अलंकार जन्म लेता है।

कहीं नहीं मिला हरिश्चन्द्र का सत्य
रोती मिलीं सिर्फ शैब्याएँ
मिली कहीं नहीं सोहनी
गो कि जब तब दिखे आधे-अधूरे महिवाल
पड़ गई मुश्किल
किताबों और कविकल्पनाओं ने
कितना धोखा किया जिन्दगी के साथ (पृ. 16)

कविता के खरेपन में जीवन की जटिलताओं का बोध भी उपजे, तो स्वभावोक्ति की धरती पर में विरोध या विरोधाभास अलंकार अँकुराने लगते हैं।

मेरा देश कालिदासों सा डाल पर
मेरा देश
मस्त है अपने हाल पर। (पृ. 15)

इसके साथ विजय बहादुर की कविता में एक आह्वान और प्रश्नातुरता सर्वत्र है। वे लोगों को सवाल पूछने के लिए उकसाते हैं, उनकी सोच को जगाते हैं। प्रश्नों के साथ आह्वान संघर्ष में परिणति की माँग करता है।

क्यों हर फूल अपनी गंध के लिये चिन्तित है यहाँ
चिन्तित है फल क्यों स्वाद के लिए (पृ. 23)
...
निकलो बाजारों से
कचहरियों की ओर निकल पड़ो
निकल पड़ो सजी हुई अट्टालिकाओं की ओर
पूछो इन सब से
कहाँ चुरा कर रख दी गई है तुम्हारी आजादी
तुम्हारी छब्बीस जनवरी कहाँ है

कहाँ है तुम्हारा पन्द्रह अगस्त

वक्त यही है
ठीक वक्त पर ठीक सवाल पूछने का (पृ. 26)

'भीमबेटका तथा अन्य कविताएँ' का कवि भारतीय नागरिक है। उसके सरोकार भारतीय हैं। उसकी दृष्टि में देश का अन्तिम कतार में खड़ा आदमी है। वे उसे उसकी अहमियत का अहसास कराना चाहते हैं।

अगर एक फसल न आने दो तुम मंडी में
भूख से व्याकुल हो उठेंगे ये
और भूल जाएँगे अपनी हेकड़ी
भूख तो बिड़ला टाटा अंबानी की भी
मिटती है अन्ततः रोटी से
और रोटी सिर्फ तुम पैदा करते हो
तुम जो समझे जाते हो गँवार
इससे भी कहीं अधिक लाचार
तुम जो सिर्फ भेड़ हो इन गड़रियों के लिए

(धूमिल से क्षमायाचना सहित)
लेकिन क्यों
लेकिन क्यों
लेकिन क्यों
क्या तुम्हारा यह देश अब सिर्फ एक कम्पनी है
जिसे चला रहे हैं कुछ एक कॉरपोरेट (पृ. 30)

'वागर्थ' के जनवरी 2010 के सम्पादक के रूप में एक सम्पादकीय 'भड़ास' शीर्षक से लिखी गई यह लम्बी कविता न केवल अपने छपने के साथ बहुत सराहना और चर्चा का विषय बनी रही, वह उतनी ही तल्ख और सार्थक आज भी है जितनी चार साल पहले थी। कमलकिशोर गोयनका ने इसे लेकर अपनी प्रतिक्रिया में कहा है—

> यह एक सम्पादकीय ही नहीं है, बल्कि भारतीय वाङ्मय को आत्मसात् करते हुए इक्कीसवीं सदी के भारत के राष्ट्रविमर्श में पूरे राष्ट्र का उद्‌बोधन है।

विजय बहादुर अपने सारे आधुनिक जीवन के बोध और नये सोच के साथ परम्पराओं की ओर बार-बार देखते हैं, उनसे जुड़कर अपने को फिर तरोताजा

करते हैं। उनकी सर्जनात्मकता का उत्स ही यह है। इसलिए जो बात इस संग्रह को विशिष्ट बनाती है वह है एकरसता के विरुद्ध सर्जनात्मकता का सन्धान। घर-परिवार, गली-मुहल्ले, देश और प्रान्त, नगर-गाँव ये सब विजय बहादुर के काव्य की परिधि में समा गए हैं। 'गुरु वही थी मेरी' अलग तरह की कविता है—माँ को लेकर। आत्मीयता की भीनी गंध के साथ परिवार के विशाल वृत्त में पारम्परिक रसबोध यहाँ निचुड़कर प्रवाहित हुआ है। यही स्थिति काका पर लिखी कविता में है। समकालीन जीवन से सम्पृक्ति का यह सबूत है कि विजय बहादुर जिन मूल पात्रों पर ये कविताएँ हैं, उनका बेबाक परिचय भी टिप्पणियों में देते चलते हैं। कविता को सन्दर्भ सहित प्रामाणिक बनाने का यह उनके समीक्षक ने एक तरीका अपनाया है।

सभी कविताओं में स्वभावोक्ति मूल्य बोध या उदात्त अलंकार के साथ आई है। 'गुरु वही थी मेरी' की माँ, 'काका' कविता के नायक, 'किस्सा प्रमोदशंकर के बाबा'—ये पात्र इन कविताओं में इसी मूल्यबोध के प्रतीक भी बन जाते हैं। खासतौर से किस्सा प्रमोदशंकर और जमुना चौबे जैसी कविताएँ तो त्रिलोचन की महाकाव्यात्मक कविता 'नगई' की याद दिलाती है। जमुना चौबे का वास्तविक नाम बदला गया है, पर वे विदिशा जैसे बदलते भारतीय नगरों की ठोस बैलौस वास्तविकता हैं। त्रिलोचन के सानेट्स का रोला छन्द यहाँ अपनी पक्की जमावट में है। इसी कविता से ही उदाहरण देखें—

मैं एक पड़ोसी था उसका भाँपा करता
रातों की उस अनहोनी को मापा करता
दरवाजे दुख के उसके खुलते रातों में
रोना बिसूरना झक झक बातों बातों में
बीबी बच्चों की चीख और डाँटा डपटी
उपदेश और मर्यादा की फिर भी न पटी
थी भूख खड़ी नंगी उस घर में यहाँ वहाँ
गिनना आसान नहीं समझो यों जहाँ तहाँ (पृ. 63)

इस तरह कविता में स्वभावोक्ति की सहजता से अनेक अछूते बिम्ब उपजते हैं

दुख के कीचड़ में खादी सी
खँडहर सी किसी शिवाले की
टूटी मूरत ज्यों आले की (पृ. 69)

'हे इन्द्र तुम इतना खाते क्यों हो' तथा 'भीमबेटका' इस संग्रह की सबसे विशिष्ट कविताएँ हैं। इनके पीछे विजय बहादुर का दीर्घ अध्ययन, विचारों की सालों साल भीतर की कुलबुलाहट अपने समय की परछाइयाँ—ये सब हैं। इन्द्र वाली कविता में

ऋग्वेद के इन्द्रसूक्तों की आहटें साफ सुनी जा सकती हैं, पर उनका हजारी प्रसाद द्विवेदी की शब्दावली में जिस तरह अन्यथाकरण किया गया है, वह इसे अपनी पहचान देता है। इन्द्र भोगलिप्सा और साम्राज्यवादी आधिपत्य के प्रतीक बन गए हैं। वृत्रासुर से उसका भीषण संग्राम एक अलग परिप्रेक्ष्य ले लेता है।

कैसी काँप रही हैं दिग्वधुएँ
सभ्यताएँ सिहर रही हैं
त्रस्त है समूचा ब्रह्मांड
बिद्ध विदीर्ण भयाकुल वृत्र
चिघर रहा है देखो कैसे
यही तो था जो पतझर और सूखे की अक्षौहिणी
लिये
राह रोके खड़ा था तुम्हारी (पृ. 95)
...
यह कैसा आर्यत्व है
जिसमें ईर्ष्या ही ईर्ष्या भरी है
भरी है अशेष भूख
अपरिमित वासना भरी है (पृ. 97)

इस कविता में इन्द्र का मिथक बहुत व्यापक अर्थ ग्रहण कर लेता है वह हमारे समय के सरोकारों से—पर्यावरण और धरती को बचाने की चिन्ता से—भी जुड़ जाता है। गोवर्धनपूजा की प्रवर्तन करने वाले कृष्ण का सहारा लेकर विजय बहादुर इन्द्र की मूर्ति का भंजन जिस साहस के साथ करते हैं, वह कविता की विजययात्रा है।

ओह अब समझ आया
कौन सा आसव पी कर झूम रहे हो तुम
नाच रहे हो सुनकर कौन सा गीत
हाँ। अब आया समझ में
यह गीत महादम्भ का है
गीत है यह अपरिमित भूख और वासना का
निगल जाने को उद्यत हो तुम समूचा ब्रह्मांड
करें कौन सा तब उद्यम
कि बच जाए यह
क्षत-विक्षत बची-खुची पृथ्वी (पृ. 99)

विजय बहादुर इस इन्द्र के सत्ताध्वंस में भारतीय प्रजा को, देश के निसर्ग और पर्यावरण सबको शामिल करते हैं—

निश्छल गोपों की तन क्यों उठीं भृकुटियाँ
गाएँ जो तुम्हारी ही प्रजाएँ थीं
दौड़ पड़ीं लेकर अपनी नुकीलीं सींगें
उठ खड़े हुए बछड़े तुम्हारे ही विरुद्ध
खड़े हो गए करील और कदम्ब
मधुवन के ग्वाल-बाल खड़े हो गए सब
खड़े हो गए तमतमा कर मुस्कुराते कुंज
लताएँ खड़ी हो गईं
खड़ी हो गईं उठकर टहनियाँ
पत्तियाँ खड़ी हो गईं उठकर (पृ. 101)

भीमबेटका एक असाधारण अनुभव है। विजय बहादुर ही ऐसी कविता लिख सकते थे। उनके पिछले एक संग्रह की समीक्षा में मैंने लिखा था कि उनकी कविता चीजों को पहली बार देखने का अनुभव देती है। भीमबेटका को हम पहली बार इस रूप में विजय बहादुर की कविता में देखते हैं।

कई-कई बार के अपमानों के बाद
एक स्त्री जैसे उठा लेती है अपना सिर
भीमबेटका उठी हुई दिखाई देती है दूर से
फेंक कर मारी हुई बर्छी की तरह
खुभी हुई लगती है कठोर आसमान में

'भीमबेटका' है, तो भीम है, भीम की नये सिरे से पहचान है। भीम की पहचान बिना द्रौपदी के कैसे हो सकती है। यहाँ सारलादास की महाभारत का अन्तिम प्रसंग याद आता है जिसमें हिमालय पर अन्तिम साँस लेने के पहले द्रौपदी भीम से कहती है कि अगले जन्म में तुम सबसे बड़े भाई बनो—यह मेरी अन्तिम इच्छा है।

भीमबेटका की इन्हीं कन्दराओं में
न जाने कितने-कितने साल गुजरे होंगे भीम के। (पृ. 113)

...

यह द्रौपदी ही तो थी
सिखाया जिसने प्रतिकार
प्रतिकार न किया जाय
तो हिम्मत बढ़ जाती है अत्याचार की (पृ. 116)

'भीमबेटका' एक पर्यावरण है, मनुष्य की आदिम विद्रोह की चेतना है, सटीक सोच है और उन सबके अलावा और भी बहुत कुछ है। यह परिपक्व, उर्वर और प्रबुद्ध मानस की कविता है।

'भीमबेटका तथा अन्य कविताएँ' में त्रिलोचन, मुक्तिबोध, नागार्जुन और केदारनाथ अग्रवाल ये सब फिर-फिर पढ़े जा सकते हैं नई अर्थवत्ता के साथ। एक अधीती का कवि बन जाना सहज सम्भाव्य नहीं हुआ करता, वह जब सम्भाव्य हो जाए, तो कविता की कुछ अनोखी सम्भावनाएँ जरूर खुलती हैं।

सन्दर्भ

'भीमबेटका तथा अन्य कविताएँ'—विजय बहादुर सिंह, भारत विद्या इंटरनेशनल; कोलकाता, 2010

हिन्दी काव्य-परम्परा में खुसरो और अनामिका का 'आईनासाज़'

हिन्दी साहित्य के कतिपय इतिहासों में श्रीधर पाठक को हिन्दी या खड़ी बोली का पहला कवि बताया गया है। श्रीधर पाठक के कुछ पहले गुमानी कवि (लोकरत्न पंत) हो चुके थे, जिन्होंने नेपाली, संस्कृत, कुमाऊँनी के साथ हिन्दी में भी सुन्दर कविताएँ लिखीं। हिन्दी के देश-काल को इतना संकुचित नहीं करना चाहिए कि आधुनिक हिन्दी को सौ दो-सौ साल से अधिक न मानी जाए। हिन्दी भाषा के रूप में जिस भाषा का प्रयोग आज हम करते हैं, वह मूल रूप में आठवीं-नवीं शताब्दी के आसपास जन्म ले चुकी थी और उसमें इस समय कविताएँ रची जा रही थीं। इस हिन्दी के पहले बड़े कवि अमीर खुसरो को माना जाना चाहिए।

अमीर खुसरो का जन्म 1253 ई. में पटियाली (आधुनिक कासगंज, उत्तर प्रदेश) में हुआ था। कासगंज, जिला एटा से करीब बत्तीस किलोमीटर दूर है। किसी-किसी अध्येता ने पटियाली गाँव को जिला एटा में ही बताया है। खुसरो के पिता अमीर सैफुद्दीन महमूद तुर्क थे, वे भारत में बाहर से आए थे, माँ दौलतनाज बीबी भारत में जन्मीं, पलीं और बड़ी हुई थीं। खुसरो ने स्वयं अपने नूह-सिपिह्र में बताया है कि उनका जन्म भारत देश में हुआ और वे इस देश के बाशिंदे हैं। खुसरो के बारे में इतने तथ्यों की ओर ध्यान दिलाना इसलिए जरूरी लगा कि एक पूर्वग्रह के तहत खुसरो के अभारतीय और विदेशी मूल के होने का प्रचार किया जाता रहा है। बलीह दागिस्तानी ने अपने तजकिरे में लिखा है कि खुसरो जब बच्चे थे, तब वे अपने पिता के साथ भारत में बाहर से आए। खुसरो के जीवनीकार सैयद गुलाम समनानी का कहना है कि बलीह दागिस्तानी अपने पूर्वग्रह के कारण नहीं चाहते थे कि खुसरो जैसी प्रतिभा की पैदाइशी सम्बन्ध भारत के साथ जोड़ा जाए। बलीह दागिस्तानी के पूर्वग्रह के पीछे भारत से चिढ़ हो सकती है, पर एस.एम. टैगोर और एलेन डेलेन्यू जैसे आधुनिक विद्वान् भी खुसरो को अलाउद्दीन खिलजी के शासनकाल में बाहर से आया हुआ बताने लगे, तो लगता है कि औपनिवेशिक काल में विभाजनवादी मानसिकता की जड़ें बड़े यत्न से सींची गई हैं। हमारे खुसरो को हमसे दूर कर

दिया गया है। उसकी स्मृतियों तक को धोकर पोंछ देने की कोशिशें की गई हैं, जो अब और भी तैयारी के साथ की जा रही हैं। ऐसे में खुसरो को लेकर अनामिका का उपन्यास 'आईनासाज़' आया है। मेरी दृष्टि में यह जबरन निर्वासित कर दिये गए खुसरो के उनके अपने देश भारत में पुनर्वास का उपन्यास है।

खुसरो के पिता का भारत में आगमन तथा भारत में खुसरो के जन्म के बारे में कुछ आरम्भिक जानकारी 'आईनासाज़' उपन्यास के पहले खंड में आरम्भ में ही एक काल्पनिक उपन्यासिका से उद्धरण के रूप में दी गई है।

'आईनासाज़' हिन्दी के कथासाहित्य में कुछ अलग तरह की रचना लगती है। यह उपन्यास चौंकाता है, झकझोरता है, अभिभूत कर डालता है और अनेक प्रश्न भी खड़े करता है। अनामिका की किस्सागोई यहाँ एक नये अन्दाज में है उनके पिछले उपन्यासों से कुछ हटकर। इसमें कथानक के कई स्तर गुत्थमगुत्था हो गए हैं। एक स्तर पर लगता है उपन्यास अमीर खुसरो की कथा रचने के लिए लिखा गया है, पर कथानक में भीतर घुसते-घुसते लगने लगता है कि अमीर खुसरो की जीवनी या उन पर उपन्यास लिखने की मंशा ही अनामिका की नहीं है। वे अमीर खुसरो की अपने समय में तलाश के लिए ये सब लिख रही हैं—

> जब भी कभी हम किसी बिसरे हुए कालखंड से कोई कहानी उठाते हैं, परछाइयाँ और आहटें पकड़ने का अजब खेल हमें खेलना होता है। यह प्रक्रिया हाहाकार में डूबे समुन्दर से मछलियाँ पकड़ने जैसी प्रक्रिया है। कई बार 'मोबीडिक' 'ओल्ड मैन एंड द सी' या 'चेम्मीन' के मछुआरा नायकों की तरह हम अपनी कछार खो देते हैं और डूबते हुए लगातार एक अतल में जा पहुँचते हैं। यह अतल एक मायावी नागलोक की सुरंगों से गुजरता हुआ हमारे अपने भाषिक अवचेतन तक पहुँचा देता है, जहाँ सदियों से निजी या जातीय जीवन की तकलीफें खूबसूरत बन्दिनियों की शक्ल में निश्चेष्ट बैठी मिलती हैं। जैसे डूबते को तिनके का सहारा वैसे अवचेतन में डूब चुकों को कलम का। इसी कलम का तिनका उन अतल बन्दिनियों की मुक्ति की राह बनता है, जिन्हें दुःख कहते हैं।

'आईनासाज़' के पृष्ठ 149-50 पर यह कथन श्यामा जी के मुँह से कहलवाया गया है, जहाँ वे खुसरो पर उनकी सहेली ललिता जी के पिताजी के द्वारा लिखे हुए उपन्यास की रचना-प्रक्रिया की मीमांसा कर रही हैं। एक अर्थ में यह अनामिका के उपन्यास की रचना-प्रक्रिया का भी खुलासा है। इस अर्थ में 'आईनासाज़' परछाइयाँ और आहटें पकड़ने का खेल है, हहराते सागर से मछलियाँ पकड़ने की जद्दोजहद है। यह उस अतल में हमें ले जाते हैं, जिसकी थाह इतिहास की विदित प्रविधियाँ नहीं ले सकीं।

यह घनघोर परिश्रम और बहुत डूबकर लिखा गया उपन्यास है, जो हमारे मध्यकालीन इतिहास और वर्तमान दोनों को लेकर कई सवाल खड़े करता है।

उपन्यास दो कालखंडों की कथा कहता है। दोनों में सात सौ साल का अन्तराल है और ऊपरी तौर पर दोनों में कोई सम्बन्ध नहीं है। अनामिका ने दोनों के बीच के रिश्तों को सीधे सीधे परिभाषित नहीं किया है। दोनों के बीच में एक सेतु उन्होंने जरूर बनाया है। उन्होंने अपनी ओर से अमीर खुसरो की न तो जीवनी लिखी है न उन पर उपन्यास। यह अमीर खुसरो के बारे में लिखे गए उपन्यास के बारे में एक उपन्यास है। कथित उपन्यास के प्रणेता भवनाथ चतुर्वेदी उपन्यास लिखकर इस लोक से सिधार चुके। उपन्यास लिखने वाला मौजूद नहीं है, उसकी पुस्तक है। इस उपन्यास की एक पात्र इस उपन्यास के भीतर लिखे गए इस काल्पनिक उपन्यास का वाचन करती है, इस वाचन के बीच-बीच वह अपनी जीवन की कथा भी कहती जाती है। इस तरह यह अमीर खुसरो पर लिखे गए एक काल्पनिक उपन्यास का वाचन करती नायिका के बारे में लिखी गई एक कथा भी बनती जाती है।

इस कारण उपन्यास की संरचना जटिल हो गई है। इसके पात्र उत्तर आधुनिकतावाद, स्त्रीविमर्श से गुजरते हुए हिन्दूवाद की जघन्य दुष्परिणितियों के प्रहार झेलते हुए खुसरो की ओर ताकते हैं।

उपन्यास की आख्यायक और उक्त काल्पनिक उपन्यास की वाचिका तथा प्रस्तोत्री सपना के पत्रकार पिता जब रिपोर्टिंग के सिलसिले में अपने गृहनगर पटना से कश्मीर गए थे, बम विस्फोट में मार दिये गए। उसका परिवार तो बिखर जाता है। ललिता चतुर्वेदी उसकी शिक्षिका उसे सँभालती और पोसती रही हैं, उसे अमीर खुसरो पर एक उपन्यासिका पढ़ने को देती हैं। उनकी प्रेरणा से वह अपना एम.ए. का डिसर्टेशन भी अमीर खुसरो पर लिखती है।

ललिता चतुर्वेदी के बैरागी पिता भवनाथ चतुर्वेदी ने यह उपन्यासिका 1969 के गुजरात के दंगों के दौरान लिखी थी, पचास साल पहले छपी जिसकी जीर्ण-शीर्ण प्रति की फोटो कॉपी ललिता जी अपनी शिष्या सपना को पढ़ने के लिए देती हैं। 'आईनासाज़' के पहले खंड में दस पृष्ठों की भूमिका के बाद करीब सौ पृष्ठों की यह उपन्यासिका उद्धृत है।

उपन्यास की आख्यायक सपना के जीवन में अनेक त्रासद घटनाएँ घटती जाती हैं, जिनके बयान के साथ वह इस उपन्यास का पाठ भी प्रस्तुत करती है। इस तरह सपना के अपने जीवन की कथा उसकी जबानी और उसके द्वारा प्रस्तुत काल्पनिक उपन्यासिका—ये दो पाठ 'आईनासाज़' में समानान्तर चलते हैं।

यह लग सकता है कि इस कथा में दो उपन्यास अलग-अलग लिखकर उन्हें जोड़कर एक किताब में चस्पाँ कर दिया गया है। पर यह भी गलतफहमी ही होगी। उपन्यास की मूल प्रतिश्रुति इस सवाल के जवाब ढूँढ़ना है कि क्या खुसरो इक्कीसवीं

सदी में आज की पीढ़ी के बीच जिन्दा हैं। यह एक बहुत बड़ी आश्वस्तिकर सम्भावना अनामिका के इस उपन्यास ने खोलकर रख दी है,जो साफ और पारदर्शी है। अनामिका ने अपने आसपास खुसरो का सन्धान किया है, जो हमारे समय की सच्चाई है। इतिहास ने जिस अमीर खुसरो को गढ़ा है, अतीत का विषय है। जनमानस ने अपनी संचित स्मृतियों में जिस अमीर खुसरो को जिलाकर रखा है, वह हमारा वर्तमान है। वह हमारा अपना इतिहास भी है, पाठ्यपुस्तकों में पढ़े जाने वाले या इतिहासकारों के द्वारा लिखे जाने वाले इतिहास से अलग। और सच्चा इतिहास भी वही है, क्योंकि जिसे इतिहास बताया और साबित किया जाता रहा है, वह अधूरा है।

हजारी प्रसाद द्विवेदी भी 'बाणभट्ट की आत्मकथा' में यह तकनीक अपनाते हैं। वे न तो अपनी ओर से बाणभट्ट की आत्मकथा लिखते हैं, न बाणभट्ट की ओर से। वे एक विदेशी महिला द्वारा खोजी गई एक पांडुलिपि की कल्पना करते हैं जिसमें *बाणभट्ट की आत्मकथा* है।

इस दृष्टि से यह उपन्यास अपनी संरचना से अपने समय में अमीर खुसरो का नवाविष्कार भी बनने लगता है, इस नवाविष्कार के पीछे इक्कीसवीं सदी के युवाओं के मन की सुगबुगाहट और तड़प है जो बार-बार सूफियाना होती जाती है।

सवाल केवल इतना ही नहीं है कि हजरत अमीर खुसरो जैसे तवारीख में दर्ज हैं या जैसे अपने खुद के लिखे संस्मरणों में वे दिखते हैं, उनके मुताबिक वे क्या थे, सवाल यह भी है कि अमीर खुसरो आज होते तो क्या कर रहे होते। हर एक बड़ी शख्सियत के बारे में यह सवाल उठाया जाता रहा है कि वे आज होते तो क्या करते। यह सवाल उस शख्सियत की इतिहास को चीरकर हम तक पहुँचने की कूवत के कारण उठता आया है। गांधी जी की हत्या के बाद उनके अनुयायी हर मुश्किल घड़ी में अपने आप से या अपनी बिरादरी के लोगों से यह पूछते पाए जाते हैं कि ऐसे हालात में बापू होते तो क्या करते। मेरा खयाल है कि अमीर खुसरो वही कर रहे होते, जो अनामिका उन्हें करते दिखाती हैं।

'आईनासाज़' में पृ. 181 पर दो बार एक शब्द आया है—नवसूफीवाद। उपन्यास की आख्यायक (नैरेटर) सपना नवसूफीवाद की स्थापना, परिकल्पना और चरितार्थता का निदर्शन है। 'आईनासाज़' बजरिये अमीर खुसरो नवसूफीवाद की एक प्रस्तावना भी है। यह प्रस्तावना हमारे अपने समय के अतल में चल रही एक हलचल का संकेत है। आईनासमाज के कई प्रसंग अमीर खुसरो के प्रसंगों में हमारे समय में प्रस्तावित इस नवसूफीवाद के रंग में रँगे हुए हैं। गोरी सोई सेज पर—खुसरो की इन पंक्तियों से जोड़कर जो प्रसंग अमीर खुसरो की जिन्दगी का अनामिका ने गढ़ा है, वह इसीलिए बहुत मर्मभेदी बन गया है। शाहिद और नमरूद के बीच समलैंगिक रिश्ते हैं, यह जानकर भी खुसरो की बेटी कायनात शाहिद पर निछावर है।

उपन्यास के आखिरी तीन पृष्ठों में सपना का खत है महिमा और सिद्धू के नाम जो मेरे प्यारे खुसरो को भी सम्बोधित है। अमीर खुसरो और हमारे बीच जो सेतु टूट गया था, वह इस खत में पुख्ता होता लगता है।

अनामिका ऐसे प्रेम की कथा रचती हैं, जो निजाम पिया से लेकर सरहदें और दिक्काल के दायरे पार कर हमारे समय तक जारी है।

इस कलिकाल के कुकाल में अच्छी बातों का टोटा हुआ है, अच्छी समीक्षाओं का भी कुछ टोटा ही है। आईनासाज़ इस मामले में कुछ किस्मतवाला है कि छपने के लगभग तुरत बाद ही उस पर हिन्दी और अंग्रेजी के प्रखर समीक्षक हरीश त्रिवेदी का एक विचारोत्तेजक समीक्षात्मक लेख 'आलोचना' पत्रिका के अक्टूबर-दिसम्बर 2019 के अंक में छपा है। (यदि समीक्ष्य कृति का मेरे पास जो पहला संस्करण है, उस पर छपी तारीख और समीक्षा जिस पत्रिका में छपी है, उसके प्रकाशन की तारीख पर नजर डालें, तो यह कार्यकारण के पौर्वापर्यविपर्ययमूलक अतिशयोक्ति का उदाहरण भी लग सकता है कि रचना छपने के पहले उसकी समीक्षा छप गई, हालाँकि बात ऐसी है नहीं।)।

हमारा इतिहास और खुसरो

त्रिवेदी जी का लेख अमीर खुसरो के इतिहास और उनकी रचनात्मकता को लेकर कुछ ज्वलन्त प्रश्न खड़े करता है। 'आईनासाज़' के बारे में लिखते हुए इन पर विचार कर लेना जरूरी है।

हमारे इतिहास के पठन-पाठन की प्रणाली में खामियाँ हैं। जो इतिहास हमें पढ़ाया जाता है, वह पूरा सत्य नहीं होता। इतिहास जो सच्चाई बयान करता है वह एकतरफा हो सकता है, कविता उस सबको डुबकी मारकर सामने ले आती है, जो इतिहास में दर्ज नहीं है।

'आईनासाज़' से एक सवाल तो यह उठता है कि खुसरो को समझने का हमारा नजरिया क्या हो? उपन्यास की नायिका श्यामा जी से अमीर खुसरो को लेकर पूछती है—क्या यह कोई काल्पनिक किरदार है? क्या ऐसा कुछ हुआ कि उसकी बदनामियों के साथ उसकी नेकनामियाँ भी सावधानी के साथ पोंछकर मिटा दी गईं?

हरीश त्रिवेदी के पास इस सवाल का जो जवाब है, वह नकारात्मक है। वे कहते हैं—"उनका जो पहलू शायद लोगों को अधिक नहीं पता वह उनके अपने जीवन में सबसे अधिक महत्त्व का रहा होगा, कि वे माहिर दरबारी भी थे। उनके बहत्तर वर्ष के लम्बे जीवन में (1253-1325) दिल्ली के उस युग के सहज डगमगाते तख़्त पर आठ-दस सुल्तान आए-गए और कमाल की बात कि खुसरो सभी के चहेते बने रहे। जो भी नया बादशाह आया उसकी तारीफ में मसनवी (अर्थात सिर्फ

छोटी-मोटी स्तुति-वंदना या कसीदा नहीं पर पूरा महाकाव्य) रचने में उन्होंने कोई कोताही नहीं की।"

यह अतिसरलीकृत कथन लगता है कि खुसरो सभी बादशाहों के चहेते बने रहे। उनके और अलाउद्दीन खिलजी के सम्बन्धों में तनाव के संकेत खुसरो की ही रचनाओं से मिलते हैं। अलाउद्दीन ने उनका वजीफा भी घटा दिया था, जिस पर नाखुश होकर खुसरो ने शिकायत का पत्र अलाउद्दीन को लिखा था।

त्रिवेदी जी के उक्त कथन से यह भी भ्रान्ति हो सकती है कि खुसरो ने जैसे अपने आश्रयदाता आठ-दस सुल्तानों की प्रशस्ति में कशीदे काढ़ने के सिवाय और कुछ लिखा ही नहीं। आठ-दस की संख्या शायद कुछ अवास्तविक भी हो गई है, सो अलग।

मेरी समझ से एक तो खुसरो ने केवल प्रशस्ति करने के लिए कोई रचना नहीं की, अलाउद्दीन आदि सुल्तानों के बारे में उन्होंने मसनवियाँ लिखी थीं, तो उनमें वे अपने समय का दस्तावेजीकरण कर रहे हैं। यदि ऐसे मसनवियों को प्रशस्तियाँ मान भी लें, तो इनके अलावा खुसरो ने जो विशुद्ध साहित्यिक रचनाएँ लिखी हैं, उनकी मात्रा बहुत बड़ी है।

मुझे लगता है कि खुसरो की दो छवियाँ हैं। एक छवि खुसरो के जीवनकाल से लगाकर उन्नीसवीं सदी तक के भारतवासियों के मानस में बसी रही है। यह गोरी सोई सेज पर या बाबुल मोरा नैहर आदि लिखने वाले हमारी धरती से जुड़े जिन्दादिल सूफी रचनाकार की है, जो देश की जनता से सीधे संवाद करना जानता है। यह छवि निर्मिति नहीं है, यह सहज बसी हुई और सहेजी हुई छवि है। खुसरो की दूसरी छवि मुस्लिम इतिहासकारों ने निर्मित की, जिसमें कहीं न कहीं उन्हें अभारतीय और कट्टर मुस्लिम बताने का आग्रह था। इन इतिहासकारों को यह साबित करने में उसी तरह का मूर्खतापूर्ण मिथ्या सन्तोष प्राप्त होता था कि खुसरो भारतीय मूल के नहीं हैं और वे काफिरों के कत्लेआम में उसी तरह शामिल रहे जैसे किसी भी सच्चे इस्लाम के सेवक और कुफ्र के कट्टर दुश्मन को रहना ही चाहिए। यह घिनौना परितोष कुछ उसी तरह का है जैसा प्राच्यविद्या के विदेशी विद्वानों को इस झूठ को सही साबित करने में अन्दर-अन्दर यह थोथा सन्तोष होता रहा कि आर्य भारत में बाहर से ही आए।

खुसरो की कट्टर मुस्लिम के रूप में एक छवि है, वे काफिर हिन्दुओं के सामूहिक कत्लेआम पर खुश हैं—इतिहास में बताई गईं ये बातें अनामिका के संज्ञान में हैं। वे ठीक ही इनका जवाब देती हैं। खुसरो अपनी रामकहानी में बताते हैं कि जिन हिन्दू सैनिकों की बहाली उनकी पैरवी पर हुई थी, वे ही सूफियों की निर्मम हत्या करने में आगे रहे, उनके साथ कट्टरपंथी मुस्लिम सैनिक तो थे ही। "मेरे कई गुलाम मारे गए, क्योंकि जहरीली तलवारें उन पर चलाई गई थीं। यह पहला मौका

था जब मुझे हिन्दुओं पर गुस्सा आया और घर लौटकर मैंने पहला काम यह किया कि एक खम्से में हिन्दुओं के खिलाफ आग उगली, क्योंकि मैं यह समझता था कि हिन्दुओं में माफ करने और तसल्ली से रायमशविरा करके किसी नतीजे पर पहुँचने का माद्दा ज्यादा है। आखिर इतनी पुरानी संस्कृति जो ठहरी। इसे बड़े भाई का जिगरा दिखाना चाहिए दूसरे धर्म के लोगों को। (पृ. 114)। इसके आगे खुसरो का यह वाक्य इनवर्टेड कामा में है, पर सन्दर्भ नहीं दिया गया कि कहाँ से लिया गया है—

> हिन्दुओं को बादशाह बड़े ओहदों पर कम-कम ही रखें तो ज्यादा अच्छा। बहुतेरे कौवे बगीचे का सुकून ले लेते हैं। तिल एक-आध ही गाल पर हो तो अच्छा। ये काले चेहरे काला दिल भी रखते हैं।

यह एक उद्धरण खुसरो का इस उपन्यास में है, उसके बरक्स उनकी फारसी कविता के कुछ उद्धरण हैं, जो एक सूफी के रूप में उनकी छवि सामने रखते हैं। जैसे उनकी ये पंक्तियाँ—

काफिरे-इश्कम मुसलमानी मरा दरकार नीस्त
हर रगे मन तार गश्ता हाजते जुन्नार नीस्त

(मैं इश्क का काफिर, मुसलमानी मुझे क्या?
नस-नस ही तार है मेरा, मुझे जनेऊ से क्या?)

('आईनासाज़', पृ. 32, पुनः पृ. 68, पुनः 101)

अमीर खुसरो दरबार में कितने रहे और कितने दरबार के बाहर? उनके लिखे साहित्य में दरबार कितना है दरबार के बाहर की लोक कितना है? इन सवालों पर भी विचार करना चाहिए। 9 मार्च, 1285 के दिन उनके एक आश्रयदाता खान मुहम्मद मंगोलों के साथ युद्ध में खेत रहे। खुसरो ने उनकी मौत पर दो शोकगीत रचे। खुसरो ने अपनी माँ के बारे में भी भावपूर्ण कविता लिखी। खुसरो ने अलाउद्दीन खिलजी के बारे में लम्बी कविता 'ख्वाजा-इन-अल:फतह' लिखी है, जिसमें अलाउद्दीन के समय के प्रशासन और उस समय के समाज का भी वर्णन है। 1298 में खुसरो ने पाँच मसनवियों का संग्रह 'खम्सा-ए-खुसरो' पूरा किया। यह फारसी महाकाव्य परम्परा का एक बड़ी कड़ी माना गया। 'खम्सा-ए-खुसरो' की पहली मसनवी 'मतला-उल-अनवर' में 3310 छन्द हैं, और विषय सूफी जीवन दर्शन है। 'शीरीन-ए-खुसरू' शीर्षक दूसरी मसनवी में 4000 छन्द हैं, तीसरी मसनवी में लैला-मजनू का किस्सा है। 'आइना-ए-सिकन्दरी' इस संग्रह की सबसे बड़ी मसनवी है, जिसमें 4500 छन्द हैं और सिकन्दर की जीवनगाथा है। पाँचवीं मसनवी हश्त-बिहिश्त बहराम पंचम की प्राचीन कथाओं पर आधारित है।

जाहिर है कि 'खम्सा-ए-खुसरो' की पाँचों मसनवियों में ऐतिहासिक या पौराणिक आख्यान हैं, या प्रेमाख्यान हैं। इनमें अलाउद्दीन खिलजी का कोई जिक्र ही नहीं है, हालाँकि ये अलाउद्दीन के शासनकाल में लिखी गईं। पाँचों मसनवियों का संग्रह खुसरो ने अपने आराध्य हजरत निजामुद्दीन औलिया को समर्पित किया है। 1315 में खुसरो ने बघेला राजकुमारी देवल और खिज्र खान के विवाह को लेकर ऐतिहासिक प्रेमाख्यान लिखा। 'नूह सिपह्र' खुसरो की कृतियों में सबसे प्रसिद्ध है। इसमें नौ खंडों में मुबारक शाह खिलजी के शासनकाल का वर्णन है। तीसरे खंड में हिन्दुस्तान की संस्कृति, प्रकृति, पशु-पक्षी, शहर, आबोहवा इतिहास और भूगोल का वर्णन है। मुबारक शाह के शासनकाल को लेकर एक और किताब भी खुसरो ने लिखी। उनकी किताबों में बाकिया—किया तथा अफजल उल फवैद का दरबार के वातावरण से कोई सम्बन्ध नहीं है। अफजल उल फवैद हजरत निजामुद्दीन औलिया के बारे में है।

ऐसे में हरीश त्रिवेदी जी का यह कथन कि "जो भी नया बादशाह आया उसकी तारीफ में मसनवी (अर्थात सिर्फ छोटी-मोटी स्तुति-वंदना या कसीदा नहीं पर पूरा महाकाव्य) रचने में उन्होंने कोई कोताही नहीं की।" एकपक्षीय सत्य का बयान है। खुसरो बादशाह पर जो मसनवी लिख रहे हैं, वह केवल स्तुति काव्य नहीं है। वे उसमें अपने समय को निरूपित कर रहे हैं। कम-से-कम अलाउद्दीन के बारे में लिखी मसनवी को केवल स्तुतिकाव्य कहना कुछ-कुछ ऐसा ही है जैसा बाणभट्ट के 'हर्षचरित' को राजा हर्ष की प्रशस्ति में लिखी रचना मान लेना (ऐसा मानने वाले भी हैं ही कुछ मूर्ख विदेशी विद्वान्), जबकि हर्षचरित एक क्लासिक है और हमारे आचार्यों की परिभाषा के अनुसार वह एक आख्यायिका (आधुनिक अर्थ में उपन्यास) है, प्रशस्ति नहीं।

खुसरो के बारे में बगैर मूल ग्रन्थों को पढ़े, सरसरी तौर पर हासिल इस सतही जानकारी के आधार पर तो ऐसा नहीं लगता कि वे दरबारी होकर रह गए।

इस पृष्ठभूमि में त्रिवेदी जी का यह कथन भी विचारणीय हो जाता है कि—

> अनामिका ने अच्छा ही किया कि इस सब माथा-पच्ची में बिलकुल नहीं पड़ीं और बस अपने मन का काव्यात्मक अमीर खुसरो ने गढ़ लिया और हमारे सामने रख दिया।

हरीश त्रिवेदी जी ने गोपीचन्द नारंग साहब को अपने लेख में प्रमाण के रूप में उद्धृत किया है। यह तो तय है कि 'आईनासाज़' का खुसरो त्रिवेदी जी और नारंग साहब के मन का खुसरो नहीं है। पर वह अनामिका के मन का मनगढ़ंत काव्यात्मक खुसरो है—यह कहना भी सही नहीं लगता, क्योंकि यह काव्यात्मक खुसरो पिछली आठ शताब्दियों से उत्तर भारत के गाँव-गिराँव के लोगों और भारतीय जन की

चेतना में बसा हुआ है। यह बात दीगर है कि उसे पिछली दो शताब्दियों में वहाँ से बेदखल करने का अभियान छेड़ा गया और लगभग बेदखल कर ही दिया गया।

हरीश त्रिवेदी आगे लिखते हैं—

> पर उन्होंने भी स्पष्ट ही इतिहास में गहरी डुबकी मार के यह उपन्यास लिखा है तो कुछ तो खुसरो का बचाव और लीपा-पोती उन्हें करनी ही पड़ी।

त्रिवेदी जी का यह कथन बहुत गम्भीर समस्याएँ उठाता है। सवाल इतिहास क्या है यह समझने का है, और यह भी कि इतिहास पर लीपा-पोती कौन कर रहा है।

ऐसे अनेक पुख्ता उदाहरण मिलते हैं कि हमारे जिन पुरखों का अस्तित्व ही आज पढ़े-पढ़ाए जाने वाले इतिहास ने नकारा, उन्हें हजारों वर्षों ने भारतीय जनमानस ने अपनी जातीय चेतना में और अपनी स्मृतियों में बसाकर रखा। बाद में पुरातात्त्विक या अन्य साक्ष्य मिल जाने पर जिसे आज हिस्ट्री नामक विषय कहा जाता है उसके अध्येताओं ने भी उनका अस्तित्व स्वीकार किया। ईसापूर्व की पहली सदी में हुए उज्जयिनी के राजा विक्रमादित्य या पाँचवीं सदी में हुए चन्द्रगुप्त के अग्रज रामगुप्त ऐसे ही उदाहरण हैं। ऐसे भी उदाहरण मिलेंगे कि हमारे जिन पुरखों की विकृत छवि हिस्ट्री में लिखी गई है, उनकी उज्ज्वल प्रेरक छवि सदियों से जनमानस में बसी हुई है। पृथ्वीराज चौहान के समकालीन कन्नौज के राजा जयचन्द इसके उदाहरण हैं। हमारे स्कूलों में लगी इतिहास की पाठ्यपुस्तकों में उन्हें गद्दार बताया जाता था। पर भविष्यपुराण में जयित्रचन्द के वृत्तान्त और लोकगाथाओं में उनकी जो उज्ज्वल छवि है कुछ अन्वेषणशील इतिहासकारों को अब वही प्रामाणिक लग रही है।

इतिहास को समझने और सँजोकर रखने की हमारी एक पद्धति रही है। इसमें तारीखों और घटनाओं के सिलसिले के ब्योरे दर्ज करने के बजाय घटनाओं के अन्तर्मर्म को स्मृतियों में बसाने को इतिहास माना गया। दसवीं शताब्दी के बाद तुर्कों और मुगलों के भारत में आगमन के साथ यहाँ इतिहास लेखन की एक दूसरी पद्धति भी प्रचलित हुई। इसमें तारीखों और घटनाओं के ब्योरे और रोजनामचे दर्ज करने पर तो जोर दिया ही जाता रहा, पर यह भी हुआ कि इतिहास लिखने वालों के मन में इस्लाम के जिहाद का जुनून है। ऐसे में किसी बादशाह ने कथित रूप से काफिरों को किस तरह नेस्तनाबूद कर दिया—इस बात को बतंगड़ बनाकर इतिहासकार पेश करता है। अलबरूनी महापंडित थे, उन्होंने भारत में रहकर शास्त्रों का गहरा अध्ययन किया, ज्योतिष और गणित पर अरबी और ग्रीक ज्योतिष के ज्ञान के साथ उनकी जैसी पकड़ थी, उसका तो कहना ही क्या है। महमूद गजनवी के आक्रामक अभियान में मजबूर होकर उसके साथ वे भारत आए थे, उन्हें गजनवी का हमला पसन्द भी न था। भारत पर उनकी किताब के हिन्दी अनुवाद के सम्पादक कयामउद्दीन अहमद अलबरूनी के बारे में लिखते हैं—

एक खगोलशास्त्री और ज्योतिषी होने के नाते वह (महमूद गजनवी का) एक सम्मानित बन्धक रहा होगा। लेकिन इसके बावजूद सुल्तान महमूद के साथ उसके सम्बन्ध बहुत निकट के तथा मैत्रीपूर्ण नहीं रहे। (भारत—अलबरूनी—सम्पादक की भूमिका, पृ. viii)।

इसके बावजूद अलबरूनी महमूद गजनवी के बारे में लिखते हैं—

महमूद ने तीस-चालीस या इससे कुछ अधिक वर्षों तक भारत पर चढ़ाई की। खुदा बाप-बेटे दोनों पर रहम करे! महमूद ने देश की सम्पन्नता को नष्ट-भ्रष्ट कर दिया और यहाँ ऐसे कारनामे किये जिनके फलस्वरूप हिन्दू धूल के कणों की भाँति चारों दिशाओं में बिखर गए, और लोगों की जबान पर अतीत की कहानी बनकर रह गए। उनके बिखरे हुए अवशेष आज तक मुसलमानों के प्रति घोर घृणा का भाव रखते हैं। (वही, पृ. 8)।

इस एक उद्धरण से भारत से नफरत करने वाले इनसान की छवि यदि बनती है, तो वह तो सरासर गलत ही है। अलबरूनी महापंडित और विविध विद्याविशारद हैं। उन्होंने भारत में रहकर अनेक शास्त्रों का और संस्कृत के कई ग्रन्थों का मूल में अध्ययन किया, भारत की विद्याओं की प्रशंसा भी की और भारतवासियों की कहीं-कहीं कड़ी समीक्षा भी की। अलबरूनी का साहित्य विशाल है, उसमें से एक उद्धरण निकालकर सचाई तक नहीं पहुँचा जा सकता।

मेरे लिए विस्मयकर बात रही है कि जिस गजनी के द्वारा सत्रह बार भारत को लूटने-खसोटने का वृत्तान्त स्कूल में इतिहास में हमें पढ़ाया जाता रहा और जिसके बारे में अलबरूनी ने यह सब लिखा, पूरे संस्कृत साहित्य में उसकी क्रूर और विध्वंसक छवि कहीं भी अंकित नहीं है, जबकि तुर्क और मुस्लिम शासकों पर संस्कृत में अपार साहित्य लिखा जाता रहा। गजनी के उसके लुटेरे खूँखार रूप की जगह उसकी एक उज्ज्वल छवि हमारी लोकगाथाओं में है। मैथिल कवि विद्यापति संस्कृत में लिखे अपने कथा-संग्रह पुरुषपरीक्षा में उसका दस्तावेजीकरण करते हैं।

इस पूरी पृष्ठभूमि में पुनः आईनासाज़ पर लौटते हैं। मेरी समझ से अनामिका ने न तो विदित इतिहास पर परदा डाला है न उसे कुछ का कुछ बताने की कोशिश ही की है।

भारतीय जनमानस में इतिहास को सँजोने की प्रक्रिया के विस्थापन का एक सिलसिला तो मुगलकाल में आरम्भ हुआ, जब इतिहासलेखन में जिहाद के भाव ने विकार पैदा किया, उससे ज्यादा दूरगामी असर हमारे इतिहास की परम्परा में नकारने और उसे असंगत साबित करने का काम उपनिवेशवादी दौर में हुआ। इसमें अमीर खुसरो की जो छवि हमारी जातीय स्मृतियों में थी, उसे दरकिनार कर दिया

गया। अब उसकी बात करने को सद्भावना प्रदर्शन का भोला-भाला प्रयास मान लिया जाता है। तभी तो हरीश त्रिवेदी लिखते हैं—

> बिजली कड़कती तो है पर जल्दी ही आदर्शवादिता के बादल बरसने लगते हैं, इस चिंगारी से सचमुच बहस की आग फैले इसके पहले ही वह सद्भावना की बौछार में बुझा दी जाती है। हमारे नाजुक जमाने में शायद यही संगत और उचित भी हो।

क्या 'आईनासाज़' को बहस की आग को बुझाने वाली आदर्शवादिता के बादल की वर्षा माना जाय या बहस की शुरुआत? या फिर इसे "अमीर खुसरो को आधुनिक परिप्रेक्ष्य में पुनर्परिभाषित करने और पुन:प्रासंगिक और प्रेरणाप्रद बनाने का उनका यह सर्वथा श्लाघ्य प्रयास" कहकर इसकी लेखिका को आशीर्वाद देकर मामला निपटा दिया जाए जैसा हरीश जी करते लगते हैं?

हरीश जी ने बहुत अध्ययन और मनन के साथ महत्त्वपूर्ण तथ्य दिये हैं। उन्होंने कतिपय शायरों का जिक्र किया है, जो खुसरो की तरह दरबारी नहीं हुए, वे निजाम पिया के सच्चे शागिर्द थे, वे उनकी दर पर सुध-बुध भूलकर पड़े रहते थे। फिर भी जनता ने उनको याद नहीं रखा, खुसरो को याद रखा—

> खुसरो के जमाने में दिल्ली में ही फारसी के एक और शायर थे जो बिलकुल उनकी टक्करके थे, अमीर हसन सिजजी (जिन्हें हसन देहलवी भी कहा जाता है) जिन्होंने खुसरो जितना अधिक नहीं लिखा लेकिन जो लिखा वह गहरे पैठकर लिखा। वे बड़े-भारी सूफी मुरीद भी थे उन्हीं निजामुद्दीन औलिया के, और बस निजाम के दर पर ही पड़े रहते थे। वे निजाम का कहा हुआ ठीक वैसा ही रोज लिख लेते थे, फिर निजामुद्दीन को दिखाते थे और उनकी सलाह से दुरुस्त भी कर लेते थे। वही 'मल्फूजात' (जुबानी कहे अलफाज, या वचनामृत) निजामुद्दीन औलिया के गुजर जाने के बाद उनकी स्थायी धरोहर बने। औलिया के सबसे बड़े मुरीद की तरह सूफी दायरों में जिनका नाम अब भी चलता है वो या तो हसन हैं या फिर चिराग देहलवी (जो सच्चे सूफी की तरह संसार त्यागकर तसव्वुफ में ही लीन रहते थे),पर बाकी दुनिया में शोहरत अमीर खुसरो की है। शायद कुछ वैसे ही जैसे कि गांधी जी के सच्चे गांधीवादी शिष्य तो कई और भी थे पर उनके उत्तराधिकारी बने जवाहरलाल जिनमें गांधीवादी होने के लक्षण कुछ कम ही थे।

जनमानस ने अमीर हसन सिजजी (हसन देहलवी) या फिर चिराग देहलवी की स्मृतियाँ नहीं सँजोयीं। खुसरो को क्यों सहेजा? क्या यह कारण नहीं लगता कि

खुसरो हमारी तरह होते हुए सूफी हो जाते हैं, वे जनमानस से संवाद कर पाते हैं। जो सुध-बुध भूलकर निजामुद्दीन औलिया के दर पर ही पड़ा रह गया, जनमानस उसकी स्मृतियाँ क्योंकर सँजोये, उसने जन-जन से संवाद करने के लिए क्या किया? जिनकी दर पर वह सुध-बुध भूलकर पड़ा रह गया, वे निजामुद्दीन औलिया तो खुद इसलिए याद किये जाते हैं कि वे गरीबनिवाज हैं, और दीन-दुखियों पर करुणा और ममता लुटाते हैं।

शम्सुल फकीर इस उपन्यास में कहते हैं—

> दरबार से रब्त-जब्त बने हुए अमीर खुसरो में भी समर्पण की यह जोत जगी हुई है, जैसे आँधियों में कोई चिराग जलाए रखे। (पृ. 95)

त्रिवेदी जी ने उदाहरण के तौर पर ही सही, जवाहरलाल नेहरू को खुसरो के पासंग में बिठा दिया है। यह कहना सही है कि गांधी जी के सच्चे गांधीवादी शिष्य तो कई और भी थे पर उनके उत्तराधिकारी नेहरू बने। यह भी सही है कि जनमानस ने एक समय नेहरू को अपने हृदय के सिंहासन पर बिठाया। क्या उसका कारण यह नहीं है कि नेहरू जिस तड़प, जनता से जुड़ाव के गहरे बोध और पीड़ा के साथ भारतीय जन से संवाद करते हैं, उस तरह गांधी के बाकी सच्चे गांधीवादी शिष्य नहीं करते? गांधीवादी होना और गांधी में श्रद्धा-भक्ति रखना एक बात है, गांधी के रंचमात्र अहसास को मन के भीतर जीना और उनकी पीड़ा से अपने को जोड़ पाना एक अलग बात। बहरहाल, जिस तरह पिछली दो शताब्दियों में खुसरो को हमारे जातीय मानस से दुरभिसन्धिपूर्वक विस्थापित कर दिया गया, उसी तरह पिछले तीन दशकों में नेहरू को भी हमारे सामाजिक राजनीतिक परिदृश्य से बुहारकर कचरे की पेटी में डाल देने का प्रयास किया ही जा रहा है, जो बहुत कुछ कारगर भी रहा है।

हजरत निजामुद्दीन औलिया के कई भक्त थे, उनके दर पर दिन-रात मस्त होकर पड़े रहने वाले भी कई रहे होंगे, पर उनका स्नेह कदाचित् खुसरो पर फिर भी कुछ अधिक ही था। यह तो कुछ ऐसा ही हुआ कि ईश्वर अपने मन्दिर की चौखट पर रात-दिन नाक रगड़ने वालों, सदैव अपने आगे घिघियाते रहने वाले भक्तों की बजाय उन अर्धभक्तों पर ज्यादा कृपापूर्ण दृष्टि रखे, जो तमाम साँसत और संघर्ष के बीच कभी-कभार उसकी सुध लेते हैं। ईश्वर को भी कुछ नालायक किस्म के अपने इन भक्तों की पीड़ा ज्यादा प्रभावित करती है, क्योंकि वह सच्ची और अधिक सार्वजनीन पीड़ा है।

इसलिए आईनासाज़ की नायिका का यह पूछना सटीक है कि क्या यह सम्भव नहीं कि खुसरो की बदनामियाँ इतिहास में सहेजी गईं, और नेकनामियाँ मिटा दी गईं? हमारी जातीय स्मृतियों में तो वे नेकनामियाँ कहीं न कहीं कुछ समय पहले तक थीं।

प्रसंग से काटकर समग्रता में न देख पाने का कारण क्या हम इतिहास को तोड़-मरोड़ते आ रहे हैं?

खुसरो की हिन्दवी

हरीश जी का यह कथन विचारणीय है कि अनामिका के उपन्यास में अमीर खुसरो के नाम से अनेक ऐसी कविताएँ उद्धृत हैं, जो सचमुच में खुसरो की ही रची हैं—यह ऐतिहासिक साक्ष्य से साबित नहीं किया जा सकता। उन्होंने इस प्रसंग में प्रोफेसर गोपीचन्द नारंग का भी हवाला दिया है।

'आईनासाज़' में खुसरो के द्वारा रचित बताकर प्रस्तुत की गई अनेक काव्यपंक्तियों पर यह सवाल उठ सकता है। वैसे तो यह पूरा उपन्यास ही एक कविमन की रचना है, पर अनेक स्थलों पर अनामिका का कवि खुसरो से तदाकाराकारित हो गया है। पृ. 102-03 पर यह मनभावन काव्य है—

बारिहि लाइयो राम मनाइयो
अला बि जक्रे इल्लाही तत मईन्नुम कुबूल
हर कौम खुदा खुलाहे पीटे म अरदास किब्लागाहे
मोरा किला अरदास कर
मोर गम ते दरखुदा है
बारिहि लाइयो राम मनाइयो।

चमड़े के डोलों से खेत में पानी सींच रहे किसानों के गीत से पहली पंक्ति सुनकर अमीर खुसरो उसमें अपनी पंक्ति जोड़कर कविता रचते हैं।

इस रचना का अनुवाद भी दिया गया है जिसकी अन्तिम पंक्ति है मेरा काबा लेकिन निजाम औलिया है। अब मूल में जो पंक्ति है, उसका अनुवाद यह पंक्ति नहीं लगती, मूल में निजाम औलिया का नाम ही नहीं आया है।

क्या खुसरो की रचना के खेत को अपनी कविता के डोलों से अनामिका सींच रही हैं?

पृष्ठ 92 पर उद्धृत फारसी शेर की ये प्रसिद्ध पंक्तियाँ इस उपन्यास के केन्द्रीय भाव का निचोड़ ही हैं—

मन् तू शुदम् तू मन् शुदी मन् तन् शुदम् तू जाँ शुदी।
ता कस न गूयद बाद अजीं मन् दीगरम् तू दीगरी॥

(मैं तू हुआ, तू मैं हुआ, मैं बदन था तो तू जान था।
अब थी किसी की मजाल क्या कि वो जान ले हमको जुदा॥)

प्रोफेसर नारंग का निष्कर्ष है कि खुसरो के नाम से जितना हिन्दवी लेखन मिलता है उसका दस प्रतिशत शायद खुसरो का हो। पर कौन सा दस प्रतिशत यह जानने का कोई उपाय नहीं है। इसलिए त्रिवेदी मौजू सवाल उठाते हैं कि उनके हिन्दवी काव्य का छाप-तिलक अगर खुसरो से छिन गया, और सेज पर सोती गोरी भी गई, तो बचा क्या?

त्रिवेदी जी के नजरिये से आईनासाज़ में दिये इस तरह के उद्धरणों को खुसरो के युक्तयुक्तीकरण या इतिहास पर लीपापोती करने का एक अंग कहा जा सकता है। वे कहते हैं—

> खुसरो का प्रामाणिक काव्य लगभग पूरा ही फारसी में होने की समस्या का भी अनामिका ने निदान ढूँढ़ निकाला है। उनके नाम से प्रचलित हिन्दी/हिन्दवी के अनेक उद्धरण देने से वे परहेज नहीं करतीं—नहीं तो खुसरो हिन्दी के पाठकों द्वारा पहचाने ही नहीं जा सकेंगे—पर साथ-साथ उन्होंने खुसरो के फारसी में लिखे दस-बारह शेर भी जगह-जगह चस्पाँ किये हैं, मुख्य पाठ में नहीं पर पाद-टिप्पणियों में और हिन्दी अनुवाद के साथ। इतनी फारसी शायद हिन्दी के किसी उपन्यास में अब तक न आई हो।

यह निष्कर्ष कहाँ से और कैसे आया कि खुसरो के नाम से प्रचलित मुरकियों, दोहों आदि की भाषा तेरहवीं शताब्दी की भाषा नहीं हो सकती? क्या यह भारतीय भाषाओं में एक काल्पनिक दूरी मानने वाली किसी विभाजनवादी औपनिवेशिक दृष्टि से उपजा है? उपनिवेशवादी प्राच्यविद्या के अन्तर्गत किये गए भारतीय भाषाओं के अध्ययनों में इन भाषाओं के विकास को एकाधिपत्यवाद तथा विभाजनवादी दृष्टि से अध्ययन किया गया, जिसके कारण या तो संस्कृत को उत्तर भारत की अधिकांश भाषाओं का मूल बताया गया, जो गलत था, अथवा इन भाषाओं में पारस्परिकता और समानताओं के स्थान पर दूरियों की कल्पना की गई। कालिदास विक्रमोर्वशीयम् में अपभ्रंश में गाथाएँ लिखते हैं। कालिदास के समय में अपभ्रंश भाषा आ चुकी है। विक्रमोर्वशीयम् के अपभ्रंश के छन्द यदि देखें तो वे अमीर खुसरो के नाम से प्रचलित दोहों की भाषा के निकट हैं—

मिअ जाणिअ मिअलोयणि निसिअर कोई हरेई।
जावण घनतणसामली धाराधर बरसेई।

अनेक विद्वानों ने ऐसी अपभ्रंश गाथाओं को बाद में जोड़ हुआ माना, पर यदि ये गाथाएँ बाद में जोड़ी भी गई हों, तो यह प्रक्षेपण छठी-सातवीं शताब्दी के पहले का है, क्योंकि कालिदास के प्राचीन टीकाकारों ने इनकी टीका की है।

बौद्ध तंत्र की परम्परा में वज्रयान साधकों ने अपभ्रंश मिश्रित देश भाषा में रचनाएँ

कीं। ऐसी रचनाओं का एक संग्रह संस्कृत के जाने-माने विद्वान् महामहोपाध्याय हरप्रसाद शास्त्री ने 'बुद्ध गान ओ दोहा' के नाम से सम्पादित तथा प्रकाशित कराया। राहुल सांकृत्यायन ने भी ऐसी रचनाओं पर कार्य किया। हरप्रसाद शास्त्री, राहुल जी तथा विनयतोष भट्टाचार्य ने इन रचनाओं का समय सातवीं के शताब्दी आसपास बताया है। इन रचनाओं में दोहा तथा चौपाई जैसे छन्दों का प्रयोग है और भाषा इस प्रकार की है—

जहि मन पवन न चरई रवि ससि नाहिं पवेस।
तहि वट चित्त विसाम करु सरेहे करिअ उवेस॥
घोर अँधारे चन्दमणि जिमि उज्जोअ करेइ।
परम महासुह एणु कणे दुरिअ अशेष हरेइ॥

इन वज्रयान साधकों में लूहिपा या लूइपा का समय संवत् 830 (773 ई.) के आसपास है। इनके गीतों की भाषा इस प्रकार है—

काअ तरुवर पंचविडाल।
चंचल चीए पइठो काल।
दिच्छ करिअ महासुअ परिमाण।
लूइ भअइ गुरु पुच्छिअ जाण॥

इसमें छन्द तो वही है जो अमीर खुसरो के नाम से प्रचलित मुरकियों में है। भाषा भी खुसरो की भाषा से बहुत दूर नहीं है, जबकि लूहिपा उनसे चार शताब्दी पहले के हैं।

छठी-सातवीं शताब्दी में हुए काव्यशास्त्र के आचार्य भामह, दंडी आदि संस्कृत और प्राकृत के साथ अपभ्रंश भाषा का उल्लेख करते हैं। पाँचवीं-छठी शताब्दियों में अपभ्रंश भाषा प्रचलन में आ चुकी है।

राहुल जी गोरखनाथ का समय भी नवीं-दसवीं शताब्दी के आसपास मानते हैं। उनके गुरु मछिंदरनाथ को वे बंगाल के पालवंशीय राजा देवपाल का समकालीन मानते हैं। पीताम्बरदत्त बड़थ्वाल के द्वारा सम्पादित 'गोरखबानी' में से हम गोरखनाथ की कविता के नमूने देखें, तो उनकी भाषा नव्य भारतीय भाषा की बानगी देती लगती है। जैसे—

कहणि सुहेली रहणि दुहेली कहणि रहणि बिन थोथी।
पढ्या गुन्या सूबा बिवाई पंडित के हाथि रह गई पोथी॥

या

पढ़ि पढ़ि पढ़ि केता मुवा कथि कथि कथि कहा कीन्ह
बढ़ि बढ़ि बढ़ि बहु घटि गया पारब्रह्म नहीं चीन्ह।

गोरखनाथ की भाषा में आधुनिक भारतीय भाषाओं का विश्लिष्ट संरचनात्मक रूप आ चुका है। वे रह गईं, घटि गया जैसे क्रिया पदों का प्रयोग करते हैं। यह अपभ्रंश का अवहट्ट और नव्य भारतीय भाषाओं में रूपान्तरण है। पुरानी हिन्दी, जिसे खुसरो की हिन्दवी कहा जा रहा है, वह तो दसवीं शताब्दी में ही आ चुकी। खुसरो के हाथ में पड़कर उसमें कुछ फारसी का पुट आ गया यह माना जा सकता है, पर खुसरो इसमें नहीं लिख सकते थे—यह कैसे माना जाए?

व्याकरण तथा काव्यशास्त्र के सुप्रसिद्ध आचार्य तथा दार्शनिक और संस्कृत और प्राकृत भाषाओं के महाकवि हेमचन्द्र, जिन्हें कलिकालसर्वज्ञ कहा जाता है बारहवीं शताब्दी में हुए। हेमचन्द्र ने देशज शब्दों का कोश देशीनाममाला बनाया। उन्होंने व्याकरण का ग्रन्थ सिद्ध 'हेमचन्द्रशब्दानुशान' भी लिखा। अपभ्रंश काव्य का भी विवेचन संस्कृत और प्राकृत के साथ हेमचन्द्र ने अपने इस ग्रन्थ में किया है। अपभ्रंश के काव्य जो उदाहरण उन्होंने दिये हैं, उनकी भाषा इस प्रकार है—

भल्ला हुआ जो मारिया बहिणि हमारा कन्तु।
लज्जंजं तु वयंसिअहु जइ भग्गा घरु एंतु॥

(भला हुआ जो मारा गया, बहिन हमारा कान्त।
लज्जित होती समवयस्काओं में मैं यदि वह घर आता, भाग कर)

तथा

पिअ संगमि कउ निंदड़ि पिअओ परोक्खओ केंव।
मईं विन्नवि विन्नासिआ निद्द न एव न तेंव॥

(प्रिय के संगम में नीद कहाँ, प्रिय के परोक्ष होने पर नींद कहाँ।
मैं तो दोनों तरह से विनष्ट हुई—न ऐसे नींद न वैसे नींद।)

हिन्दी में तुलसी के पहले विष्णुदास ने 'रामायनकथा' का प्रणयन किया। विष्णुदास का समय संवत् 1450 से 1500 (1393-1543 ई.) के मध्य है। गोस्वामी तुलसीदास से लगभग सौ वर्ष पूर्व ये हुए। विष्णुदास ने 'रामायनकथा' संवत् 1499 (1442 ई.) में लिखी। इन्होंने 'रामायनकथा' के अतिरिक्त 'महाभारतकथा', 'रुक्मिणीमंगल' और 'स्नेहलीला' ये तीन काव्य और लिखे थे। विष्णुदास का जन्म खुसरो के एक सौ चालीस साल बाद हुआ। एक सौ चालीस या डेढ़ सौ साल बाद आगरा-ग्वालियर आदि शहरों के आसपास जो भाषा है उसका नमूना विष्णुदास की 'रामायनकथा' में मिल जाता है। अब इस भाषा का नमूना उनकी रामायनकथा में देखिए—

कुंभकरन रावन पहिं गयो।
जनु रवि ओझलि पर्वत भयो।

नाइ सीस तब सभा बईठ।
रावन मन तूठौ सब दीठ॥

1442ई. के पूर्व विष्णुदास जो कविता लिख रहे हैं, उसमें बुन्देली-ब्रज का रूप इस प्रकार है—

इतनों सुन गहगई बई।
बाकल ले आई कैकई।
अरपै राम लछिमन जोग।
ए पहिरौ देखहिं सब लोग।
कहै वसिष्ठ सुनौ कैकेई।
सेवत शत्रु राम कहँ भई॥
कह अपराध तिहारौ कियो।
नारि सहित वनवासौ दियौ। (पृ. 21)

रामविलास शर्मा तथा नामवर सिंह दोनों यह मानते हैं कि मध्यकाल में अपभ्रंश में देशी बोलियों का मिश्रण हो रहा था, जिसका आभास हेमचन्द्र के प्राकृत व्याकरण से ही होने लगता है। इस समय अपभ्रंश प्राकृतों का स्थान ले चुकी है और उसमें देशी बोलियों का सम्मिश्रण भी हो रहा है। हेमचन्द्र का कोशग्रन्थ 'देशीनाममाला' भी इसका प्रमाण है। इस तरह नव्य भारतीय भाषाओं का उदय तो बारहवीं शताब्दी के आसपास हो चुका है, खुसरो के जिस क्षेत्र में जो उनका कार्यक्षेत्र रहा, उसे आम लोगों की भारतीय भाषा द्वारा बोली जाने वाली भाषा न तो प्राकृत हो सकती थी, न अपभ्रंश। वह आगरा तथा दिल्ली के आसपास बोली जाने वाली पुरानी हिन्दी हो सकती थी। खुसरो ने उस भाषा को अपनाया और फारसी के अलावा उसमें भी कविताएँ लिखीं—इस सम्भावना को निरस्त नहीं किया जा सकता।

सम्भवतः प्रोफेसर नारंग ने अपभ्रंश और देशी भाषाओं के अन्तःसम्बन्ध तथा खुसरो के समय की हिन्दी, जिसे वे हिन्दवी कहते हैं, पर इस दृष्टि से विचार किये बिना खुसरो के नाम से इस भाषा में प्राप्त रचनाओं के कर्तृत्व के नब्बे प्रतिशत को सरासर खारिज कर दिया है। नब्बे प्रतिशत का गणित भी सही जोड़-घटाव किये बिना शायद लगा लिया गया है। हो सकता है कि पाँचवीं-छठी शताब्दी से आरम्भ हो चुकी अपभ्रंश कविता जो धीरे-धीरे नव्य भारतीय भाषा में ढल रही है की ओर भी उनका ध्यान न गया हो।

इसलिए यह कहना पुनर्विचारणीय है कि हिन्दवी या रेख्ता की कविता सत्रहवीं-अठारहवीं शताब्दी में आई। यह ग्यारहवीं-बारहवीं शताब्दियों में आ चुकी थी। यह कविता लोगों की जबान पर बड़ी जल्दी चढ़ जाती थी, इसलिए वाचिक परम्परा

में सदियों तक कहे-सुने जाने के कारण उसके शब्दों में हेर-फेर होता रहा होगा।

'आईनासाज़' में कल्पना की गई है कि गोरी सोई सेज पर या काहे को ब्याही बिदेस जैसे दोहों या गीतों में खुसरो के जीवन की गहरी वेदना व्यक्त हुई है। दूसरी ओर त्रिवेदी जी पूछते हैं कि छाप तिलक सब छिनने की बात खुसरो की वाणी से चली गई और सेज पर सोई गोरी भी हटा दी गई तो क्या बचा?

मैं समझता हूँ खुसरो की वाणी में छाप तिलक छिन जाने की बात भी थी, और मुख पर केस डारे गोरी भी थी।

खुसरो जिस समय हुए उस समय सबके सिर पर उलटा धरा—यह नहीं लिखा या रचा जा सकता था। पर शीर्ष उलटि धरेउ जैसा तो कुछ हो ही सकता था। हो सकता है कि अमीर खुसरो ने ऐसा या इससे मिलता-जुलता कुछ लिखा हो—

गोरी सुव्वइ सेज्जए शीर्षे धृत्वा केसम्।
चल खुसरो अप्पुन घरं राई होइ चतुर्देसम्॥

जनता उनके दोहों को याद रखती है दोहराती है। इस प्रक्रिया में सेज्जए सेज हो जाए, शीर्षे सिर पर हो जाए—यह सकता है।

आईनासाज़ से यह प्रश्न भी उठता है कि क्या इक्कीसवीं सदी में सूफीवाद का नवोत्थान हमारी नियति बन सकता है और हिंसा, क्रूरता असहिष्णुता तथा इतिहास की तोड़-मरोड़ के इस दुर्दान्त विकराल समय में संसार को बचा सकता है?

'आईनासाज़' में सिद्धू सपना को लिखे अपने खत में लिखता है—

> ऐसे तो कही हुई बात वह रूहानी ताकत कहाँ से आएगी, जो कभी झूठ नहीं बोलने वाले, साफ आचरण रखने वाले, किसी का बुरा नहीं चाहने वाले मनुष्यमात्र को भाई और जीव-मात्र को करुणा का पात्र मानने वाले सूफी हृदय में आती है। (पृ. 10)

आगे वह लिखता है—

> सूफियों ने सांस्कृतिक संवाद का जो सिलसिला कायम किया था, इस्लाम और ईसाइयत के बीच वर्षों तक चलने वाले उस धर्मयुद्ध ने उसकी चूलें हिलाकर रख दीं। (पृ. 11)

'आईनासाज़' की नायिका सपना इसी सूफीवाद के सहारे आधुनिक इतिहास के दिये घावों से उबरने की कोशिश करती दिखती है। तब सवाल इतना बचता है कि प्रोफेसर हरीश त्रिवेदी, प्रोफेसर गोपीचन्द नारंग आदि सुबुद्ध पंडितों के द्वारा खुसरो को लेकर प्रकट की गईं विप्रतिपत्तियाँ क्या पूर्वपक्ष बन जाती हैं और 'आईनासाज़' उनका उत्तरपक्ष?

सन्दर्भ

अनामिका—'आईनासाज़', राजकमल पैपर बैक्स, 2020

अलबरूनी—'भारत' (अंग्रेजी से अनूदित), अनु.—नूर नबी अब्बासी, सम्पादक—कयामउद्दीन अहमद, नेशनल बुक ट्रस्ट, दिल्ली, 1992

त्रिवेदी हरीश—*दुराए नैना बनाए बतियाँ : अमीर खुसरो की धरोहर—इतिहास से उपन्यास तक*, 'आलोचना', अंक 62, अक्टूबर दिसम्बर, 2019, पृ. 139-145

वर्मा आर.जी. तथा वर्मा राजीव—'भारतीय संगीत और अमीर खुसरो', अमर ग्रन्थ पब्लिकेशंस, दिल्ली, तिथिहीन।

हेमचन्द्र—'देशीनाममाला', सं. आर. पिशेल, परवस्तु वेंकट रामानुज स्वामी द्वारा संशोधित द्वितीय संस्करण, प्रकाशन विभाग, बम्बई राज्य, 1938

‘जन्म से ही जीवित है पृथ्वी’ पर एक अनुकथन

काव्यशास्त्र के आचार्य आनन्दवर्धन कहते हैं कि सैकड़ों बृहस्पति मिलकर भी कविता के संसार की नाप-जोख करने में लग जाएँगे, तो वे इस संसार की थाह न पा सकेंगे, क्योंकि जिस तरह हमारा संसार अनंत है, कविता का संसार भी अनंत है। वास्तविकता तो यह है कि आँखों से दिखने वाली जितनी दुनिया है, कविता की दुनिया उसकी तुलना में कई गुना अधिक बड़ी है।

कविता के लिए कुछ अगम्य नहीं, कुछ अविषय नहीं। कविता पर भी कविता लिखी जा सकती है, व कविता की सहवर्ती कलाओं पर भी। पर कम कवि हुए हैं, जिन्होंने कविता या कलाओं को लेकर उम्दा कविताएँ लिखी हैं। उसमें भी किसी एक महान् कवि या कला की एक विधा को लेकर कविताएँ लिखी जाती रही हैं। रामचरितमानसकार तुलसीदास पर संस्कृत में महाकाव्य हैं, और हिन्दी में निराला की कविता है। इसी तरह कालिदास पर संस्कृत में कई कविताएँ और नाटक भी हैं, रवीन्द्रनाथ टैगोर ने तो ‘कालिदास’ या उनके ‘मेघदूत’ पर ढेरों कविताएँ और गीत रचे हैं। किसी एक कलाकार पर भी कविताएँ कविजन लिखते रहे हैं, जैसे कुमार गंधर्व को लेकर अशोक वाजपेयी ने कविताएँ लिखी हैं। पर काव्यानुभूति और कलानुभूति तथा कलाओं के संसार के अनोखेपन को उजागर करने वाली रसिक की दृष्टि को लेकर कविताएँ कम ही लिखी गई हैं। ‘जन्म से ही जीवित है पृथ्वी’ के कवि प्रेमशंकर शुक्ल ने इस दिशा में पहल करके लगभग अनछुए एक क्षेत्र में अपनी लेखनी चलाई है।

विष्णुधर्मोत्तरपुराण में राजा वज्र मार्कण्डेय ऋषि से प्रश्न करते हैं कि देवता का रूप कैसे रचा जाता है? मार्कण्डेय कहते हैं कि जो चित्र का मर्म नहीं जानता, वह देवता की प्रतिमा का शास्त्र भी नहीं समझ सकता। वज्र कहते हैं—तो फिर मुझे चित्र के सूत्र समझा दीजिए। मार्कण्डेय कहते हैं कि जो नृत्यकला नहीं समझता उसके लिए चित्र समझना भी सम्भव नहीं है। हम संसार को नृत्य में जैसे फिर से रचते हैं, वैसे ही चित्र में भी। तब राजा वज्र ऋषि से नृत्य का शास्त्र बताने के लिए कहते हैं, और ऋषि कहते हैं कि उसके लिए पहले वाद्यसंगीत जानना होगा,

वाद्यसंगीत को जानने के लिए गीत समझना होगा और गीत को समझने के लिए कविता को समझना होगा।

कलाओं की समानधर्मिता की बात विष्णुधर्मोत्तर से लगाकर आज तक की जाती रही है। पर कलाओं का अन्त:सम्बन्ध इतना ही नहीं कि उनका मूल एक है, प्रेमशंकर अपनी इन कविताओं में बतातें हैं कि कलाएँ किस तरह एक दूसरे में रूपान्तरित होती चली जाती हैं। चित्र कविता बनते जाते हैं, कविताएँ चित्र बनती जाती हैं। दरअसल हर उत्तम चित्र एक कविता होता है, हर उत्तम कविता एक चित्र होती है। एम.एफ. हुसेन की मदर टेरेसा पर निर्मित चित्रश्रृंखला को लीजिए। यह श्रृंखला मिलकर क्या एक महाकाव्य नहीं बन जाती? कालिदास शकुन्तला के चित्र और चित्र के निर्माण की प्रक्रिया का काव्यात्मक आख्यान प्रस्तुत करते हुए अपनी कविता को चित्र में तब्दील कर देते हैं। कुशल रंगकर्मी जब उनके नाटक के इस प्रसंग को रंगमंच पर उतारते हैं, तो वे जीती-जागती शकुन्तला के पात्र को ही चित्र में रूपान्तरित कर देते हैं।

इस तरह कलाओं की पारस्परिकता से बढ़कर उनका पारस्परिक रूपान्तरण कलाजगत् की एक ऐसी आश्चर्यजनक वास्तविकता है, जिस पर कोई जानकार रसिक लिखे, तो वह भी चमत्कार ही होगा। 'जन्म से ही जीवित है पृथ्वी'—इस संग्रह के कवि ने यह चमत्कार कर दिखाया है।

इस संग्रह का कवि कलाओं की समानधर्मिता का नहीं, कलाओं के पारस्परिक रूपान्तरण का कवि है। यही नहीं, वह कलाओं के पारस्परिक रूपान्तरण को कविता का विषय बनाते हुए कलाओं के आन्तरिक जगत् तक जा पहुँचता है। यह कला का अध्यात्म-जगत् है।

कलाओं का यह पारस्परिक रूपान्तरण कवि की कल्पना भर नहीं है। दरअसल यह कलाओं के संसार की निजी वास्तविकता है। इसी में कलाओं का अध्यात्म भी खुलता है। प्रेमशंकर शुक्ल कला के इस अध्यात्म के कवि हैं।

कला के अध्यात्म-जगत् में वस्तुएँ अपना अन्तर खोलती हैं, जड़ चेतन हो उठता है, चेतन जड़ बन जाता है। गायक श्रवणकुमार का आख्यान गा रहा है। 'जन्म से ही जीवित है पृथ्वी' का कवि कहता है कि श्रवणकुमार को तीर लगता है, और मूर्च्छित होता है गायक का इकतारा; गायक इकतारे के तारों को छेड़ रहा है, उन तारों से रोने की हिचकी उठती है। इन कविताओ में प्रेमशंकर शुक्ल कला की सृष्टि और कला के आस्वाद दोनों की रमणीय व्याख्या करते हुए पंडितराज जगन्नाथ के इस काव्यलक्षण का स्मरण कराते हैं कि रमणीय अर्थों के प्रतिपादक शब्द ही काव्य बनते हैं। उनकी कविता में कागज पर बनी कोयल कोयल नहीं रह जाती है वह कूक में तब्दील हो जाती है। उस कूक में कवि को चित्रकार की हूक सुनाई पड़ती है; इकतारा फक्कड़ हो जाता है, वह आख्यान

कविता और लोकगीत गाने लगता है। तब कवि को लगता है—

इकतारा सुनना करुणा सुनना है
और बुनना है पूरे मन में उजाले का थान
यह रोना चुपचाप रोना नहीं है
हत्या का पुरजोर विरोध है।

यहाँ प्रेमशंकर शुक्ल कला के कालातीत संसार को अपने समकाल में प्रतिष्ठित करते हैं।

कलाएँ मनुष्य की निर्मल चेतना में जन्म लेती हैं, और मनुष्य की चेतना एक है। इसलिए सारी कलाएँ अपने मूल में एक हैं, उनके माध्यम भिन्न होते हैं। कलाओं का संसार उपनिषद् के ऋषि के इस कथन को चरितार्थ करता है कि परमतत्त्व अपने को अनन्त रूपों में प्रकट करता है।

कालिदास के अभिज्ञानशाकुन्तल में दुष्यन्त शकुन्तला का चित्र बनाता है। चित्र बार-बार मिटाकर फिर से बनाता है, पर शकुन्तला का समूचा सौन्दर्य चित्र में अँट नहीं पाता, क्योंकि दुष्यन्त अपने निजी दुःख में डूबा है। अपनी संकीर्ण निजताओं से ऊपर उठकर अनन्त के महासागर में डुबकी लगाने पर अपने व्यक्तित्व की कारा को तोड़कर जब व्यक्ति अनन्त हो जाता है, तो कलासृष्टि सम्भव होती है। जिस तरह कलाएँ एक दूसरे में रूपान्तरित होती हैं, उसी तरह कला के सर्जक भी रूपान्तरित होते हैं। कवि योगी बन जाता है, अभिनेता चित्रकार हो जाता है।

कालिदास के नाटक में नायक अग्निमित्र अपनी प्रिया मालविका का चित्र देखता है, वास्तविक मालविका से चित्र का मिलान करते हुए वह कहता है कि जिसने यह चित्र बनाया है उसकी समाधि शिथिल हो गई थी।

प्रेमशंकर इस बात को अपने ढंग से यों कहते हैं—

चित्र का शरीर है यह
लेकिन चित्रकार के हाथ से
फिसल गया है चित्र का चित्त

ये कविताएँ मनुष्य और उसकी चेतना के साथ कविता या कला के गहरे रागात्मक अन्तःसम्बन्धों की सही पड़ताल करती हैं। गायिका अपना मन गीत में रखकर भूल जाती है। कैसा अटूट विश्वास है गायिका का और उसके स्रष्टा कवि का भी कला पर कि गीत में मन रखकर गायिका भूल जाती है कि उसने अपना वहाँ रख छोड़ा है। मन एक अमानत की तरह गीत में रख दिया गया है, जब लगेगा तो अपनी अमानत वापस ले लेंगे।

कवि प्रेमशंकर का भावजगत् अनूठा है, साथ ही वे कितने बहुश्रुत और अधीती भी हैं—यह भी इन कविताओं से जाहिर है। वे भाषा और कलामाध्यमों पर सरस चर्चा करते हुए पतंजलि, भर्तृहरि, नागार्जुन, देरिदा या फूको के भाषाविषयक चिन्तन को समेट लेते हैं—

लेकिन पंक्तियाँ मानती नहीं कवि की बात
कवि हटाता है उन्हें अतिक्रमण की तरह नहीं
फिर लिखने के आश्वासन की तरह

लेकिन पंक्तियाँ अपनी जिद की डोरी पकड़
कविता में आ जाती हैं पुनः पुनः
जहाँ कविता रहती है
भाषा का भी खूब मन लगा रहता है!!

या—

भाषा के साथ
कविता की लम्बी जुगलबन्दी है
इसीलिए भाषा को
ठस होंठ छूने से
कविता को लगती है ठेस

'जन्म से ही जीवित है पृथ्वी' के कवि की ये पंक्तियाँ आनन्दवर्धन और टी.एस. इलियट के काव्यसंवादविषयक मंतव्य का सरस आख्यान हैं—

लिखी जा रही काव्य-पंक्तियाँ
पुरानी कविता को नया करती रहती हैं
और बनी रहती है भाषा की धातु में
खनक और चमक

नया करने से होता रहता है नया
और पुराना भी
लम्बी उमर
पाए रहता है!!

पर प्रेमशंकर इसलिए भी सराहनीय हैं कि वे उत्तर-आधुनिकतावाद में बताए जा रहे महान् और लघु परम्पराओं, राष्ट्रीय और क्षेत्रीय या मार्गी और देशी के

बीच के कथित द्वंद्व को नकार देते हैं। इन युग्मों को तत्सम और तद्भव के रूप में प्रस्तुत करते हुए वे कहते हैं—

कविता तत्सम में बोलती
और मैं तद्भव में सुनता
खेती-किसानी का आदमी
तत्सम को तद्भव में रूपान्तरित कर लेना
आया है पीढ़ियों से मेरे भीतर
देशज मानस है हमारा
और मैं जानता हूँ हमारा देशज है बेहद विशाल
जिसमें बिना विरोधाभास के आवाजाही करते रहते हैं
तद्भव और तत्सम
दुख चाहे तत्सम में कहा जाय
या तद्भव में
टीसता अपने पूरे वजन में ही है

प्रेम चाहे तद्भव में बोला जाय
या तत्सम में
लरजते नीर की तरह आँच
हृदय में भरती ही है अनूठा आवेग

विलोम नहीं हैं तत्सम और तद्भव
परस्पर पूरक हैं
पिता की मृत्यु पर तद्भव में
मैं फूट-फूट कर रोया
और शोकसन्तप्त तत्सम के अश्रुजल भी
चुपचाप नहीं रहे हैं!!

इसी तरह रंगमंच या नाटक के अनुभवों को लेकर इस संग्रह की दो कविताएँ अभिनवगुप्त से लगाकर स्तानिस्लाव्स्की जैसे महान् नाट्यचिन्तकों के विचारों की जाने-अनजाने में अनुगूँज बन गई हैं।

रंगमंच के संसार की व्याख्या करते हुए अभिनवगुप्त और स्तानिस्लाव्स्की दोनों मानते हैं कि अभिनेता परकाय प्रवेश कर जाता है। अभिनेता का आत्मस्थ रहता है, उसकी आत्मा कितने-कितने चोलों में यात्रा करती है। वह अपने चैतन्य को नाना भूमिकाओं से एकाकार होता हुआ देखता चलता है।

'जन्म से ही जीवित है पृथ्वी' का कवि कहता है—

पात्र ने अपने दुख से कहा
मैं नाटक में अपने किरदार का अभिनय करता हूँ जब तक
बैठकर देखो तुम यह नाटक
हालाँकि नाटक में भी मुझे
अपने किरदार के दुख को ही मंच पर
करना है उद्घाटित

पात्र की बात सुन मान गया दुख

दुख ने दुख का अभिनय करते देख
अपने पात्र को छोड़ने का मन बना लिया
और पात्र के प्रति सम्मान से भर
बिना बताए ही पात्र से चला गया दूर

यह कविता शब्दों के उजड़ते उन आवासों को फिर से बसाने का यत्न करती है, जो शोरगुल की गुंडई से उजड़ गए हैं।

शिव-पार्वती के अर्द्धनारीश्वर रूप का अद्‌भुत वर्णन राजा भोज के समकालीन कवि छित्तप ने किया है। शिव और पार्वती दोनों इस रूप में एकमेक हो गए हैं, फिर भी वे एक-दूसरे से प्रेम करते हैं। पर यह कैसा अनोखा प्रेम है कि इसमें मेखला नहीं टूटती, आलिंगन और चुम्बन नहीं होता। यहाँ अर्द्धनारीश्वर की मूर्ति को कविता में प्रस्तुत किया गया है। इसी मूर्ति को प्रेमशंकर अपनी कविता में यों उकेरते हैं—

नाभि में भी अँधेरे की
आधी गहराई शिव की है
आधी पार्वती की
आदिसन्धि है यह
ध्रुवसत्य की तर्ज पर कह सकते हैं हम जिसे
ध्रुवसंधि

पार्वती पूरी हैं, पूरे हैं शिव
पार्वती को शिव पूरा कर रहे हैं
शिव को पार्वती

पूरक से पूर्णता है
और पूर्णता में साथ का समरस

आज के समय में जब कविता और सारी कलाएँ लगातार हाशिये पर पटकी जा रही हों, कलाओं के संसार को कला के द्वारा ही फिर से पहचानने का यह उपक्रम उन्हें हमारे समय और समाज से सार्थक रूप में जोड़ने की एक पहल भी कहा जा सकता है। इन कविताओं को पढ़कर हम अनुभव करते हैं कलाएँ हमारे लिए क्या कर सकती हैं। वास्तव में प्रेमशंकर शुक्ल का यह कविता-संग्रह कलाओं के विस्मयलोक को चकित कर देने वाला आख्यान है। वह हमें उस अनोखे संसार में ले जाता है, जिसमें हम अपने खोये हुए मनुष्य को फिर से पा सकते हैं।

व्यंग्य की परम्परा और परसाई का अलंकार विधान

भरतमुनि के नाट्यशास्त्र में सर्वप्रथम Satire के अर्थ में। 'व्यंग्य' शब्द का प्रयोग मिलता है। बाद में काव्यशास्त्र में ध्वनिवादियों ने इस शब्द को व्यंजनावृत्ति से जाने गए अभिप्राय में ही सीमित कर दिया। नाट्यशास्त्र के अन्तिम अध्याय में नाट्य के भूलोक में अवतरण की कथा आती है। कथा इस प्रकार है—भरत के सौ पुत्र या शिष्य थे। ये हिमालय क्षेत्र में भरतमुनि के निर्देश से अपने नाटक दिखाया करते थे। धीरे-धीरे देवताओं और असुरों के युद्ध आदि के महान कथानकों पर आधारित नाटकों के स्थान पर ये शिष्यगण नये प्रयोग करने लगे। वे नाट्य के रूप में ऐसे प्रहसन दिखाने लगे, जिनसे लोगों को असुविधा का अनुभव होता था। नाट्यशास्त्र में इन प्रयोगों को ग्राम्यधर्म वाले शिल्पक कहा गया है। शिल्पक को बाद के नाट्यशास्त्र के आचार्यों ने उपरूपकों के अन्तर्गत परिभाषित किया है। उपरूपक वास्तव में लोकनाट्य के प्रकार रहे हैं। अस्तु, भरतमुनि कहते हैं कि ग्राम्यधर्म वाले इन शिल्पकों में हिमालय पर रहने वाले ऋषियों पर व्यंग्य रहता था। यह प्रयोग अश्राव्य (जिसे सुनना बुरा लगे), दुराचार, निष्ठुर और अप्रस्तुत (अप्रत्यक्ष रूप से सामने बैठे दर्शकों पर ही प्रहार करने वाला) था। अभिनवगुप्त ने यहाँ अपनी टीका में इस प्रकार के शिल्पक के प्रयोग को विडम्बक (विडम्बना को बताने वाला) तथा गंडसंश्रित (अन्योपदेश के द्वारा खिल्ली उड़ाने वाला) भी कहा है। ऐसे शिल्पक की प्रस्तुति में अपने जीवन और आचरण का विकृत रूप देखकर ऋषि गण बिगड़ उठे और उन्होंने कहा—

> हे द्विजो, क्या तुम लोगों के लिए हमारी इस तरह विडम्बना दिखाना और परिहास करना उचित था? यह तो हमें स्वीकार नहीं है।

और उन्होंने भरत के शिष्यों को शाप दे दिया कि तुम लोगों का ज्ञान नष्ट हो जाएगा, तुम लोग व्रत और होम से रहित होकर शूद्राचार हो जाओगे। तुम लोगों का वंश अपवित्र होगा और तुम्हारे वंशज भी नर्तक बनेंगे। तब भरतमुनि के पुत्र भरत के पास जाकर बोले कि आपने तो हमारा नाश करा दिया। इस नाट्य के दोष से हम लोग शूद्राचार हो गए। तब भरतमुनि ने उन्हें सान्त्वना देते हुए कहा—

हे निष्पाप पुत्रो, तुम लोग क्रोध मत करो। हम इस नाट्य को शिष्य तथा अन्य लोगों को सिखाते रहेंगे।

भरतमुनि के पुत्रों ने ऋषियों के जीवन के अन्तर्विरोधों को अपने तथाकथित रूप से ग्राम्यधर्म वाले नाटकों के प्रयोग के द्वारा दिखाया था। अपने पुत्रों या शिष्यों के इन प्रयोगों को भरतमुनि ने ग्राम्यधर्मयुक्त, विडम्बन, व्यंग्यकरण आदि कहा है, पर उनके मन में इन प्रयोगों के लिए कहीं भी निंदा या भर्त्सना का भाव नहीं है। ग्राम्यधर्म से यह आशय भी नहीं लगता कि इन रूपकों में गँवारूपन था। इनमें भदेसपन या देशज परम्परा का वैभव था—यही आशय लगता है। भरतमुनि ने अपने पुत्रों को ऐसे प्रयोग करने से मना नहीं किया। पर इन प्रयोगों में जिन ऋषियों की खिल्ली उड़ाई गई थी, उन्हें जरूर शिल्पक की ऐसी प्रस्तुतियों को लेकर शिकायत थी। उन ऋषियों की कथनी और करनी में अन्तर था। इस प्रकार भरतपुत्रों का पूरे ग्राम्यधर्ममूलक शिल्पक, रूपक के प्रयोग विरोध और असंगति तथा विषम अलंकारों पर आधारित थे। इस विरोध, असंगति और विषम के निदर्शन का पर्यवसान विडम्बना के बोध में होता है। विडम्बना के बोध वाली कविता उस रूप में रसविभोर नहीं करती, जिस तरह बिहारी आदि की शृंगार रस की कविता। वह निर्वेद और ताटस्थ्य का अनुभव देती है।

भरतमुनि ने महान नाट्यपरम्परा का जिस तरह निरूपण किया है, उसी तरह उन्होंने नाटक की लघुपरम्परा के लिए भी गुंजाइश रखी है। नाटक, प्रकरण, डिम, व्यायोग, समवकार—ये बड़े कैनवस वाले रूपक प्रकार हैं, इनमें ग्रांड नैरेटिव रहती है, दूसरी ओर भाण, प्रहसन जैसे रूपक प्रकार भी नाट्यशास्त्र में कम महत्त्व के नहीं हैं। इनमें मध्यवर्गीय और निम्नवर्गीय समाज रहता है।

ऊपर शिल्पक की चर्चा आई है। शिल्पक और इससे मिलते-जुलते करीब चालीस उपरूपकों का विवेचन नाट्यशास्त्र की परम्परा में भरतमुनि के अनुयायी आचार्यों ने किया है। इनमें से अनेक उपरूपक ऐसे हैं, जिनमें निम्नवर्गीय पात्र और विकृतियों का चित्रण विशेष रूप से रहता है। भाणों और प्रहसनों की समृद्ध परम्परा इस पृष्ठभूमि में पनपे यह स्वाभाविक ही था। इन भाणों में चतुर्भाणी के चार भाण और प्रहसनों में भगवदज्जुकम् तथा मत्तविलास जैसी रचनाएँ संस्कृत नाट्य साहित्य में उतना ही महत्त्व रखती हैं, जितना भास, कालिदास, शूद्रक, भवभूति जैसे बड़े नाटककारों की कालजयी कृतियाँ।

चतुर्भाणी के चार भाग हैं—धूर्तविटसंवाद, उभयाभिसारिका, पादताडितकम् और पद्मप्राभृतकम्। शूद्रक और वररुचि जैसे महान् रचनाकारों के नाम इन कृतियों के साथ जुड़े हैं। चारों ही भाणों में वेशवाट या वेश्याओं के मुहल्ले का सजीव चित्रण है, व्यंग्य, परिहास, परिहास और देशज शब्दों की अपूर्व बानगी इनमें है। पाटलिपुत्र

और उज्जयिनी की गलियाँ-चौराहे, बाग-बगीचे और मध्यवर्गीय समाज के पाखंड तथा दोहरे जीवन के सजीव चित्र इनमें हैं। संस्कृत साहित्य में इनका अनोखापन या खास पहचान इनके पैने, धारदार व्यंग्य और निर्मम दो टूक साफगोई के कारण है।

चारों भाणों में पाटलिपुत्र तथा उज्जयिनी इन दो नगरों की गलियों-चौराहों, घर-परिवारों में होने वाली गतिविधियों और वहाँ के जीवन का जीता-जागता चित्रण है। भारतीय समाज और जीवन में ऐसे यथार्थ चित्र अत्यन्त दुर्लभ हैं। इहलौकिकता या फक्कड़पन तथा मस्ती का ऐसा रूप भी संस्कृत साहित्य में अन्यत्र कम ही मिलता है। व्यंग्य, विडम्बन और उत्प्रास की शैली का रूप भी यहाँ अपूर्व ही है। लोकोक्तियों के तो चारों भाण खजाने ही हैं। बोलचाल की चुटीली संस्कृत जो गुप्तकाल में गली-मुहल्लों में सुनाई देती थी, उसकी बानगी हम इनमें पाते हैं। यह चटपटी तथा चुभती हुई भाषा है। पर यह भाषा एक क्षेत्र विशेष—वेशवाट में प्रचलित भाषा है। अतः शब्दों के यहाँ ऐसे-ऐसे अद्‌भुत अर्थ व्यंजित होते हैं, जो केवल विटों की आपसी बातचीत में ही प्रचलन में रहे होंगे। सहज परिहास तथा ठेठ भारतीय ढंग से छेड़छाड़ और ठिठोली के आकर्षक नमूने ये चारों भाण प्रस्तुत करते हैं।

संस्कृत रूपकों की परम्परा में प्रहसन दो प्रकार के मिलते हैं—एक तो वे जिनमें कल्पनाप्रवण नाट्यकार कथानक के अन्तर्गत परिस्थितियों की ऐसी रचना करता है कि हास्य की अनिर्बाध सृष्टि स्वयं होती जाती है। दूसरी कोटि के प्रहसन वे हैं जिनमें अधम कोटि के पात्र संवादों की असभ्यता, अश्लीलता या फूहड़पन के द्वारा हास्य उत्पन्न करते हैं। नाट्यशास्त्र में पहली कोटि के प्रहसन को शुद्ध तथा दूसरी कोटि के प्रहसन को संकीर्ण कहा गया है। 'भगवदज्जुकम्' तथा 'मत्तविलासम्' पहली कोटि के प्रहसन हैं। इन दोनों में हास्य की सृष्टि कथासंविधान की आकस्मिकता के कारण होती है। इन दोनों प्रहसनों की दार्शनिक और प्रतीकात्मक व्याख्याएँ भी की जाती रही हैं। संस्कृत प्रहसनों में 'भगवदज्जुकम्' अद्वितीय है। नाट्यशास्त्र के अनुसार प्रहसन में भगवान् (संन्यासी), तापस या विप्र आदि के द्वारा हास्य का प्रवर्तन किया जाता है। 'भगवदज्जुकम्' में संन्यासी पात्र तो है, पर उसका स्वयं का चरित्र अत्यंत उदात्त है। नाटक के शेष पात्र अवश्य उसके चरित्र के आगे हास्यास्पद बन जाते हैं। इस प्रहसन के अतिरिक्त जितने प्रहसन संस्कृत में मिलते हैं, उन सभी में कोई पात्र ऐसा नहीं, जो हास्यास्पद न बनता हो।

'भगवदज्जुकम्' प्रहसन के आरम्भ में भगवान् प्रव्राजकाचार्य अपने शिष्य शांडिल्य को खोजते हुए आते हैं। शांडिल्य एक पेटू बटु है, जो दरिद्र ब्राह्मणकुल में उत्पन्न होकर उदरपोषण के लिए पहले बौद्ध भिक्षु हुआ, फिर इन संन्यासी के पास चला आया। शांडिल्य इन संन्यासी से भी दुखी है, क्योंकि वे उससे भोजन-पानी की बात करने की अपेक्षा ज्ञानचर्चा करते रहते हैं।

शांडिल्य के भिक्षाटन को चलने के अनुरोध को टालकर संन्यासी उसे लेकर

नगर के अशोक उद्यान में पहुँचते हैं। दोनों में योग चर्चा होती है, जिसे शांडिल्य भोग-चर्चा की ओर मोड़ना चाहता है। इसी समय वसन्तसेना नाम की गणिका अपनी चेटी (सेविका) के साथ उस उद्यान में विहार के लिए आती है। उसका प्रेमी रामिलक भी उससे मिलने के लिए वहाँ आने वाला है। समय बिताने के लिए वह उद्यान में फूल चुनने लगती है। शांडिल्य उसे अतृप्त लालसा से छिपकर निहारता है। संन्यासी उसकी चंचलता पर उसे फटकार लगाते हैं। तभी यमदूत वहाँ प्रवेश करता है। यमराज ने उसे वसन्तसेना नाम की गणिका के प्राण लाने के लिए इस नगर में भेजा है। वह फूल चुनती वसन्तसेना को सर्प बनकर काट लेता है। वसन्तसेना चेटी से अपनी माता तथा प्रेमी के लिए अपना अन्तिम सन्देश बताते-बताते प्राण त्याग देती है। शांडिल्य यह दृश्य देखकर बिलखने लगता है। संन्यासी उसे गणिका का मोह त्यागकर अध्ययन में मन लगाने का उपदेश देते हैं तो वह उनसे ही उलझ पड़ता है। चेटी गणिका के शव को शांडिल्य के भरोसे छोड़कर उसकी माता को बुलाने के लिए चली जाती है। शांडिल्य गणिका के शव को छूकर विलाप करने लगता है। तब संन्यासी उसका मोह तोड़ने के लिए अपनी योगशक्ति का चमत्कार दिखाने का निर्णय लेते हैं। वे अपना जीव मृत गणिका के शव में प्रविष्ट करा देते हैं। गणिका जी उठती है और संन्यासी का शरीर निष्प्राण हो जाता है। शांडिल्य प्रसन्नता से उछल पड़ता है और गणिका को छूने के लिए आगे बढ़ता है, तो गणिका के शरीर में विराजे उसके गुरुदेव उसे डपटते हैं—अपवित्र हाथों से मुझे मत छू! शांडिल्य घबराकर अपने गुरु के पास जाता है और उनका शरीर निष्प्राण देखकर रोने लगता है। गणिका की देह में विराजे उसके गुरु उसे अध्ययन के लिए पुकारते हैं। तभी चेटी गणिका की माता को ले आती है। गणिका की माता रोती हुई अपनी बेटी के शरीर से लिपटने को होती है कि संन्यासी उसके शरीर के भीतर से उसे कड़े स्वर में स्पर्श करने से रोकते हैं। माता और चेटी समझती हैं कि विष के प्रभाव से वसन्तसेना ऊटपटाँग बातें कर रही है। वे उसके इलाज के लिए दो वैद्य बुला लाती हैं। पर गणिका के भीतर स्थित संन्यासी उन वैद्यों से वैद्यक और सर्पविद्या पर प्रश्न और शास्त्रार्थ करके उन्हें इस तरह हैरान कर देते हैं कि वे भाग खड़े होते हैं। इसी बीच वसन्तसेना का प्रेमी रामिलक उससे मिलने के लिए आ पहुँचा है। वह अपनी प्रेमिका को प्रेताविष्ट समझकर घबरा जाता है। यह सारा घटनासंविधान और भी रोचक मोड़ ले लेता है, जब वसन्तसेना का जीव लेकर गया हुआ यमदूत लौट आता है। यमराज ने उसे लताड़कर कहा कि जिस वसन्तसेना का जीव तुम ले आए हो, उसकी तो आयु पूरी नहीं हुई थी। उसी नगर में एक अन्य वसन्तसेना नाम की गणिका है, उसका जीव लाना था। यमदूत उद्यान में वसन्तसेना का जीव उसके शरीर में वापस स्थापित करने के लिए पहुँचता है तो क्या देखता है कि वसन्तसेना तो जीवित है और प्रवचन दिए जा रही है। वह

वस्तुस्थिति समझ जाता है और संन्यासी के खेल को आगे बढ़ाने के लिए गणिका का जीव उनकी मृत देह में डाल देता है। अब संन्यासी स्त्रियों जैसे सुकुमार स्वर में रामिलक और गणिका की माता को पुकार रहे हैं और उधर गणिका संन्यासी के स्वर में लोगों को डपट रही है। फिर यमदूत अपनी भूल सुधारने के लिए वहाँ आता है और गणिका के शरीर में स्थित संन्यासी से प्रार्थना करता है कि वे उस शरीर को त्याग दें। इसके पश्चात संन्यासी का जीव फिर से उन्हीं की देह में आ जाता है और गणिका का जीव भी उसके नारी शरीर में लौट आता है, जिससे ये दोनों पहले की तरह स्वाभाविक आचरण करने लगते हैं।

'भगवदज्जुकम्' में दार्शनिक, सामाजिक और मनोवैज्ञानिक रहस्यों के उन्मीलन के लिए परकाय प्रवेश के अभिप्राय का अत्यंत मौलिक और कल्पनापूर्ण प्रयोग किया गया है। यमदूत की तनिक सी भूल के कारण विचित्र और उलझन भरी स्थितियों की शृंखला बन जाती है, जिसमें दर्शक तो कौतुक से भरकर आनन्दित होते रहते हैं पर संन्यासी को छोड़कर सारे पात्र किंकर्तव्यविमूढ़ हो जाते हैं। घटनाव्यापार के आकस्मिक विपरिवर्तन के द्वारा इस प्रहसन में हास्य की अपूर्व सृष्टि की गई है। एक असम्भव प्रतीत होने वाली घटना को मंच पर चरितार्थ करके नाट्यकार मनुष्य के अस्तित्व और व्यक्तित्व की पहचान के सम्बन्ध में गम्भीर प्रश्न उठाते हैं। क्या देह से मनुष्य के व्यक्तित्व की पहचान होती है? शांडिल्य संन्यासी की देह से चिढ़ता है, और गणिका के रूप पर आसक्त होता है। संन्यासी का व्यक्तित्व गणिका में और गणिका का जीव संन्यासी में आ जाने से उसकी संन्यासी के लिए चिढ़ और गणिका के लिए आसक्ति दोनों समाप्त हो जाती हैं। गीताकार की भाँति 'भगवदज्जुकम्' के प्रणेता यहाँ यह सन्देश देना चाहते हैं कि 'स्वे स्वे कर्मण्यभिरत: संसिद्धिं लभते नर:' —यदि संन्यासी गणिका की भाँति और गणिका संन्यासी की भाँति आचरण करने लगे तो बड़ी विसंगति होगी।

'मृच्छकटिक' की भाँति 'भगवदज्जुकम्' में पात्रों के व्यक्तित्व और वैशिष्ट्य के अनुसार भाषा शैली की विविधता है। संन्यासी के संवादों में एक-एक शब्द गरिमा और गम्भीरता से ओतप्रोत है, शांडिल्य के हर वाक्य से उसकी मूर्खता और फूहड़पन टपकता है। गणिका के बोलने का ढंग और उसकी भाषा की बानगी भी नाट्यकार ने अच्छी प्रस्तुत की है। एक स्तर पर तो हास्य की निराली छटा प्रहसन में निरन्तर बनी रहती है, पर सूक्ष्मतर स्तर पर हम यह भी अनुभव करते हैं कि विपर्यास का जो रंगमंच यहाँ उपस्थित किया गया है, उसमें नाट्यकार निस्संग और निष्काम है।

'मत्तविलास' प्रहसन के प्रणेता पल्लव राजा महेन्द्र विक्रम हैं। राजा सिंहविष्णु के पुत्र महेन्द्रविक्रम ने कांची में सातवीं शताब्दी के पूर्वार्द्ध में राज्य किया—यह अनेक शिलालेखों तथा ऐतिहासिक साक्ष्यों से प्रमाणित है। दक्षिण के मानमंडूर शिलालेख में इस प्रहसन का उल्लेख है, जिससे यह प्रमाणित होता है कि इसकी रचना 610 ई.

के पहले हो चुकी थी। महेन्द्रविक्रम एक प्रतापी सम्राट होने के साथ-साथ सुकवि तथा कवियों का आश्रयदाता और कलाप्रेमी था।

सत्यसोम नामक कपाली देवसोमा नामक अपनी संगिनी के साथ आता है। दोनों ने छककर मदिरा पी रखी है। नशे में धुत्त होकर वे गिर पड़ रहे हैं। नशे में सत्यसोम देवसोमा को सोमदेवा कहने लगता है। तो देवसोमा उसे झिड़कती है। सत्यसोम उससे क्षमा माँगते हुए मदिरा का त्याग करने का प्रण करने को उद्यत हो जाता है। देवसोमा उससे कहती है कि वह उसके कारण कापालिक धर्म न छोड़े। दोनों और मदिरा पीने के लिए सुरापण (मदिरा के बाजार) में आते हैं। तभी कापालिक का ध्यान इस बात की ओर जाता है कि उसका कपाल (भिक्षापात्र) उसके पास नहीं है। अब दोनों कपाल की खोज में लग जाते हैं। मार्ग में इनकी भेंट नागसेन नामक भिक्षु से होती है। वह अपने चीवर (वस्त्र) के भीतर भिक्षापात्र छिपाए विहार लौट रहा है। कापालिक समझता है कि भिक्षु ही उसका कपाल चुराकर भाग रहा है। कापालिक सत्यसोम और देवसोमा भिक्षु को पकड़ना चाहते हैं, पर मदमत्त होने से उसे काबू में कर नहीं पाते तो सहायता के लिए पुकारते हैं। तभी वहाँ पाशुपत बभ्रुकल्प आता है। वह देवसोमा को पहचान लेता है। देवसोमा पहले उसकी संगिनी रह चुकी है। इन लोगों के कहने पर भिक्षु को अपना भिक्षापात्र बताना पड़ता है। कापालिक अभियोग लगाता है कि भिक्षु ने उसका कपाल चुराया ही नहीं, उसका रंग और आकार भी बदल दिया है। नागसेन उन लोगों से पीछा छुड़ाने के लिए भागने को होता है, पर पाशुपत के सुझाव पर वे न्याय के लिए अधिकरण (न्यायालय) की ओर चल पड़ते हैं। तभी उन्मत्तक (पागल) आता है। उसके पास कुत्ते के मुँह से छीना हुआ कपाल है। वह कपाल बभ्रुकल्प को देने लगता है। ब्रभुकल्प उसे कपाल कापालिक को लौटाने के लिए प्रेरित करता है। बड़ी कठिनाई से ये सब मिलकर उन्मत्तक से कापालिक का कपाल वापस प्राप्त करने में सफल हो जाते हैं।

'मत्तविलास' प्रहसन में तत्कालीन धार्मिक स्थिति का विडम्बनापूर्ण चित्रण है। कापालिक, पाशुपत तथा बौद्ध भिक्षुओं के जीवन का कच्चा चिट्ठा प्रहसनकार ने खोलकर रख दिया है। कापालिक के लिए कापालिक धर्म का अर्थ यही रह गया है कि भरपूर मदिरा पियो और स्त्रियों का साहचर्य प्राप्त करो। पाशुपत की भी यही स्थिति है। भिक्षु नागसेन इस बात को लेकर दुखी है कि बौद्ध धर्म में रहने पर उसे शेष सारे सुख तो सुलभ हैं, केवल सुरा और सुन्दरी का सुख सुलभ नहीं है। वह चाहता है कि भगवान बुद्ध के वचनों की ऐसी व्याख्या की जाए कि ये सुख भी बौद्ध धर्म में रहकर उसे प्राप्त होते रहें। इस प्रकार धार्मिक अध:पतन पर तीखा व्यंग्य करते हुए प्रहसनकार ने पूरे प्रहसन में हास्यास्पद स्थितियों की अत्यंत रोचक शृंखला गूँथी है। भिक्षु नागसेन से भिड़ने के लिए देवसोमा उसे केश पकड़कर घसीटना चाहती

है, पर भिक्षु तो मंडित मस्तक वाला है। नशे में धुत्त देवसोमा उसके केश न पाकर स्वयं नीचे गिर पड़ती है। कुत्तों के द्वारा जूठे किए गए कपाल का एक पागल के पास से प्राप्त होना पूरे प्रहसन में व्याप्त उत्त्रास (व्यंग्य) के भाव को पराकाष्ठा पर पहुँचाता है। कपाली, पाशुपत और भिक्षु तीनों में शास्त्र ज्ञान की कमी नहीं है—यह उनके संवादों से स्पष्ट होता है। धर्मधुरन्धर ज्ञानी लोगों ने किस तरह धर्म को विकृत करके पाखंड के हवाले कर दिया है—प्रहसनकार ने इसका यथार्थ चित्रण करते हुए समाज में मर्यादा भंग और नैतिक पतन का सत्यचित्र प्रस्तुत किया है। प्रहसन के सारे के सारे पात्र समाज से बाहर रहने वाले पात्र हैं। मर्यादाओं और वर्जनाओं को तोड़ने में वे प्रवीण हैं। विडम्बन शैली में कपाली शिव को ही दीर्घायु होने का आशीर्वाद दे डालता है।

यह परम्परा लोकजीवन से जुड़ी रही, उसी से रस लेती रही। 'शुकसप्तति', 'भरटकद्वात्रिंशिका' जैसे कथा-संग्रह इसमें रचे जा सके। ग्यारहवीं शताब्दी में कश्मीर के महाकवि क्षेमेंद्र ने 'कलाविलास', 'समयमातृका', 'सेव्यसेवकोपदेश', 'दर्पदलन', 'देशोपदेश', 'नर्ममाला' जैसे काव्यों में व्यंग्य की धार, हास्य की बहार के साथ समाज की समीक्षा की है। कथा साहित्य में लोककथाओं से जुड़ी एक परम्परा संस्कृत में निरन्तर विकसित होती रही। इसमें हास्य और व्यंग्य से भरपूर 'भरटकद्वात्रिंशिका' जैसी कथाकृति सम्भव हुई, तो प्राकृत में 'हरिभद्रसूरि का धूर्ताख्यान' रचा गया।

इस व्यंग्य विडम्बन और भदेस का काव्यशास्त्र रस और ध्वनिसिद्धान्तों में नहीं, अलंकार के प्रस्थान में रचा गया। अलंकार का अर्थ सजावट नहीं है। यह ध्वनिवादियों और रससिद्धान्तों के व्याख्याकारों की अलंकारसिद्धान्त को लेकर हीनभावना थी कि उन्होंने कविता में अलंकार को हार, कुंडल वगैरह की तरह बाहरी तत्त्व माना। अलंकार के प्रवक्ताओं का कहना था कि अलंकार कविता का समग्र सौन्दर्य है—रूप या शिल्प ही नहीं, वस्तु और कथ्य भी उसमें बराबर वजन के साथ रहता है, यही साहित्य या वस्तु और रूप का सहभाव है। वक्रोक्ति, उदात्त, अतिशय, भाविक जैसे अलंकारों की परिकल्पना इस परम्परा में रखी गई, जो साहित्य के आकलन के लिए रस या ध्वनि की अपेक्षा कहीं अधिक बड़े मानक प्रस्तुत करते हैं। इन्हीं अलंकारों में विरोध, असंगति, व्यत्यय आदि अलंकार हैं, जो जीवन की विडम्बना, दोहरेपन, त्रासदी और संकट की गहन अभिव्यक्ति से रचे जाते हैं।

एक ही वस्तु, व्यक्ति या घटना में परस्पर विरोधी जो तत्त्व प्रचलित तर्क के तहत एक साथ नहीं रहने चाहिए, रचनाकार उन्हें एक साथ दिखाता है। यह विरोध है। इसका चित्रण विरोध अलंकार बनता है।

'ऋग्वेद' के कितव सूक्त में जुआरी की व्यथा-कथा है। जुआरी बार-बार तय करता है कि अब पासों से नहीं खेलेगा और उसके पाँव फिर भी जुआघर की

तरफ बढ़ जाते हैं। उसे लगता है कि पासे नीचे फेंके जाते हैं पर वे उछलकर मन पर वह बैठते हैं, वे निहत्थे हैं पर हाथवालों को काबू में कर लेते हैं। वे चमकीले अंगारे हैं, जो शीतल होकर भी हृदय को जला डालते हैं। जुआरी का परिवार टूट चुका है, आए दिन उसका अपनी पत्नी से झगड़ा होता है। पर पासे हैं कि उसे नहीं छोड़ते। जो नीचे है वह ऊपर चढ़ बैठा है, जो निहत्था है वह हाथ वालों पर भारी है, जो शीतल है वह जला रहा है—इस प्रकार के कथनों में विरोध है। काव्यशास्त्र की दृष्टि से कितव सूक्त विरोध अलंकार का अच्छा उदाहरण है। विरोध अलंकार एक पंक्ति या एक कथन में नहीं, केवल कथन भंगिमा में भी नहीं, एक पूरी बड़ी रचना में हो सकता है, वह केवल शिल्प का अंग नहीं है, वास्तव में तो विरोध अलंकार वस्तु या कथ्य की खूबी से ही बनता है। संसार जाति, गुण, क्रिया और यदृच्छा (स्वेच्छा से दिए गए नाम—व्यक्तिवाचक संज्ञाएँ) इन चार पदार्थों से बना है। इसके आधार पर मम्मट ने जाति का जाति, गुण, क्रिया और यदृच्छा से (4 भेद), गुण का जाति के अलावा तीन से (तीन भेद), क्रिया का शेष बचे दो से (दो भेद) और यदृच्छा का यदृच्छा से (एक भेद) इस तरह कुल दस भेद विरोध अलंकार के बताए हैं। इन दस भेदों में जाहिर है कि सारा संसार समा गया है। ऐसा तो कुछ बचा ही नहीं जिसका दूसरे से कवि विरोध न बता सके। जीवन और जगत के अन्तर्विरोधों को पूरी जटिलता में सामने लाने के लिए आधार इस अलंकार की अवधारणा देती है।

विरोध की ही तरह दूसरा अलंकार असंगति है। विरोध की तरह यह कारण कार्य के सिद्धान्त के टूट जाने पर होता है। जो कार्य जहाँ होना चाहिए, वहाँ न होकर दूसरी जगह हो, तो असंगति होती है। असंगति की ही तरह विषम अलंकार भी सामान्य तर्क के टूटने से बनता है। चन्दन से जलन होने लगे और आग से ठंडक तो यह विषम अलंकार की स्थिति बन जाती है। रुय्यक आदि आलंकारिकों ने विरूपकार्योत्पत्ति, अनर्थप्राप्ति तथा अत्यन्त अननुरूप या विरूप संघटना मुख्य रूप से ये तीन विषम अलंकार के प्रकार माने हैं।

विषम अलंकार की मुख्य पहचान चीजों के बेमेल होने के अनुभव की अभिव्यक्ति है। संसार में जो कुछ बेमेल है, उसकी पहचान का प्रक्रम भी विषम अलंकार से ही होता है। विषम ऐसे विरोध को भी सत्यापित करता है, जिसका परिहार या समाधान नहीं मिल पाता। विरोध अलंकार में विरोध का समाधान मिल भी जाता, पर विषम में नहीं।

मम्मट ने विरोध के भेदों में जिस तरह विरोध के एक विश्व को समेट लिया है, उसी तरह विषम के भेदों में संसार की सारी विषमता को वे समेट लेते हैं। विषम के चार भेद उन्होंने काव्यप्रकाश में बताए—पहला अत्यन्त विलक्षणता के कारण दो वस्तुओं का सम्बन्ध स्थापित न हो सके, दूसरा—न केवल काम करने

वाले को अपने काम का फल न मिलना, वरन् उलटे अनर्थ की प्राप्ति हो जाना, तीसरा—कार्य की क्रिया से कारण की क्रिया का विपरीत होना तथा चौथा—कार्य के गुण से कारण के गुणों का विपरीत होना।

सारे विरोधमूलक अलंकार कविता में विशिष्ट संरचना के द्वारा यथार्थ को प्रस्तुत करते हैं और आज के साहित्य में वे कृतियाँ जो इस यथार्थ के बोध के साथ हमारे समय की भयानक खबर देती हैं, विषम अलंकार के उदाहरण भी बनती हैं। विषम अलंकार भयानक समाचार की निर्मम होकर जाँच करने की शैली से बनता है। यही स्थिति व्यत्यय अलंकार की है। व्यत्यय का अर्थ है उलट-फेर। व्यत्यय में जीवन की विडम्बनाएँ खुलती हैं। परिवृत्ति या परिवर्तन इसका लक्षण है। जीवन की विषम विचित्र गति का गतिशील चित्रण इस अलंकार में किया जाता है।

असंगति, विरोध, विषम, व्यत्यय अलंकारों में जीवन की वास्तविकता और विडम्बना का निरूपण रचना को रस में सराबोर करने वाली रचना से अलग तेवर देता है। ऐसी रचना में आधुनिक अर्थ में व्यंग्य की धार आ जाती है। बाद के आचार्यों ने इन अलंकारों में दो अलंकार और जोड़े—अवज्ञा और तिरस्कार। अवज्ञा और तिरस्कार जैसे अलंकार कविता में सदा से प्रयोग में आते रहे हैं, पर आचार्यों ने उन्हें परिभाषित तब किया जब वे पूरी काव्य धारा में एक विशेष प्रवृत्ति के रूप में परिलक्षित हुए। बारहवीं शताब्दी के साथ कविता में अवज्ञा का स्वर विशेष रूप में गूँजा और तिरस्कार को भी अभिव्यक्ति मिली। अवज्ञा और तिरस्कार एक-दूसरे के साथ चलने वाले अलंकार हैं। अवज्ञा होने पर तिरस्कार हो सकता है, तिरस्कार हो तो अवज्ञा साथ रह सकती है। जयदेव ने अवज्ञा के लक्षण में कहा था कि किसी वस्तु को गुण-दोष दोनों दृष्टि से अक्षम बताया जाए, तो अवज्ञा अलंकार होता है। अवज्ञा में स्वर नकार या अस्वीकार का रहता है। यह नकार दुर्गुण का, दुष्टता का और अन्याय का ही हो सकता है। इसीलिए अवज्ञा के उदाहरण में खलचरित्र का उद्घाटन और उसका अस्वीकार हम देखते हैं। पंडितराज ने तो खलों को लेकर लिखे अपने श्लोक अवज्ञा अलंकार के उदाहरण में दिए ही हैं। इनमें अवज्ञा के साथ उपहास और व्यंग्य का पुट देखा जा सकता है। अत: अवज्ञा यदि स्थायी भाव हो, तो उसमें विरोध, व्यंग्य और उपहास के भाव उसके सहगामी या पोषक बनकर सहचरण करते हैं।

आततायियों, खलों से मिले उपहास, अवज्ञा या तिरस्कार का तथा इससे उपजे विषाद का वर्णन करने से अवज्ञा और तिरस्कार अलंकार कविता में नहीं रचे जाते। ऐसी अनुचित अवज्ञा या तिरस्कार की भावना रची जाए, तो अवज्ञा और तिरस्कार अलंकार रचे जाते हैं।

संस्कृत कविता में इस प्रकार की विरोधमूलक अलंकारों की संरचना के द्वारा निर्वेद और ताटस्थ्य की अभिव्यक्ति करने वाली काव्यधारा के एक समर्थ

प्रतिनिधि भर्तृहरि हैं। अपने एक सुभाषित में वे कहते हैं, 'मैंने एक साँड़ को दूध से भरे थनों वाली गाय मानकर दुहा, एक लावण्यरहित हिजड़े को युवती मानकर गले लगा लिया, एक चमकीले काँच के टुकड़े पर वैडूर्य मणि की आशा लगाई, मैं मूढ़ जो आपके जैसे कृपण और अगुणज्ञ को प्रणाम कर बैठा।' यहाँ एक ऐसे सम्पन्न व्यक्ति को प्रणाम करने की विडम्बना और उससे उपजे निर्वेद या ताटस्थ्य के अनुभव की अभिव्यक्ति है, जो अगुणज्ञ और कृपण है। इस प्रकार विरोधमूलक अलंकारों के विन्यास के द्वारा अन्ततः ऐसी कविता मोहभंग पर ले जाती है। भर्तृहरि संसार के प्रपंच से मोहभंग का भाव तो व्यक्त करते ही हैं, विडम्बना की तीव्र अनुभूति भी उनकी कविता व्यक्त करती है। विडम्बना शब्द का प्रयोग भी भर्तृहरि इसी अर्थ में करते हैं। भूख मनुष्य से क्या नहीं करवा लेती। दरिद्र व्यक्ति पेट की आग के आगे विवश होकर क्या से क्या कर बैठता है। इस सारे विरोध और वैषम्य को व्यक्त करते हुए भर्तृहरि कहते हैं, 'यह दुष्कर या कठिनाई से भरा जा सकने वाला पेट का गड्ढा कैसी विडम्बना करा रहा है, यह मनुष्य के अभिमत स्वाभिमान की गाँठ को खोल देने में निपुण है, मनुष्य के श्रेष्ठ गुण के कमलों को मुरझा देने के लिए चटकती चाँदनी है, लाज की बड़ी से बड़ी लहराती बेल के लिए यह कुल्हाड़ी है।'

अन्योक्ति अलंकार में अकसर तिरस्कार या फटकार अन्तर्गुम्फित रहती है। अतएव अन्योक्ति अलंकार के साथ कहीं तो ऐसे स्थलों पर तिरस्कार अंग बनकर आता है, कहीं व्यंग्य या व्यंजना से प्रकट होकर वह प्रधान भी हो उठता है। बिहारी द्वारा अपने विलासी आश्रयदाता को भेजे दोहे में यह स्थित है—

नहिं पराग नहिं मधुर मधु नहिं विकास यहि काल।
अली कली ही सों बिंध्यौ आगे कौन हवाल॥

यहाँ कवि की विवक्षा राजा को फटकार लगाने की ही है। अली और कली के विलास का वर्णन तदपेक्षया गौण है। अतएव व्यंजना के होते हुए भी यहाँ तिरस्कार अलंकार ही प्रधान है।

तिरस्कार रचनात्मक और सावधान करने वाला हो सकता है। तिरस्कार विकृति पर चोट करने वाला भी हो सकता है।

भर्तृहरि की कविता राजाओं को चुनौती के साथ गहरे और तल्ख तिरस्कार का अनुभव देती ही है। तिरस्कार के साथ पाखंड और झूठ पर फटकार लगाने वाले कबीर भी ऐसे ही रचनाकार हैं। तिरस्कार अलंकार परमहंसों और औघड़ों की वाणी में आता है, कबीर जैसे कवियों की कविता में स्थान पाता है। यह नकार की प्रक्रिया से आता है। बौद्धों के माध्यमिक दर्शन में शून्यवाद की आधारभूमि यही है। कवि इसमें संसार को, संसार की असारता को और उसके खोखलेपन को निरस्त

करता है, वैभव के भीतर छिपे ह्रास की पहचान कर उसे ठुकराता है। अवज्ञा और तिरस्कार कविता में तभी सच्चे अलंकार बनते हैं, जब उनके पीछे बिना लाग-लपेट के सच कहने का साहस और सधुक्कड़ी निःस्पृहता हो। त्रिलोचन के काव्य में इस तरह की अवज्ञा और तिरस्कारवृत्ति जगह-जगह आती है। वे कविनिबद्ध पात्र के द्वारा प्रकारान्तर से सत्य का उद्घाटन कराते हैं।

परसाई ने वस्तु और रूप दोनों के स्तर पर विरोधमूलक अलंकारों की तकनीक का सधा हुआ प्रयोग किया है। एक व्यक्ति या एक प्रसंग में विरुद्ध धर्माध्यास या परस्पर विरोधी तत्त्वों की मौजूदगी का चित्रण करते हुए वे हमारे समय के अन्तर्विरोधों की पड़ताल करते हैं। 'दो नाक वाले लोग' शीर्षक निबन्ध में वे कहते हैं, 'रात को शराब की पार्टी में किसी ईसाई दोस्त के घर से आ रहे हैं, मगर रास्ते में हनुमानजी का मन्दिर दिख जाए, तो थोड़ा सिंदूर का तिलक भी लगा लेंगे।' उनका एक अन्य निबन्ध 'एक के भीतर दो आदमी'—चरित्र के अन्तर्विरोध का चित्रण है। 'सैकड़ों रुपये मेरे ऊपर खर्च कर देंगे, पर थोड़े से रुपये के लिए मना कर देंगे...बनिया मन्दिर में भगवान का मुकुट बना देगा, पर किसी को नगद एक पैसा नहीं देगा।'

अभिनवगुप्त ने हास्य की दार्शनिक आधारभित्ति स्पष्ट करते हुए कहा है कि हास्य दो प्रकार का होता है—आत्मस्थ और परस्थ। अपने आप पर हँसता है तो आत्मस्थ हास्य होता है, दूसरे पर हँसता है तो परस्थ। परसाई दोनों प्रकार के हास्य का उपयोग करते हैं। अपने आप पर हँस सकने की कूवत सन्तों, परमहंसों और फक्कड़ों में होती है। इसीलिए अभिनवगुप्त कहते हैं कि हास्य मुक्ति देता है। दूसरे पर हँसने में भी केवल खिल्ली उड़ाने के लिए हास्य न हो, सच्चाई कहने की क्षमता के साथ सत्य की पहचान के लिए हास्य का प्रयोग होना चाहिए। यह खूबी परसाई में है, तभी 'एक लड़की पाँच दीवाने' में वे कह सके, 'मुझे ऐसे आदर्श प्रेमी बड़े अच्छे लगते हैं जो प्राण देने को तैयार हों, मगर भूखी प्रेमिका को जो आटा देते हैं उसकी कीमत खाते में लिख लेते हैं। प्राण की कोई कीमत है? बाजार में कौन खरीदता है प्राण? आटा तो फिर भी एक किलो डेढ़ रुपये का होता है। हिसाब प्रेम में जरूरी होता है। कहीं प्रेम में फल नहीं आए या शादी न हुई, तो कम-से-कम हिसाब तो रिकॉर्ड में रहेगा।'

'प्रेमी घोषणा करता है कि मैं उसके लिए जान दे सकता हूँ जेल जा सकता हूँ, और उसके तुरन्त बाद हिसाब की कॉपी देखकर कहता है ढाई सौ रुपये चले गए।'

इस तरह के विरोध अलंकार का प्रयोग प्रचलित मान्यता पर चोट करता है। पाप और पुण्य परस्पर विरोधी समझे जाते हैं। जहाँ पाप है, वहाँ पुण्य कैसे रह सकता है? इन दोनों का गठबन्धन दिखा सकने के लिए दृष्टि और साहस चाहिए। 'संस्कृति के सूत्र' निबन्ध में परसाई कहते हैं, 'पाप के हाथ में हमेशा पुण्य की पताका लहराती है।'

अन्तर्विरोधों की पहचान के लिए विरोध, असंगति, विषम और व्यत्यय जैसे अलंकारों की जो लड़ियाँ परसाई गूँथते हैं, उनके सूत्र समय की विडम्बना की पहचान से उपजते हैं। 'सदाचार का ताबीज' कहानी में अल्पवेतन भोगी समाज दो तारीख को रिश्वत नहीं लेता, पर इकतीस तारीख को लेता है। इस तरह विरोध, असंगति और विषम अलंकारों की तकनीक का प्रयोग जीवन की विडम्बना के बोध और रचनाकार के भीतर गहरे में पिरोए दर्द से उपजता है। तभी व्यत्यय, अवज्ञा और तिरस्कार जैसे अलंकार सधते हैं। इस सधाव में परसाई पूरे जमाने की वास्तविकता को तल्खी के साथ उघाड़ देते हैं। 'गणतंत्र ठिठुरते हुए हाथों की तालियों पर टिका है।' उनके इस एक वाक्य में भारतीय प्रजातंत्र की असलियत की गहरी पहचान है। विषम और व्यत्यय जैसे अलंकारों के अपने प्रयोग में परसाई समय की दुखती रग पर हाथ रखते हैं। एक-एक वाक्य महावाक्य बन जाता है। जैसे—

'पिटे हुए राजनीतिज्ञ के लिए या तो भारत सेवक समाज है या सर्वोदय।'

'अमेरिका हो आने से ईश्वर खुद ही पास सरका आता है, और ईश्वर पास सरक आए तो बिजनेस ही बिजनेस है।'

'दुनिया में कहीं भी गाय की पूजा नहीं होती, इसलिए वह दूध के लिए काम आती है। यहाँ गाय की पूजा होती है इसलिए वह दंगे के काम आती है।'

विरोधमूलक अलंकारों की खास संरचना परसाई निर्मित करते हैं, उसमें अतिशय या अतिशयोक्ति तथा रूपक या अप्रस्तुतविधान को जोड़कर कथ्य को वे और वजनी बनाते हैं। संस्कृत के एक पुराने सुभाषित में कहा गया है—

पादाहतं यदुत्थाय मूर्धानमतिरोहति।
स्वस्थादेवापमानाद्धि देहिनस्तद्धरं रज:॥

(अपमानित होकर भी स्वस्थ बने रहने वाले आदमी से तो राह की धूल अच्छी, जो पाँव की ठोकर खाकर ठोकर मारने वाले के सिर पर जा चढ़ती है।) परसाई इसी बात को कहते हैं, पर कुछ और जोड़कर, 'ठुकराई हुई धूल आँधी की राह देखती रहती है, जब वह सिर पर चढ़ सके।' धूल का आँधी की राह देखना यहाँ सारी बात को प्रतीकात्मकता और परिप्रेक्ष्य देता है।

परसाई अपना कथ्य विरोधमूलक अलंकार के प्रयोग से निर्मित करते हैं और लाक्षणिकता या रूपकात्मक भाषा से उसे चमका देते हैं। 'एक लड़की पाँच दीवाने' में उनके वाक्य हैं, 'कुछ दाढ़ियाँ क्षमायाचना करती मालूम होती हैं। इस प्रेमी का विश्वास है कि दाढ़ी बढ़ाकर आँखों में भिखारीपन लाकर औरत का सामना करो, तो वह आकर्षित हो जाती है। यह दाढ़ी और दीनता लिये कभी दुकान पर बैठकर छज्जा देखता रहता है या फिर सामने की सड़क पर टहलता रहता है।'

'भगवदज्जुकम्' और 'मत्तविलास' के रचनाकारों ने फैंटेसी और अतिशय का प्रयोग किया है। भोलाराम का 'जीव' जैसी अपनी उत्कृष्ट रचनाओं में इस तरह की फैंटेसी और अतिशय का बेहतरीन प्रयोग परसाई बखूबी करते हैं। 'अकाल उत्सव' में वे कहते हैं, 'एक कॉलम का छह पंक्तियों का समाचार था। मैंने उसे काटा और पानी के साथ खा गया। दिन भर भूख नहीं लगी।' यह समाचार अमेरिका से गेहूँ के जहाज रवाना होने का है।

व्यंग्य की हमारी देशज परम्परा की परख के साथ परसाई ने अपनी रचनाधर्मिता को सँवारा और उसे नये आयाम दिए।

स्मृतियों की उत्सव लीला : बैकुंठपुर में बचपन

कालिदास के 'रघुवंश' महाकाव्य में एक प्रसंग है। राम रावण का वध करके अयोध्या लौट आए हैं। राज्याभिषेक हो चुका। राम धर्मपूर्वक प्रजा का पालन कर रहे हैं। सुख के दिन लौट आए। प्रतिदिन राजकार्य निपटाकर राम सीता के साथ भी समय बिताते हैं। सीता का मन बहलाने के लिए अपने प्रासाद में एक चित्रवीथी (पेंटिंग्स की गैलरी) बनवा ली है, इस चित्रवीथी में वनवास के दिनों के चित्र भी हैं और राम का विरह और विलाप इन सबके दृश्य। राम और सीता इन चित्रों को देखते हैं और दुःख के भी प्रसंग स्मृति में सँजोये जाने पर याद करके उनके लिए सुख बनते जाते हैं।

तयोर्यथाप्रार्थितमिन्द्रियार्थाना-
नासेदुषोः सद्मसु चित्रवत्सु।
प्राप्तानि दुःखान्यपि दंडकेषु
सञ्चिन्त्यमानानि सुखान्यभूवन्॥ (रघुवंश 14.25)

इसका उलट प्रसंग भवभूति के 'उत्तररामचरित' में है। वहाँ तो नाटक आरम्भ ही इस प्रसंग से होता है कि राम के राज्याभिषेक के बाद मिथिला से आए जनक आदि वापस लौट गए, सीता अपने पिता के चले जाने से उदास हैं, और उनका मन बहलाने के लिए राम अपने महल में चित्रवीथी बनवाते हैं, उस चित्रवीथी में जब वे लक्ष्मण और सीता के साथ चित्रों की शृंखला देख रहे होते हैं, तो सुखमय प्रसंगों के चित्र भी उनके मन में टीस देते हैं कि अरे वे सुख के दिन अब नहीं रहे—विवाह करके चारों भाई अयोध्या आए थे, माताएँ बलिहारी जातीं—पिताजी जीवित थे—उन चित्रों को देखते हुए राम यह कह उठते हैं कि वे भी क्या दिन थे! वे दिन जो गए, तो अब लौटकर न आएँगे!

जीवत्सु तातपादेषु नूतने दारसङ्ग्रहे।
मातृभिश्चिन्त्यमानानां ते हि नो दिवसाः गताः॥

(पिताजी जीवित थे, नया-नया ब्याह करके हम चारों भाई लौटे थे, सब माताएँ

हमारी कितनी परवाह करती थीं। वे दिन हमारे जो गए, गए।)

सुख के दिनों की स्मृति यहाँ इस सोच के साथ दुःखदायी बन जाती है कि वे दिन अब लौटकर न आएँगे। मनलुभावन चित्र मन को गुदगुदाने की बजाय मन को सालते हैं। फिर शूर्पणखा के नाक-कान काटने का दृश्य, सीता हरण, राम का विलाप—ऐसे दारुण प्रसंगों के चित्रों का कहना ही क्या? उन्हें देख-देखकर तो यही अनुभव होता है कि—"अपि ग्रावा रोदित्यपि दलति वद्रस्य हृदयम्"—पत्थर भी रो-रो पड़ते हैं और वज्र के जैसे कलेजे भी फट जाते हैं। राम इन चित्रों को देखकर इस तरह अश्रुप्लावित हो जाते हैं कि चित्र देखना ही बन्द करना पड़ता है।

स्मृतियों का विनियोजन आनन्दवादी और दुःखवादी दोनों दृष्टियों से होता आया है। भयावह स्मृतियाँ भी इस सोच के साथ सुकून में तब्दील हो जाती हैं कि उस यंत्रणा से अब हम उबर चुके। यह जीवन के प्रति आशावादी सकारात्मक दृष्टि है। इसके विपरीत निराशावादी दुःखवाद का चश्मा पहनकर स्मृतियों का वातायन हम खोलते हैं तो सुखकर समय की यादें भी हमें अश्रुप्लावित ही करती हैं।

मनुष्य स्मृतियों की पुंज है, उसका अस्तित्व ही स्मृतियों पर टिका है। बुद्ध कहते हैं सब कुछ क्षणिक है, प्रति क्षण प्रत्येक वस्तु विनष्ट होती है—हमारा मन, हमारी चेतना भी। तब फिर हम नष्ट हो-होकर फिर जन्म ले-लेकर भी वही की वही पहचान कैसे बनाए रख पाते हैं? बौद्ध दार्शनिक बताते हैं कि स्मृतियों की धारावाहिकता के कारण ऐसा होता है। इस अर्थ में यह संसार और मनुष्यजीवन स्मृतियों के ताने-बाने में गुँथा होने के कारण टिका हुआ है।

यों तो साहित्य की कोई विधा या कोई भी साहित्यिक कृति स्मृति के बिना असम्भव है, पर स्मृतियाँ जब संसार जीवन और अस्तित्व के निर्वाह के लिए माध्यम या साधन भर न रहकर साध्य हो जाएँ, तो साहित्य में स्मृति अलंकार बन जाती है। तब स्मृतियाँ जीवन का उत्सव हो जाती हैं। बैकुंठपुर में बचपन में कान्तिकुमार जैन ने स्मृतियों से जीवन की एक दुर्लभ उत्सवलीला रची है। दुर्लभ इसलिए कि अक्सर संस्मरणों और आत्मकथाओं के लेखक आत्मकेन्द्रित होते हैं, या आत्ममुग्धता, आत्मसम्मोहन से ग्रस्त हो जाते हैं, अपनी छवि गढ़ने की चिन्ताएँ स्मृतियों के साहित्यिक उत्सव को फीका कर देती हैं। कान्तिकुमार जैन ने अपने अहं को विसर्जित करके स्मृतियों की उत्सवलीला का माध्यम बन जाने दिया है। जिन चीजों को हम अपनी आँखों से रोजमर्रा के जीवन में जैसी देखते हैं, वे अति परिचय के कारण बासी और अनाकर्षक हो जाती हैं। स्मृतियों के वातायन से देखने पर चीजों का अलग रूप नजर आता है। उनसे पाठक का सीधा परिचय नहीं रहा इसलिए उनकी चित्रावली देखना मेले-ठेले में शामिल होने जैसा आनन्द देता है।

बैकुंठपुर का आकर्षण इसलिए भी है कि उसका सारा संसार अब नहीं रहा, स्मृतियों के माध्यम से उसे अजनबी की तरह सामने लाया गया है। चूहे मारकर

उनके विनिमय में उराँव बालाओं से अचार की चिरोंजियों के दोने खरीदने का दृश्य, राजा के हाथी की अन्त्येष्टि का दृश्य, कोरिया के राजा के शिकार की कथाएँ,—ऐसे असंख्य प्रसंग बैकुंठपुर की स्मृतियों की इस उत्सवलीला में फिर से रचे गए हैं, जिनमें पूरी तरह अजनबी बन चुका बैकुंठपुर फिर से जागरित होता है और फिर एक बहुत चित्ताकर्षक कार्निवाल बनता चला जाता है।

भाषा की समृद्धि में सूक्तियों का अलंकरण कुछ स्थलों पर हजारी प्रसाद द्विवेदी के ललित निबन्धों की छटा ला देता है।

इन संस्मरणों की समृद्धि एक दुर्लभ किस्म के ऐन्द्रियबोध और निश्छल सहज रसिकता के कारण भी है। शब्द, स्पर्श, रूप, रस और गंध—इन पाँचों तन्मात्राओं या ऐन्द्रियबोध के विषयों की असंख्य विच्छित्तियाँ बैकुंठपुर के रचाव में उभरती हैं। मधूक रस की तीव्र गंध है, हरफली का चिरपिरा स्वाद, खीचला बनाने के लिए पानी में भिगोये चावल का दृश्य, फिर उनका सिलबट्टे पर पिसना, मिट्टी में खुदे चूल्हों में रखे देगों में इनका उबलना उनमें खड़ी धनिया के डाले जाने पर "महमह होता वातावरण। पूरे मुहल्ले को पता चल जाता कि डिप्टाइन बाई के यहाँ खीचला बन रहे हैं।" फिर खीचलों के सूखने का दृश्य—"करछुल में भर-भरकर चावल की लप्सी को सूखी साड़ी पर उड़ेला जाता,...सूखी साड़ी पर रखी दूसरी साड़ी और उनके चारों कोनों पर चार ईंटें..."महुवे की लिट्टी और लकरा की चटनी का मजा और माटा भूँजा की महक..." इस सब दृश्यों में जो सामग्री स्मृतियों में पकाकर परोसी गई है, वह पाँचों इन्द्रियों को तृप्ति देने वाली है।

साहित्य शास्त्र में स्मृति एक व्यभिचारी या संचारी भाव भी है। शृंगार रस विशेष रूप से विप्रलम्भ या वियोग शृंगार, करुण, भयानक आदि रसों में यह व्यभिचारी भाव रस के उद्रेक को उत्तेजना देता है। स्मृति के कारण टीस, वेदना, पीड़ा, भय आदि के भाव और तल्ख बन जाते हैं। पर कान्तिकुमार जैन स्मृतियों से जो रचते हैं, उसमें स्मृति व्यभिचारी भाव नहीं, अलंकार है—अलंकार के संकुचित अर्थ—डेकोरेशन के रूप में नहीं, उसके व्यापक और वास्तविक अर्थ में, जहाँ अलंकार साहित्य की समग्र संरचना और सौन्दर्य का पर्याय होता है।

साहित्य में स्मृति का विन्यास एक विशिष्ट संरचना बनाता है। अतीत का प्रत्यक्षीकरण इस संरचना के द्वारा सम्भाव्य होता है। ऐसी संरचना को अलंकारशास्त्र में भाविक अलंकार कहकर परिभाषित किया जाता रहा है। विचित्र, उदात्त और अद्भुत प्रसंगों का ऐसा सुस्पष्ट निरूपण जिसमें वे बिम्ब बनकर सजीव होकर सामने आ जाएँ भाविक अलंकार बनता है। रामायण में भाविक अलंकार की इस खासियत को बहुत पहले इस तरह बताया गया 'चिरनिर्वृत्तमप्येतत् प्रत्यक्षमिव दर्शितम्'—बहुत पहले जो घटा था, उसे इस तरह दिखा दिया गया है जैसे वह पाठकों को अपनी आँखों के सामने घटता सा लगे। अतीत के इस सामने घटने में पाठक उसका साक्षात्कार

करता है यह साक्षात्कार कभी एक झलक की तरह होता है, कभी अतीत के प्रसंग टुकड़ों-टुकड़ों में फिर से देखे जाते सपने की तरह उभरते हैं।

यह प्रश्न रह जाता है कि स्मृतियों के वातायन से जिस वैकुंठपुर को इतने खूबसूरत रूप में फिर से रचा है क्या वह सचमुच में वैसा था? इसके घिनौने पक्ष भी अब इस स्मृतियों के वातायन से देखे जाकर उसी तरह आतंककारी व त्रासद नहीं रह गए जैसे कालिदास के राम और सीता के लिए दंडकारण्य के दु:खद प्रसंगों की स्मृतियाँ चित्रवीथी में देखने पर सुखकर ही हो गई थीं। इन प्रसंगों को संस्मरणकार ने भुलाया नहीं है—इनमें इतिहास की त्रासदियाँ भी हैं, जैसे—कोरिया के राजा जितने भी न्यायप्रेमी-प्रजाप्रेमी रहे हों, उन्होंने प्रजापालन की ही भावना से सही, देश के अन्तिम शेष बचे दो काले चीतों का शिकार करके इनकी नस्ल का देश से सदा के लिए अन्त कर दिया। हमारा इतिहास, भवितव्य इन प्रसंगों में भी है। बैकुंठपुर के बहुरुपिये, बैंडमास्टर, फोटोग्राफर चिलबिलहिन, ईसुरी हरकारा, जंगल साहब, पहलवान बाई, रजवारिन, फकीरासिंह, डोनाहिन—इन सब में वह संसार मूर्त हुआ है जो अब कहीं देखने को नहीं मिलेगा।

दुर्लभ जानकारियों का खजाना और छत्तीसगढ़ी की अनमोल शब्द-सम्पदा की धरोहर भी यह पुस्तक बन गई है। आज भाषाओं के लुप्त होने की बात बार-बार उठ रही है, क्षेत्रीय भाषाओं के लिए आन्दोलन किये जा रहे हैं, वास्तव में अंचल विशेष की भाषाओं को स्मृतियों के द्वारा पुनर्जीवन देने का यह क्रम ज्यादा सही है। यहाँ हम जंगली बाँसों की झंझी में पहुँचते हैं जहाँ—"गेंड़ी के बाँस—जीतू कहता, रोंठ और पोठ होने चाहिए, नहीं तो आप गेंड़ी पर चढ़े-चढ़े दौड़ रहे हैं, गेंड़ी लफी और मुँह के बल धड़ाम।" यह बैकुंठपुर में बचपन से ही अब जाना जा सकेगा कि रोंठ-पोठ का मतलब होता है हृष्ट-पुष्ट। इस दृष्टि से यह किताब इसलिए भी महत्त्वपूर्ण मानी जानी चाहिए कि यह भाषाओं के बीच में खड़ी की गई बनावटी दीवारों को ढहाने की जरूरत का अहसास कराएगी। छत्तीसगढ़ी या अन्य जनजातीय आंचलिक बोलियों में असंख्य भूले-बिसरे शब्द ऐसे हैं, जो संस्कृत से जुड़ते हैं। यहाँ कौन तत्सम है और कौन तद्भव—इस भाषावैज्ञानिक उलझन में न जाकर भारतीय भाषाओं की मूलभूत एकता को समझा जाना चाहिए। यह शब्दनिर्माण की इस जीवन्त प्रक्रिया को समझने की जरूरत जो जीवन की बहती धारा में भाषा को घिसती और रवाँ करती चलती है, जहाँ छत्र-छतरी ही नहीं, छितौरी भी होता है, व्यजन बिजना बन जाता है। जहाँ हर घर में "चूड़ी सेंतना है, मुँदरी सहेजनी हैं, तो मोनी हैं, सेमा हैं।" ...बाँस की खपच्चियों से बना हुआ छोटा सन्दूक पोता कहलाता है... "आप लम्बरदार हैं, जमींदार हैं, तो घर में पनौटा, बिरौरा या बिरोटा होना ही चाहिए। सिंदूर का पात्र भी बाँस का ही होता है—सिंगरोटा। ईंगुर रखना है, तो इंगरोटा। पानी बरस रहा है, किसान को खेत में काम करना है, तो खोमरा अनिवार्य है।"

भाषा की अपनी अनोखी छटा बिखेरते हुए कान्तिकुमार जैन के संस्मरण कई स्थलों पर ललित निबन्ध के नजदीक आ गए हैं, विशेष रूप से हजारी प्रसाद द्विवेदी की रम्य शैली बहुत समय के बाद नई चमक के साथ इनमें दिखी है। एक उदाहरण—

> यह तो मुझे बहुत बाद में पता चला कि दूब संसार का सबसे निरीह और दुर्बल बाँस है, और बाँस वनस्पति जगत् की सबसे उद्धत और बलिष्ठ दूब, पर दोनों की जिजीविषा एक सी है। दूब कभी मरती नहीं और बाँस कभी नि:शेष नहीं होता। दूब विपुला पृथ्वी में हर जगह फैल सकती है और बाँस निरवधि काल में सदैव अपना विस्तार करता रह सकता है।

जिस तरह हजारी प्रसाद द्विवेदी को पढ़ते हुए हम कालिदास, भवभूति, तुलसी और कबीर का भी पुनर्वाचन उनकी पदावली में करते चलते हैं, उसी तरह चाहें तो यहाँ भवभूति की पंक्ति का पुनः पाठ कर सकते हैं—

कालो ह्ययं निरवधिर्विपुला च पृथ्वी।

कुल मिलाकर बैकुंठपुर में बचपन दुर्लभ साहित्यिक सम्पन्नता का नमूना है।

कुमार गंधर्व के बहाने कुछ इधर-उधर की

इसमें कोई क्या कह सकता है?

1987 का साल था। मैं पूर्वी जर्मनी में दो महीने रहकर आया था, और उसके दो-एक महीने बाद ही हॉलैंड में सातवाँ विश्व संस्कृत सम्मेलन था। एम्स्टरडम से लाइडन तक कैसे पहुँचा यह अब याद नहीं है। यह अच्छी तरह याद है कि सम्मेलन आरम्भ होने की तिथि से दो दिन पहले पहुँच गया था—शायद दिल्ली से एम्स्टरडम की सीधी उड़ान रोज न होने की वजह से। आयोजकों को सूचना दे दी थी। उन्होंने तो प्रतिनिधियों के ठहरने की व्यवस्था जिस तारीख को सम्मेलन का उद्घाटन था उसके एक दिन पहले से ही कराई थी, पर इतनी कृपा उन्होंने की दो दिन पहले पहुँचने वालों कुछ लोगों के लिए अलग से एक गेस्ट हाउस नुमाँ स्थान में व्यवस्था कर दी थी। ऐसे आठ या दस लोग थे—जिनमें दयानन्द भार्गव और रेवाप्रसाद द्विवेदी जैसे मान्य आचार्य भी थे। हम लोग व्यवस्थापिका के द्वारा बताए हुए स्थान पर पहुँचे। उसमें दो-दो लोगों को एक कमरे में ठहराया गया था। मेरे कमरे में थे मुकुन्द लाठ। मैं उनके नाम से परिचित था, अधिक उनके विषय में नहीं जानता था। पहले दिन नीचे जहाँ नाश्ता सुलभ था, नाश्ता करके हम दोपहर में गपशप करते रहे। मुकुन्द ने बताया कि उनका विषय इतिहास है, पर संगीत से सम्बन्धित विषय पर उन्होंने सुषमा कुलश्रेष्ठ के निर्देशन में दिल्ली विश्वविद्यालय से पीएच.डी. की है। मैं उनकी निर्देशक सुषमा से अच्छी तरह परिचित था, अकसर कालिदास समारोह में वे मिलती थीं, दूसरे अवसरों पर भी। तो बात चल निकली। मतंग की बृहद्देशी पर मुकुन्द का कार्य था कुछ चर्चा संगीत की हुई। फिर उन्होंने बताया कि वे कलकत्ता में पंडित जसराज के साथ जसराज जी के बड़े भाई मणिराम से संगीत सीखते रहे हैं। जसराज जी के संस्मरण वे सुनाते रहे।

जसराज मुझे भी बहुत भाते रहे हैं, पर मन में कुमार गंधर्व ज्यादा बसे रहे हैं। उस समय मेरे पास काले तवे नुमाँ ग्रामोफोन रिकॉर्ड बजाने के लिए एक रिकॉर्ड प्लेयर था, जो किसी तरह तनख्वाह से पैसे बचा-बचाकर खरीदा था। पहले-पहले बहुत सस्ता फिएस्टा नाम का एक रिकॉर्ड प्लेयर लिया था, जो मेरे रेडियो से

जोड़ने पर बज जाता था। आगे चलकर कुछ और ढंग का स्टीरियो भी लिया ही। सबसे पहले जो रिकॉर्ड खरीदे थे उनमें तीन मैं अक्सर सुनता था—रविशंकर का यहूदी मेनुहिन के साथ बजाया राग पीलू का एक रिकॉर्ड, एक पंडित जसराज की हवेली संगीत का और एक रिकॉर्ड कुमार गंधर्व का था। कुमार गंधर्व को प्रत्यक्ष भी सुन चुका था, अशोक वाजपेयी की कविताएँ शायद उन पर लिखी हुई उस समय तक पढ़ चुका था।

जसराज पर बात हो रही थी, तो मैंने जसराज जी के हवेली संगीत पर कुछ कहा, मकुन्द जी गुनगुनाने लगे, मैंने कहा राग देस है न, उन्होंने कहा हाँ, और जसराज जी का जो हवेली संगीत वाले रिकॉर्ड मेरा सबसे प्रिय भजन था—*चितवन रोके हुँ न रहीं*—गाने लगे। उनकी आवाज जसराज से बहुत अलग थी, गाने का ढंग भी अलग था। वे जैसे आत्म में स्थित होकर गा रहे थे। जसराज मँजे हुए प्रोफेशनल की तरह गाते हैं, तो श्रोताओं को लेकर सचेत रहते हैं। मुकुन्द गाते हुए मुझे लेकर सचेत नहीं थे। आत्मचेतन थे।

और भी चर्चा होती रही मुकुन्द जी से। अचानक अपनी नादानी में मूर्खतावश मैंने उनसे पूछा—पंडित जसराज और कुमार गंधर्व में ज्यादा बड़ा गायक कौन है?

दो एक क्षण के लिए मुकुन्द चुप रह गए, फिर अपने मोटे चश्मे में से दूर शून्य में कहीं देखते हुए उन्होंने धीरे-धीरे कहा—इसमें कोई क्या कह सकता है?

इसके बाद उनसे बातचीत नहीं हुई।

कौमार्य का संगीत

जहाँ तक याद आ रहा है कुमार गंधर्व का आठ-दस साल की उम्र में स्टेज पर दिया गया परफारमेंस रुपहले पर्दे पर सागर के किसी टाकीज में देखा था। वे तब सचमुच में कुमार ही थे और गंधर्व भी बन रहे थे। फिल्म शायद उस जमाने की थी जब मध्यान्तर में विज्ञापन की जगह दस मिनट का शास्त्रीय संगीत का किसी गायक का कार्यक्रम फिल्म निर्माता द्वारा ही जुड़वा दिया जाता। ऐसा कौन सा अनोखा फिल्मकार था, जिसने बालक कुमार गंधर्व की रिकॉर्डिंग बतौर मध्यान्तर अपनी फिल्म में रख दी और कौन सी ऐसी फिल्म थी—यह सब अब याद नहीं। दस मिनट में बालक कुमार गंधर्व ने कौन सा राग गाया, क्या बोल थे यह भी याद नहीं। याद रह गया बालक कुमार गंधर्व का गाता हुआ बालरूप। उस समय भी मैं चकित होकर देखता और सुनता रह गया था और बगल में बैठी पत्नी से कहा था—'अरे-अरे, देखो ये कुमार गंधर्व का कितने पहले का रिकॉर्ड!' कड़कड़ाती और तेज चमक में लपलपाती बिजली की तरह आवाज लरज रही थी, साँस लेने के लिए रुकने का जिसमें पता न चले। बिजली की कड़क के साथ बादलों का

गड़गड़ाहट पानी की बौछार जैसा उस आवाज को सुनते लगा। उसके साथ अमराई से आती कच्चे आम की गंध।

उसके कुछ समय बाद या उसके आसपास ही कुमार गंधर्व को सामने बैठकर सुना था उत्सव सागर में। लगा था चालीसेक साल में बिजली की तरह कड़कती वह आवाज मन्द्र मन्थर हो गई है, चमक है पर चौंधिया देने वाली नहीं, रोशनी दिखाने वाली। अमराई से आती कच्चे आमों की गंध भी रस भरे मीठे दशहरी की गंध जैसी लग रही है।

कविता में राग, राग में कविता

कुमार जी का जो ग्रामोफोन रिकॉर्ड मेरे पास था उसमें मेरे खयाल से पूरबी धनाश्री में एक गीत था, वह बहुत अच्छा लगता था। बीसेक वर्षों तक तो उसके बोल और कुमार जी का उनके साथ स्वर चित्त में चक्कर लगाते रहे। अब हाल के बीसेक वर्षों में वे कहीं दबकर रह गए हैं। पर यह लिखते हुए फिर लौटकर आ गए हैं—

आज राऽऽऽ दिन डूबा!
साँझ...आईऽऽऽ
एरीऽऽऽ
अब तो ध्यान धरिबो रे

आज राऽऽऽ गाते हुए आवाज बहुत बारीक होती, 'दिन डूबा!' में वह ऊपर ऊठकर अनुताप के स्वर में ढल जाती। 'डूबा' को जिस तरह से कुमार जी गाते हैं, उसे सुनकर संस्कृत कविता में सूर्यास्त के कई बिम्ब मन में खिंच जाते। भास और कालिदास की कविता के—

परिभ्रष्टो दूराद्रविरपि च सङ्क्षिप्तकिरणो
रथं व्यावर्त्यासौ प्रविशति शनैरस्तशिखरम्॥
सूरज किरणें समेट कर
टपक गया है दूर से नीचे
अपना रथ लौटा कर धीरे-धीरे फिर पहुँच रहा है वह
अस्तशिखर पर

कुमार जी के दिन डूबा वाले गीत को सुनते हुए कुछ पूरिया धनाश्री का कैनवस जैसा मन पर बनता जिसमें ढलती साँझ के रंग क्षितिज पर बिखरे हों। राग चित्र और कविता में ढलता ढलती साँझ बनने लगता।

एक दूसरा गीत जो उस ग्रामोफोन रिकॉर्ड में था उसके बोल तो कुछ-कुछ याद हैं ही—

रंग न डारो श्याम जी, गोरी पे...
देखो नई सारी पेऽर लई...
कैसे हो अनारि
मानत नाहिं
न करो बरजोरी मोसे, जाओ हटो छोड़ो
मैं तो हारि

'रंग न डारो श्यामजी'—इस मुखड़े का आरम्भ वे बहुत तेज धमकती सी आवाज में करते, जो 'गोरी पे' आते-आते कोमल हो जाती। 'कैसे हो अनारि, मानत नाहिं' में उनकी आवाज में झिड़की और लताड़ का टोन होता जैसे वे हो और अनारि के एक-एक अक्षर पर झटके से जोर देकर प्रकट करते। 'न करो बरजोरि मोसें जाओ हटो छोड़ो' वे कुछ धीमे स्वर में आवाज महीन बनाकर गाते। फिर 'मैं तो हारि' में हताश होने की टोन आती और उसके बाद जब मुखड़ा दोहराते, तो उसे अनुरोध के सुर में खूब लम्बा खींचते।

कुमार जी अपने बाकी भजनों या गीतों से एकदम अलग ही तरह से इसे गाते हैं। आवाज में शोखी और चंचलता लाकर गाते हैं। श्याम जी के सम्बोधन में बहुत शिकायत, उलाहना घोलकर गाते हैं। 'देखो नई सारी पेर लई...' यह गाते हुए वे आवाज में बड़ी चंचलता आ जाती है।

बाकी गायकों के बरक्स कुमार जी मुझे इसलिए दिलचस्प लगते रहे कि वे जितना ध्यान गायकी पर देते हैं उतना ही गीत के अर्थ को समझने और उसकी कविता को सुर में ढालने पर। बाकी सभी गायक जो मैं उस समय सुनता था, गायकी को ही माँजने और तान पलटों को भाँजने पर ही सारा ध्यान केन्द्रित कर देते हैं। वे चाहे जितने महान् गायक हों, मुझे उनको सुनते कई बार कोफ्त इस बात पर होने लगती कि वे राग और तान पलटे के झटकों में गीत के बोल निगल जाते। कई बार तो यही पता न चलता कि गीत के बोल हैं क्या—अटरिया, कटरिया, सटरिया कुछ भी शब्द हो सकता है। कुमार जी को सुनता, तो उनका एक-एक शब्द साफ पानी की तरह बहता पास तक आता।

संगीत और कविता का अविभाज्य अन्योन्याश्रय सम्बन्ध है। जो कविता को निगलकर गाना गाता है, वह अच्छा संगीतज्ञ कैसे हो सकता है? यह सम्भव है कि कभी संगीत में कविता अनुगामिनी बनकर चले, कभी सहचरी बनकर तो कभी संगीत को ही अपना अनुगामी बनाकर अपने साथ खींचती और सींचती हुई लाती जाए। पर संगीत कविता को खा जाए या कविता संगीत को, तब तो न कविता बची

न संगीत बचा। रंगमंच में नाट्यसंगीत की एक अवधारणा है। वहाँ संगीत नाटक का अनुचर बन उसके पीछे चलता है। भरतमुनि के नाट्यशास्त्र में ध्रुवागान बताया गया है। ध्रुवाओं के उदाहरण दिये गए हैं। ध्रुवा के शब्द यदि स्पष्ट न सुनाई दें और गायक के तान पलटे उनको दबोच दें, तो ध्रुवागान नहीं होगा। मराठी रंगमंच पर नाट्यसंगीत होता है। उसमें एक-एक शब्द नाटक के प्रसंग को स्पष्ट करते हुए साफ उच्चारण के साथ गाये जाएँ—यह अपेक्षित है। जिस तरह नाट्यसंगीत हो सकता है, वैसे काव्यसंगीत भी हो सकता है। कविता तो संगीतमयी होती है, उसकी सांगीतिकता अच्छे गायक के गाने में और खिल जाए, तो गायन भी अमर हो जाता है कविता भी। कुमार गंधर्व कविता की सांगीतिकता और संगीत की काव्यात्मकता का समागम करते हैं।

देहवीणा

कई जगहों पर कलक्टर रहने के बाद अशोक वाजपेयी भोपाल में संस्कृति विभाग में आए, तो उन्होंने मध्य प्रदेश के हर शहर में जिला स्तर के कला महोत्सवों की शुरुआत की। शायद 1974 का साल था। सागर में पुर्ब्याऊ टोरी के स्कूल में पहला सागर उत्सव हुआ। उसके बाद का अगला उत्सव सागर के स्टेडियम में हुआ। जहाँ तक याद है उसमें कुमार गंधर्व को पहली बार प्रत्यक्ष सुनने का मौका मुझे मिला। किरण देशपांडे तबले पर संगत कर रहे थे। वे स्थिर होकर कुमार जी की तरफ ध्यान से देखते हुए बजाते, अन्य तबला वादकों की तरह अपने ही वादन पर मुग्ध न होकर गायन पर ध्यान दे रहे थे। शायद कुमार जी गाते हुए उनकी तरफ भी कभी देखा हो ऐसा नहीं लगा, उन्होंने दर्शकों की तरफ एक-आध बार ही कभी देखा था। मंच पर बैठते ही साज मिल जाने के बाद उन्होंने एक वाक्य कहा—'राग बागेश्वरी सुनाएँगे।' फिर गाना शुरू किया। जो गीत गा रहे थे उसके बोल थे—'सखीऽऽऽ मन लागे ना।' 'सखीऽऽऽ' को बहुत बारीक स्वर में शुरु करते हुए उन्होंने लम्बा खींचा, पर मन पर आकर एक झटके से रुके, और 'लागे ना' गाते हुए उनकी आवाज वजनदार हो गई।

सुनते हुए उनके स्वर के अलावा अपने चंचल चित्त के कारण मेरा ध्यान उनके हाथों की हरकतों पर ज्यादा जाता। मुझे याद आ रहा है कि वे दोनों हाथों में हर एक की अँगुलियाँ और अँगूठे मिलाकर दोनों को आजू-बाजू में रख मिला देते थे। नाट्यशास्त्र की भाषा में कहें तो दो मुकुल हस्तों का क्षैतिज स्थित में संयोग। या वे पूरा एक हाथ ऊपर उठाते एक सीध में। आसमान जैसे छूने के लिए उठा रहे हों।

जसराज जी गाते समय हाथ-पैर ज्यादा नहीं चलाते, भीमसेन जोशी का तो अलबत्ता हाथ और पैर के अलावा पूरा शरीर ही डोलने लगता है।

शायद घंटे भर उन्होंने गाया होगा। उसके बाद आगे की कतार में बैठे अशोक वाजपेयी जी की तरफ देखते हुए पूछा—बस करें अब? अशोक जी ने क्या कहा या क्या इशारा किया यह उनके दो-तीन कतार पीछे बैठा मैं नहीं देख पाया, पर किरण देशपांडे एक बार उनकी तरफ और फिर कुमार जी की तरफ देखकर मुस्काए यह देखा। कुमार जी ने तुरत 'भोला मन जाने अमर मेरी काया' भैरवी में शुरू कर दिया।

कार्यक्रम समाप्त होने पर लोग स्टेज के पास तक जाकर उनसे मिल रहे थे। मैं कुछ दूर खड़ा उन्हें लोगों से बात करते देखता रहा। किसी ने शायद उनसे कहा था—'बहुत अच्छा रहा आज का कार्यक्रम' या ऐसा कुछ। कुमार जी ने जो कहा वह याद है। उन्होंने कहा—'अरे भैया अब अवस्था हो गई है।'

तब तक ग्रामोफोन रिकॉर्ड्स का चलन बन्द हो चला था। ग्रामोफोन की जगह ऑडियो कैसेट आ गए थे। ऑडियो कैसेट बेचनेवाली दुकानें भी कई थीं। संगीत के ऑडियो कैसेट भी हमने उस समय कई खरीदे, और कुछ ग्रामोफोन रिकॉर्ड्स कैसेट में भरवाये। सिविल लाइन्स में राज रेडियोज या ऐसे ही किसी नाम से एक दुकान नई खुली थी। कुमार गंधर्व जी के उस कार्यक्रम में मैंने देखा कि उस दुकान पर जो सिन्धी युवक बैठता है, वही कुमार जी के कार्यक्रम की कैसेट रिकॉर्डिंग कर रहा है। अगले दिन में उसकी दुकान पर पहुँच गया और उससे कहा कि कल के कार्यक्रम का कैसेट बनाकर दे दे। कैसेट की कीमत के ऊपर शायद पाँच रुपये अतिरिक्त लेकर उसने कुमार जी की रिकॉर्डिंग का कैसेट बनाकर दे दिया। 'भोला मन जाने' उस कैसेट से कई बार सुना।

कुमार जी का सान्निध्य ग्रामोफोन रिकॉर्ड, ऑडियो कैसेट और फिर सीडी के यांत्रिक माध्यमों से ही मुझे मिलता रहा है। और अब वीडियो का माध्यम है।

कुमार गंधर्व के पुराने वीडियो देख रहा था। उनमें गाते समय उनका देह कहीं-कहीं डोलता है, हाथ भी अधिक व्यापारित होते हैं। पर मुकुल हस्त ठीक इसी तरह वे उनमें भी बनाते देखे जा सकते हैं। और आवाज में लोच का वही उपयोग। 'घन गरजे' गाते हैं तो 'घन गरजे' में आवाज में कड़क लाते हैं। 'ऋतु बरखा' जैसे ही बोलते हैं आवाज लरजकर मखमल की तरह फिसलती है।

'उड़ जाएगा हंस अकेला' में जइसे पात गिरे तरुवर के में उपमा को बताने के लिए स्वर थोड़ा ऊपर उठाते हैं।

जग दर्शन का मेला

हर पंक्ति में आने वाले अन्तिम शब्द में उनका स्वर हवा में जिस तरह विलीन होता जाता है वह नश्वरता-क्षणभंगुरता का बयान बनता है।

तान पलटे कुमार गंधर्व भी लेते हैं। पर ऐसा लगता है जैसे तान पलटों प्रदर्शन करने के लिए नहीं, उनमें वे कहीं अनन्त का आह्वान करते लगते हैं। वे मेघ-मल्हार या मल्हार में 'जा जो रे बदरवा' गा रहे हैं। यह बहुत पुराना वीडियो है। इसमें वे बगल में बैठे एंकर वसन्त बापट को ताक कर उनके साथ संवाद भी करते हैं। पर तुरत ही बादल, हवा और नभ के साथ उड़ान भरते हैं।

'बहुदिन ते बरखत बरखा' में उन्होंने एक बहुत बारीक तान ली, जैसे वे आवाज को बहुत महीन रेशमी धागे सी बनाकर लेते हैं, फिर उससे निकलकर आए। निकलकर आते ही एक मुस्कान उनके मुख पर आ गई, जैसे सरस्वती से मुस्काकर पूछ रहे हों कि कैसी रही?

कुमार गंधर्व श्रोताओं से मुखातिब होते हैं, पर श्रोता से उनकी दृष्टि उचटकर अरूप-अनाम देवता पर जा टिकती है।

भरतमुनि ने नाट्यशास्त्र में वीणा दो प्रकार की बताई है—शरीरी वीणा और दारवी वीणा। दारवी वीणा तो दारु या काठ की होती है। शरीरी वीणा सजीव है। गायक अपनी काया को वीणा बना देता है।

क़बीर या अन्य किसी का पद है—

सब मन तन्त रबाब तन
विरह बजावे नित्त।
और न कोई सुन सकै
कै साईं को चित्त।

कुमार गंधर्व मन के तार पर, तन के रबाब पर विरह का राग छेड़ते हैं, वे साईं के चित्त को सुनाते लगते हैं।

फिर से भोला मन

कुमार गंधर्व नहीं रहे। शायद अशोक जी का लेख था उनकी स्मृति में जिसमें बताया गया था कि किसी नेता की शवयात्रा में भी कभी इतने लोग शामिल न हुए होंगे जितने कुमार गंधर्व की शवयात्रा में हुए।

उनकी स्मृति में जो कार्यक्रम हुए, उनमें से किसी का प्रसारण मैं दूरदर्शन पर देख रहा था। कोई गायिका 'भोला मन जाने' गा रही थीं। आवाज उनकी बहुत वजनदार थी, पर इस भजन का तो वे कूड़ा किये दे रही थीं। सुनते-सुनते मुझे गुस्सा आने लगा, और बाकी अन्तरे सुनते हुए गुस्सा और बढ़ने लगा। ऐसे मौकों पर बुद्धू बक्सा उठाकर फेंक देने का मन होने लगता है, पर न फेंक सकता था, न टी.वी. बन्द कर सकता था। घर में और लोग भी देखते हैं।

बाद में पता चला कि गायिका शोभा मुद्गल हैं। उनको भी फिर कई बार सुना। मुझे उनकी गायकी में ज्यादा रस कभी नहीं आया। लोकप्रिय होने की आकांक्षा और उसका नशा ऐसे गायकों को उस दुर्लभ धरातल से बहुत दूर फिंकवा देता है, जो कुमार गंधर्व का है।

यह सही है कि कुमार गंधर्व ने 'भोला मन जाने'—जैसा गाया है, वह मन में बस गया है। उसके कारण इसे कोई और गाये, तो वह मुझसे नहीं झिल सकता था। यह मेरी ज्यादती थी और संगीत की समझ की कमी भी इसकी वजह हो सकती है। अलबत्ता मैं संगीत की समझ न होते हुए भी यही भजन गाने लगूँ, तो अपने आप पर कुपित नहीं होऊँगा। यहाँ तक हिमाकत मैंने की कि भगवदज्जुकम् मैंने करवाया, उसके साथ उसका हिन्दी अनुवाद भी उस मंडली से करवा दिया, तो हिन्दी वाले नाटक में संन्यासी के प्रवेश का अन्तराल भरने के लिए पीछे से 'भोला मन जाने' मैंने खुद गा दिया, यह विचार किये बगैर कि दर्शकों में कोई कुमार गंधर्व का प्रशंसक हुआ (जो कि शायद था नहीं), तो वह मुझे उठाकर हाल के बाहर ही फेंक देने को तत्पर हो सकता है।

मूर्खमंजूषा में कुमार गंधर्व का क्या काम?

प्रातः भ्रमण से निपटकर भीतर के कमरे में कपड़े बदल ही रहा था कि ड्राइंग रूम से मूर्ख मंजूषा या बुद्धू बक्से के भीतर से आता स्वर सुनाई दिया—'उड़ जाएगा हंस अकेला!' एक क्षण तो भ्रम हुआ कि सुबह-सुबह सैकड़ों चैनलों से बुद्धू बक्से में से वाहियात भजनों का सैलाब बहता रहता है इसमें कुमार गंधर्व कहाँ से आ गए। पर दूसरी पंक्ति—'जग दर्शन का मेला'—पर गायन पहुँचते ही भ्रम टूट गया—कोई नकलची है, आवाज कुमार गंधर्व से मिलती-जुलती बनाकर उनके जैसा गाने का प्रयास कर रहा है। उसके आगे सुनते हुए तो मुझ पर गुस्सा सवार हो गया, और यह कौन बदतमीज है, जो कुमार गंधर्व के साथ बदसलूकी कर रहा है—यह अपने आप से कहता हुआ मैं ड्राइंग रूम में बुद्धू बक्से के सामने पहुँचा। उसके भीतर वन का दृश्य था, वन में कोई बाबा घूमते हुए यह निर्गुणिया भजन गाते हुए दर्शाए जा रहे थे। बाबाजी ने दोनों हाथ हवाई जहाज के पंखों की तरह आजू-बाजू में पसार रखे थे, और हथेलियों से पक्षियों को उड़ाने की मुद्रा बना-बनाकर गाते जा रहे थे। बाबा लोग तो इस लायक भी नहीं हैं कि उन पर गुस्सा किया जाए—यह सोचकर मैं वापस भीतर आ गया।

कुमार गंधर्व की नकल आसान नहीं है। बड़े कलाकार या रचनाकार की नकल तो खूब की जाती है, पर नकलची की कलई तुरत खुल जाती है। कालिदास के मेघदूत के अनुकरण पर दो सौ से ज्यादा दूतकाव्य संस्कृत में लिखे गए।

उनमें मेघदूत का ऊपर-ऊपर का ढाँचा आ गया है। आत्मा छूट गई। कुमार गंधर्व की नकल करते हुए जो गाते हैं, उनसे में कुमार गंधर्व जैसी आवाज और उनकी गाने की शैली तो सध जाती है उसके भीतर कुमार गंधर्व का अवतरण उसमें नहीं हो पाता।

बड़े कवि और कलाकार की यह भी एक पहचान है कि उसका अनुवाद और अनुकरण आसान नहीं होता। कुमार गंधर्व का अनुकरण कुमार गंधर्व होकर ही किया जा सकता है।

'कविता के नये प्रतिमान' अर्थात् 'फलम्' का 'अलम्' होना

नामवर जी की पुस्तक 'कविता के प्रतिमान' मैंने करीब चालीस साल पहले पढ़ी थी। अब ध्यान नहीं है कि वह पुस्तक का पहला संस्करण था या दूसरा। उस समय पुस्तक को पढ़ते समय मेरी अल्प मति में यह धारणा बनी थी कि यह पुस्तक हिन्दी की नई कविता की समीक्षा में एक मील का पत्थर है। अभी-अभी इस पुस्तक को (दूसरे संस्करण में) दुबारा पढ़ा। मेरी मति अल्प अभी भी है, और इस पुन:पाठ के अनन्तर इस पुस्तक को लेकर भी मेरी धारणा वही है। नई कविता को समझने के लिए इतनी बढ़िया पुस्तक शायद ही दूसरी लिखी गई हो। यह पुस्तक नामवर की विलक्षण मेधा का प्रतिफल है। मैंने उनका लिखा और बोला सारा नहीं बाँचा, पर लगता है इस तरह की किताब शायद उन्होंने फिर लिखी भी नहीं।

इस किताब को पुन: पढ़ना मेरे लिए नई समझ के साथ हिन्दी जगत् में नामवर जी के होने के अर्थ को फिर से बूझने का अवसर भी बना।

1

कई दशकों के बाद इस पुस्तक के दुबारा पढ़ने में एक अनोखी बात सामने आई। पुस्तक का जो संस्करण मेरे सामने है, उसमें इनर कवर के बाद और भूमिका के पहले आचार्य अभिनवगुप्त के तीन श्लोक अनुवाद सहित रखे गए हैं। ये श्लोक नाट्यशास्त्र की अपनी टीका अभिनवभारती में रसविषयक पहले के मतों का ब्योरा दे चुकने के बाद अपने मत की स्थापना की भूमिका रचते हुए अभिनवगुप्त ने लिखे हैं। इन श्लोकों को संस्कृत के पंडित जन अपने वक्तव्य या अपने नये शास्त्र के पूर्वकथन के रूप में उद्धृत करते रहे हैं। खास तौर से इनमें से पहला श्लोक पुरखों के कोठार से अपनी कमजोरी ढककर बात को शुरू करने, बात में बात निकालने के लिए रेडीमेड मददगार की तरह पंडितों के पास रहता है। जाहिर है कि ये श्लोक नामवर जी ने अपनी पुस्तक का मंगलाचरण करने के लिए तो नहीं ही रखे हैं, ये श्लोक उनके हिसाब से किताब की प्रतिश्रुति पर प्रकाश डालते हैं। नामवर जी की

इस पुस्तक को रचने के पीछे मंशा, उसके रचाव का प्रक्रिया को समझने के लिए इन श्लोकों पर ध्यान रखना जरूरी है, और नामवर जी द्वारा इनके उद्धरण परोसने में जो अनोखापन आ गया है उसको समझना भी।

तीन श्लोकों में पहला इस प्रकार है—

ऊर्ध्वोर्ध्वमारुह्य यदर्थतत्त्वं धी: पश्यति श्रान्तिमवेदयन्ती।
फलं तदाद्यै परिकल्पितानां विवेकसोपानपरम्पराणाम्॥

इसका शब्दश: अनुवाद यों होगा—ऊपर और ऊपर चढ़-चढ़कर (ऊर्ध्वम् ऊर्ध्वम् आरुह्य) जिस अर्थ तत्त्व को (यदर्थतत्त्वम्) बुद्धि (धी:) बिना थकान को जाने (श्रान्तिम् अवेदयन्ती) देखती है (पश्यति), वह (तत्) पहले के लोगों के द्वारा परिकल्पित (आद्यै: परिकल्पितानां) विवेक के सोपानों की परम्पराओं का (विवेकसोपानपरम्पराणाम्) फल (फलम्) हुआ करता है।

नामवर जी ने इस श्लोक का अनुवाद यह दिया है—

श्रांति का अनुभव न करने वाली विवेचकों की बुद्धि ऊपर-ऊपर चढ़ते हुए अन्त में जिस अर्थ तत्त्व को देखती है, उस तक पहुँचाने वाली परिकल्पित विवेक के प्रारम्भिक सोपानों की परम्परा का क्या महत्त्व?

ऊपर इस श्लोक के शाब्दिक अनुवाद से इस अनुवाद को मिलाएँ, तो जमीन आसमान का फर्क लगेगा। शाब्दिक अनुवाद करने पर तो अभिनवगुप्त के कथन का यही आशय निकलता है कि किसी भी विचारक को चिन्तन की जो ऊँचाइयाँ हासिल होती हैं, उनके पीछे विवेक की वे सीढ़ियाँ हैं, जो पुरखे बना चुके हैं। नामवर जी ने जो अनुवाद दिया है, उससे यह आशय ध्वनित होता है कि कोई परिकल्पित विवेक है, जिससे निर्मित आरम्भिक सोपान बाद में महत्त्वहीन हो जाते हैं। इसमें आद्यै: (पहले के लोगों के द्वारा) का अनुवाद छूट गया है, और परिकल्पित जो मूल में विवेकसोपानपरम्परा का विशेषण है, वह विवेक का विशेषण बन गया है। अभिनव कह यह रहे हैं कि हम चिन्तन की ऊँचाइयाँ इसलिए हासिल कर पाते हैं कि पहले के लोग सीढ़ियाँ बना गए हैं, इसलिए उन सीढ़ियों का महत्त्व है। नामवर जी के अनुवाद में तो साफ कह दिया गया कि उन सीढ़ियों का महत्त्व ही क्या है?

नामवर जी के द्वारा दिये अनुवाद में यह उलट-फेर इसलिए हुआ कि उन्होंने इस श्लोक के तीसरे चरण में जो पहला शब्द 'फलम्' है, उसकी जगह 'अलम्'—यह पाठ स्वीकार किया है। यदि यह मान लिया जाए कि अभिनवगुप्त ने 'फलम्' नहीं 'अलम्' लिखा था, तब भी नामवर जी का दिया गया अनुवाद भ्रामक बना रहता है। अलम् यह अव्यय 'बहुत हुआ, रहने दो'—इस अर्थ को बताने के लिए मुहावरे में आता है। ऐसी स्थिति में आद्य जनों के द्वारा परिकल्पित विवेकसोपान

परम्पराओं को रहने दिया जाए—यह अर्थ होगा, न कि यह उन विवेक की सीढ़ियों का महत्त्व नहीं है।

नामवर जी कारण स्पष्ट नहीं किया है सर्वप्रचलित 'फलम्' इस पाठ को तजकर उन्होंने 'अलम्'—यह पाठ किस आधार पर लिया।

व्याकरण की दृष्टि से इस श्लोक की वाक्यरचना में 'अलम्' पाठ हो ही नहीं सकता, क्योंकि पाणिनि के नियम के मुताबिक 'अलम्' के योग में तृतीया विभक्ति तो हो सकती है षष्ठी नहीं। पाणिनि के नियमों में कहीं-कहीं छूट और अपवाद हैं, पर इस नियम का कोई अपवाद या काट नहीं है। पहले चरण में यत्—अर्थतत्त्वम्—(जिस अर्थ तत्त्व को) ये पद हैं, इनके अन्वय के लिए फलं तत्—वह फल हुआ करता है—यह कहा गया। अलं तत्—यह पाठ लेने पर व्याकरण की एक और मर्यादा टूटती है—जिसमें वाक्य रचना में यत् (जो) और तत् (वह) का नित्य सम्बन्ध माना गया है। अभिनवगुप्त पाणिनि के नियम का ऐसा सरासर उल्लंघन करने के बजाय बहुत सहजता से 'अलम्' के साथ तृतीया विभक्ति लगाकर यह लिख सकते थे—

अलं तदाद्यैः परिकल्पिताभिर्विवेकसोपानपरम्पराभिः ॥

यह ठीक है कि 'फलम्' की जगह नाट्यशास्त्र की पुरानी हस्तलिखित पोथियों में किसी पोथी में 'अलम्' पाठ मिलता है, पर वह लिपिकार या नकलनवीस की असावधानी का नतीजा ही हो सकता है। यदि नामवर जी ने इसे स्वीकार किया है, और जैसा मुझे लगता है सोच-समझकर स्वीकार किया है, तो उसका आशय यह है कि वे अभिनवगुप्त और पूरी परम्परा की एक नई व्याख्या उसके द्वारा करना चाह रहे हैं। यह अलग बात है कि यह व्याख्या जिस आधार पर खड़ी की गई, वह अनुत्थानोपहत (उठने के पहले ही ढहकर रह गया) है।

नामवर जी संग्रह-त्याग न बिनु पहचाने—की उक्ति को चरितार्थ करते रहे हैं। पर उनका यह अनोखा संग्रह त्याग उलझन में डालने वाला है। मैंने अभिनवभारती सहित नाट्यशास्त्र के कई संस्करण पलट डाले, यहाँ तक कि नाट्यशास्त्र के एकमात्र समीक्षित पाठ वाले बडोदरा संस्करण के पहले खंड के अब तक छपे तीनों संस्करण भी देखे। रामकृष्ण कवि के पहले संस्करण के सम्पादन के बाद दूसरे और तीसरे संस्करणों का सम्पादन बीसवीं सदी के सबसे प्रतिष्ठित विद्वानों ने किया। पर तीनों संस्करणों में अभिनव भारती का पाठ इस श्लोक में 'फलम्' ही रखा गया, और 'अलम्' को फुटनोट में किसी पांडुलिपि में मिले पाठभेद के रूप में सूचित किया गया है। नाट्यशास्त्र पर गुजराती में काम करने वाले एक बड़े विद्वान् तपस्वी नन्दी ने भी अपने संस्करण में 'अलम्' को इसी तरह पाठभेद के रूप में फुटनोट में रखा है। अभिनवभारती का एक पाठशोधन दिल्ली के पंडित रविशंकर नागर ने किया। उनके संस्करण में तो 'अलम्' पाठ का कोई नोटिस ही नहीं लिया गया है।

अभिनवभारती के सभी प्रकाशित प्रामाणिक संस्करणों में उक्त श्लोक के तृतीय चरण में 'फलम्' यह पाठ ही है। हिन्दी विभाग, दिल्ली विश्वविद्यालय से प्रकाशित अभिनवभारती के प्रथम, द्वितीय और षष्ठ अध्यायों का संस्करण (1960, दूसरा संस्करण 1973) इसका अपवाद है। इसमें सम्पादक विश्वेश्वर सिद्धान्तशिरोमणि ने उपरिलिखित पद्य में 'फलम्' के स्थान पर 'अलम्' पाठ स्वीकार किया है। यद्यपि इस संस्करण के कवर पर सूचना है कि यह संस्करण पाठानुसन्धान और पाठसमीक्षा के साथ प्रकाशित हो रहा है, पर पंडित विश्वेश्वर सिद्धान्तशिरोमणि ने न तो 'फलम्' इस सर्वत्र स्वीकृत पाठ का कोई नोटिस लिया है, न यह स्पष्ट किया है कि उन्होंने सर्वप्रचलित पाठ को खारिज करके व्याकरण के नियमों की धज्जी जिसमें उड़ जाए ऐसा पाठ क्यों स्वीकार किया?

विश्वेश्वर सिद्धान्तशिरोमणि के अनुवाद में उत्तरार्द्ध यह है—'उस पर पहुँचाने वाली परिकल्पित विवेक की सीढ़ी (परम्परा) विशेष महत्त्व की नहीं है।' यहाँ भी अनुवाद दुरुस्त नहीं है, और यही स्थिति नामवर जी तथा विश्वेश्वर सिद्धान्त शिरोमणि के द्वारा किये गए शेष दो श्लोकों के अनुवादों की भी है, जिन पर फिलहाल विस्तारभय से विचार नहीं किया जा रहा है।[1] पर जिस तरह रससिद्धान्त पर अपना पक्ष रखने के पूर्व अभिनवगुप्त के स्वरचित चार श्लोक उनकी सारी थीसिस की प्राक्कल्पना स्पष्ट करते हैं, इसी तरह उनमें से तीन श्लोकों के नामवर जी के द्वारा दिये गए अनुवाद उनकी इस किताब की प्राक्कल्पना बनते हैं, इसलिए शेष दो श्लोकों और उनके अनुवादों की सुध इस लेख में आगे ली जाएगी।

2

नामवर जी शास्त्र शब्द का त्याग करते हैं, वे कविता की सैद्धान्तिकी के लिए 'काव्यानुशासन'—यह शब्द प्रस्तावित करते हैं। आचार्य हेमचन्द्र ने अपने शब्दानुशासन के बाद कविता के शास्त्र का ग्रन्थ काव्यानुशासन लिखा था। अभिनवगुप्त के हवाले से ही नामवर जी अपने इस सारे उद्यम को 'ज्ञात का भी विशेष रूप से अनुसन्धानात्मक निरूपण' बताते हैं। (भूमिका, पृ. 8)

---

1. शेष दो श्लोकों का नामवर जी ने अनुवाद यह दिया है—

मानता हूँ कि प्रमेय की सिद्धि का प्रथम प्रयास विचित्र और निराधार ही होता है, किन्तु उस मार्ग में अग्रसर होने पर उसके ऊपर सेतुओं, नगरों आदि का निर्माण भी विस्मयकारी नहीं रह जाता।

इसलिए यहाँ प्राचीन आचार्यों के मतों का खंडन नहीं बल्कि संशोधन किया गया है। पूर्वप्रतिष्ठापित सिद्धान्तों की योजना में मूल की प्रतिष्ठा का फल मिलता है।

दोनों श्लोकों में नामवर जी का अनुवाद विश्वेश्वर के अनुवाद से कुछ भिन्न है।

द्वितीय संस्करण की भूमिका में नामवर जी ने अपनी पुस्तक को लेकर की गई इस शिकायत का हवाला दिया है कि इसमें रूपवादी रुझान है (पृ. 9) जबकि उनकी दृष्टि में उनका प्रयास 'मार्क्सवादी आलोचना की जड़ता पर एक कशाघात' या कौड़े की मार है। यह अलग बात है कि कौड़े की फटकार मार्क्सवादी आलोचना से ज्यादा आचार्य नगेन्द्र की समीक्षाओं पर ज्यादा की गई है, जो 'रससिद्धान्त को सुधियों के चन्दनवन के गलियारों से गुजारते हुए सुधि की अहेरिन' के पीछे लगा देते हैं, फिर तो 'नीरज का सुधियों का कारवाँ थोड़ी ही दूर' रह जाता है। (पृ. 22) अज्ञेय जैसे कवियों को भी इससे बख्शा नहीं गया है।

अब अभिनवगुप्त के तीन श्लोकों में दूसरे श्लोक के अनुवाद का स्मरण करें। चिन्तन के धरातल पर ऊँचाइयाँ हासिल करके जो अर्थतत्त्व सूझा है, वह पहले के लोगों की बनाई विवेक की सीढ़ियों का नतीजा हुआ करता है—यह कहने के बाद अभिनव आगे के श्लोक में कहते हैं कि प्रमेय की सिद्धि में प्रथमावतार या विचार की पहली कौंध निरालम्बन या बिना सहारे के होती है—ऐसा मुझे लगता है, पर एक बार कौंध दिख जाए, तो उसके प्रकाश में वे रास्ते झलक उठते हैं, जिनसे विचारों के सेतु और नगरों की बसाहट हो जाती है।

नामवर जी ने चिन्तन की ऊँचाई हासिल की, रास्ता भी उनके सामने था, पर क्या वे साहित्य के संसार में सेतुबंध और नगर बसा पाए?

इसमें कोई शक नहीं कि एक समय 'कविता के नये प्रतिमान' लिखकर नामवर जी ने बड़ी जरूरत की पूर्ति की। इसके साथ उन्होंने कविता के उन प्रतिमानों को भी इस पुस्तक में सँजोने का यत्न किया, जो केवल नई कविता को समझने में मददगार हों ऐसा नहीं, वे किसी भी देश-काल की कविता को जाँचने में एक सीमा तक मददगार हो सकते हैं। नामवर जी ठीक ही कहते हैं कि नये प्रतिमान हाल में लिखी गई कविता के लिए ही नहीं हुआ करते, 'वस्तुतः वे कविता के समग्र रिक्थ के लिए होते हैं।' (पृ. 29)

यह सत्य है कि हर नई कविता के साथ कविता के प्रतिमानों में तब्दीली होती है। नामवर जी की यह पुस्तक छायावादी संस्कारों के जीर्ण पत्रों के झरते जाने और कविता में नये पल्लवों के अँकुराने का उत्सव है। इसका उपोद्घात सियाराम शरण गुप्त कर चुके थे। कविता बदलती संवेदनाओं से प्रतिकृत होती है, इस प्रतिकृति में प्रतिमान उलट सकते हैं, बदल तो सकते ही हैं। एक समय ललितलवंगलतापरिशीलनकोमलमलयसमीर वाली भाषा कविता के लिए मानक हो सकती थी, बदले समय में कठोर वास्तविकताओं से जूझने वाली भाषा मानक हो सकती है। सियाराम शरण गुप्त के 1938 में छपी 'झूठा सच' नामक पुस्तक से शुष्कोवृक्षः शीर्षक निबन्ध का सटीक उद्धरण देते हुए नामवर जी तथ्य और कथ्य के यथार्थ पर बात करते हैं। सियाराम शरण गुप्त ने अपने समय की और समय से

पहले की सारी परिपाटी को साहस के साथ तोड़कर इस निबन्ध में यह कह दिया कि एक सूखे काठ के टुकड़े का नीरसतरुरिह विलसति पुरतः इस तरह वर्णन करने वाले अपने बेटे की जगह बाणभट्ट को कादम्बरी की पूर्ति के लिए उस बेटे को चुनना चाहिए था, जिसने कहा कि शुष्को वृक्षः तिष्ठति अग्रे (प्रचलित किंवदन्ती में उद्धरण शुष्कं काष्ठं तिष्ठत्यग्रे है।)

सपाट कथन कई बार बहुत कारगर हो सकता है, पर हर बार नहीं।

नामवर जी ने रूपवादी होने के आक्षेप की चिन्ता न करके इस बात को बल देकर कहा है कि कविता कविता के रूप में पढ़ी जाए, अपने समय के दस्तावेज के रूप में बाद में। इसलिए कविता सामान्य का कथन नहीं, विशिष्ट स्थिति का उद्घाटन होती है। ये अवधारणाएँ नामवीर जी ने महिमभट्ट आदि विचारकों से भी ली हैं उन्हें अपने शब्दों में बहुत सधे हुए ढंग से नया जामा भी पहनाया है। वे शब्द की पहचान के सन्दर्भ में तार सप्तक के द्वितीय संस्करण की भूमिका से अज्ञेय के वक्तव्य का लम्बा अंश उद्धृत करते हैं, जिसमें अज्ञेय ने कहा है कि सामाजिक दायित्व ओढ़ लेना सृजन की समस्या का समाधान नहीं बनता, शब्द के प्रति सजगता शब्द संस्कार उसके लिए पहले जरूरी है। अज्ञेय को ही नहीं, इस विषय में संस्कृत काव्यशास्त्र के आनन्दवर्धन, अभिनवगुप्त और मम्मट आदि को भी नामवर जी सप्रमाण सन्दर्भित करते हैं। वे आनन्दवर्धन और मम्मट के हवाले से कविता के संसार की स्वायत्तता की उद्घोष यहाँ करते हैं। (पृ. 43) यह बात दूसरी है कि आगे वे इसमें थोड़ा हेर-फेर करके सापेक्ष रूप से स्वायत्त बताते हैं।

तीसरे अध्याय में रस के प्रतिमान की प्रसंगानुकूलता को लेकर विचार करते हुए नामवर जी रस के सिद्धान्त से टकराना जरूरी समझते हैं और उससे मुँह चुराने वालों को फटकारते हैं। रस की पुनर्व्याख्या की जरूरत को वे रेखांकित करते हैं। वे कहते हैं कि यह दिशा अर्थमीमांसा को आधार बनाने पर खुलेगी। आनन्दवर्धन ने ध्वनि के मुख्य अठारह भेदों में शब्दशक्तयुत्थ और अर्थशक्तयुत्थ पर इसीलिए चर्चा की है। उसके 'आनन्दमूलक प्राचीन तत्त्ववाद' (पृ. 50) पर पुनर्विचार आवश्यक है।

रस केवल अद्वैत, अद्वंद्व और तन्मयीभवन में ही पर्यवसित नहीं होता। रस मूलतः आत्मपरक रोमांटिक सिद्धान्त नहीं है। पर उस पर लग गए रूमानियत के मुलम्मे को हटाकर उसे कैसे नई चेतना से संवलित बनाया जाए—यह सवाल नामवर के विवेचन से यहाँ उभरता है। पर यहाँ आकर वे फिर उस मुकाम पर अटकने लगते हैं, जिससे आगे जाकर साहित्य के संसार के सेतुबन्ध रचे जा सकते हैं।

नामवर जी ने अपनी मेधा से जिस ऊँचाई पर जाकर कविता के प्रतिमानों की बात की वहाँ से साहित्यशास्त्र के आद्य पुरुषों के द्वारा परिकल्पित वे सीढ़ियाँ भी दिख सकती थीं, जिनसे रसविमर्श के उतार-चढ़ाव को पहचानकर उसे और कारगर रूप दिया जा सके।

भरतमुनि ने रसों में चार रसों को मूल रस माना, जिनमें बीभत्स रस भी एक है। जीवन और जगत् के जुगुप्सित और जघन्य रूप को जहाँ चित्रित किया जाता है वहाँ बीभत्स रस होता है। जाहिर है कि बीभत्स रस की कविता रंजन करने के लिए नहीं, तकलीफ देने वाले अनुभवों से गुजरने और गुजारने के लिए होती है। दलित कविता, जिसकी चर्चा नामवर की किताब में नहीं आ सकी, बीभत्स रस की कविता है।

तीसरा सप्तक में संकलित एक कवि मदन वात्स्यायन ने अपनी कविताओं के पहले दिये गए वक्तव्य में नई कविता के दो वाद बताए मायावाद और कायावाद। कायावाद में नये शृंगार, नई करुणा, नये वीररस और नये शान्त रस आदि पर बात करते हुए धर्मवीर भारती, गिरिजा कुमार माथुर, अज्ञेय, भवानी प्रसाद मिश्र, दिनकर और बालकृष्ण राव के उद्धरण कवि कश्यप ने दिये हैं। नामवर जी भी रस के सवाल से एक फिर-फिर टकराने का संकल्प अपनी इस पुस्तक में लेते हैं। अन्ततः इस सवाल का पूरा जवाब यहाँ नहीं बन पाया कि रस को एक घिस-पिटा, लिज़लिजाहट से सना शब्द मानकर इससे नाक-भौं सिकोड़कर अलग होने की बजाय मध्यकाल या बाद में इसके जिस प्रवाह को जो छेंककर इसे जो संकीर्ण सरोवर बना दिया गया, उसे इसके मूल उद्गम से दुबारा जोड़कर कैसे विस्तारित किया जाए?

चतुर्थ अध्याय छायावादोत्तर कविता के मूल्यांकन की समस्या पर है। रस वाले प्रकरण की तरह यहाँ भी नगेन्द्र की खूब खबर ली गई है। उर्वशी के पुनर्मूल्यांकन की समस्या पर केन्द्रित पाँचवें अध्याय में भी नामवर जी ने पुनः काव्य का मूल्यांकन काव्येतर कसौटियों पर किये जाने का विरोध किया है।

3

कामायनी का पुनर्मूल्यांकन शीर्षक छठे अध्याय में नामवर जी ने इस बात की ओर सही ध्यान दिलाया है कि कामायनी की भाषा जितनी अव्यवस्थित और ऊबड़-खाबड़ है, इसकी बिम्बगठन की क्षमता उतनी ही अधिक है। भाषा के खुरदरेपन के भीतर से प्रसाद अनोखे बिम्ब रचते हैं। यह फिर नीरस तरुरिह विलसति पुरतः की चाशनी में लिपटी भाषा को तजकर एक वेधक पारदर्शी भाषा को रचने की समस्या से जूझना है। अज्ञेय भी कहीं-कहीं भाषा के ठेठ देशी ठाट दिखाने की कोशिश करते हैं। पर भाषा मनःस्थिति से सहज रूप से उपजी या नहीं यह सवाल रह जाता है। कामायनी में समरसता का सवाल एक जटिल आयाम के साथ उभरता है—क्या कथानक अनुभूतियों की जटिलता के सँभाल पाता है?

यदि नामवर जी कविता के नये प्रतिमान का एक और नये संस्करण के लिए पुनर्लेखन करते, और आचार्य कुन्तक के वक्रोक्तितत्त्व पर निगाह डालते, तो बात

बन सकती थी। यह पुस्तक जब वे लिख रहे थे, तब भारतीय साहित्यशास्त्र के पुनर्विचार में कुन्तक का नवाविष्कार हो रहा था। आज उत्तरसंरचनावादी समीक्षक और पाठक केन्द्रित उत्तर आधुनिकतावादी मीमांसा में जो बातें कही जा रही हैं, कुन्तक वक्रोक्ति की परिकल्पना में उनसे कुछ बड़े फलक पर भाषा में कथ्य और संरचना को लेकर बात करते हैं। रूप और वस्तु कविता में सदैव अविभाज्यतया रहते हैं। वस्तु के बिना रूप नहीं, रूप के बिना वस्तु नहीं। कुन्तक ने कविता में रूप और वस्तु का सम्बन्ध गोशृंगन्याय से समझाया है। अर्थात् गाय के दोनों सींग जैसे एक साथ बराबरी से उगते हैं, वैसे ही काव्य में रूप और वस्तु, शब्द और विचार समान रूप से एक साथ जन्म लेते हैं और विकसित होते हैं। एक पहले हो और दूसरा बाद में यह नहीं होना चाहिए। वक्रोक्ति का कुन्तक का सारा विमर्श रूप और वस्तु के इस साहचर्य का विवेचन है। इस साहचर्य में कहीं फाँक आती है, तो उसकी वे पड़ताल भी अच्छी तरह करते हैं। साहित्य से कुन्तक का अभिप्राय ऐसी संरचना से है जिसमें शब्द और अर्थ की दोनों एक दूसरे के साथ गलबाहीं करते हैं, टकराते भी हैं, स्पर्धा भी करते हैं। कविता में शब्द और अर्थ का साहित्य या साथ-साथ होना शास्त्र या लोकव्यवहार की तुलना में कुछ विशिष्ट हो जाता है। यह वैशिष्ट्य परस्परस्पर्धाधिरोह और परस्परमैत्री के द्वारा आ जाता है।

वामन गुण और कविता की जमावट में अभेद या अद्वैत देखते हैं। इस जमावट में एक सम्प्लवात्मकता होती है, अर्थात् गुण एक दूसरे से गड्डमड्ड हो जाते हैं। यहाँ तक कि एक-दूसरे के विपरीत समझे जाने वाले गुण भी एक साथ मिल जाते हैं। जीवन में सुख और दुःख गड्डमड्ड हैं। इसी तरह कविता में भी सुख-दुःख गड्डमड्ड हो सकते हैं।

न तो नगेन्द्र, रामस्वरूप चतुर्वेदी या मुक्तिबोध के कामायनी के पुनर्विचार से ही कामायनी की समग्रता में मूल्यांकन बन पाता है। यदि रूप और वस्तु अविभाज्य हैं, तो किसी कविता की समीक्षा में दोनों के साहचर्य और परस्पर स्पर्धाधिरोह पर विचार होना चाहिए। यदि प्रसाद 'कामायनी' की रचना में शैव दर्शन के प्रत्यय मन में रखे हुए हैं, तो शैवदर्शन को परे हटाकर इसका पूरा मूल्यांकन कैसे किया जा सकता है? नामवर जी के गुरु हजारी प्रसाद द्विवेदी तो अपने ललित निबन्धों में ही नहीं मेघदूत की टीका में भी शैवदर्शन के प्रत्ययों का विनियोग करते हैं, और साहित्य की व्याख्या में वे आज की समाजशास्त्रीय दृष्टि का भी विनियोग करते हैं।

जिन कविताओं को नई कविता कहा जा रहा है, और उनसे जो नये प्रतिमान विनिर्मित किये जा रहे हैं, क्या उनमें यह उदार बहुलतावादी दृष्टि का लोप हो गया है?

अज्ञेय के विचारों को अनेकत्र नामवर जी समर्थन के साथ उचित ही इस पुस्तक में उद्धृत किया है। कहीं-कहीं कुँवर नारायण के मंतव्यों को भी। पर अज्ञेय

की कविता को वे खारिज करते हैं, कुँवरनारायण की कविता पर विचार नहीं करते।

कुँवर नारायण कविता के वादग्रस्त होने के खतरे से आगाह करते 'तीसरा सप्तक' के अपने वक्तव्य में कहते हैं—

> साहित्य जीवन से सीधे सम्पर्क छोड़कर वादग्रस्त होने लगता है, तभी उसमें वे तत्त्व उत्पन्न होते हैं जो उसके स्वाभाविक विकास में बाधक हों। (पृ. 231)

'तीसरा सप्तक' में अज्ञेय की भूमिका नई कविता की भी एक भूमिका प्रस्तुत करती है। उसमें अज्ञेय ने विषय और वस्तु को अलग-अलग करके समझने पर बल दिया है। यह सम्भव है कि विषय नया से नया चुनें पर वस्तु पुरानी ही रहे, और यह भी सम्भव है कि विषय पुराना रहे पर वस्तु नई हो। संस्कृत के क्लासिक्स की तो पूरी परम्परा इसी वक्तव्य से जाँची जा सकती है। 'रामायण' पर 'रघुवंश' भी लिखा गया और 'उत्तररामचरित' भी, 'महाभारत' पर भास के नाटक भी लिखे गए और भट्टनारायण के वेणीसंहार आदि नाटक भी। पर हर एक में वस्तु तो अलग ही है। अज्ञेय के अनुसार मौलिकता वस्तु से सम्बन्ध रखती है ('तीसरा सप्तक', 1959, भूमिका, पृ. 14-15) आगे अज्ञेय कहते हैं कि काव्य का सत्य वस्तु सत्य का रागाश्रित रूप होता है—

> क्रीडा और लीलाभाव भी सत्य हो सकते हैं—जीवन की ऋजुता भी उन्हें जन्म दे सकती है और संस्कारिता भी। देखना यह होता है कि सत्य के साथ खिलवाड़ या 'फ्लर्टेशन' मात्र न हो। (वही, पृ. 19)

'तार सप्तक' इतिहास की आवृत्ति शीर्षक अध्याय में नामवर जी ने तार सप्तक के पीछे के सामूहिक प्रयास के पीछे निहित एक अन्तःक्रिया की पड़ताल की है। मुक्तिबोध कला के संघर्ष को जिस तरह अस्तित्व के संघर्ष से एकाकार कर सके उस तरह अन्य कवि नहीं। यहाँ फिर कला में वस्तु और रूप की द्वंद्वात्मकता को लेकर कुन्तक के विवेचन की सारगर्भिता समझी जा सकती है।

4

आठवें अध्याय के साथ रघुवीर सहाय इस पुस्तक केन्द्र में आ गए हैं। निस्सन्देह रघुवीर सहाय भारतीय कविता के एक महत्त्वपूर्ण हस्ताक्षर हैं। नामवर जी का यह कहना भी विचारणीय है कि मुक्तिबोध के बाद वे हिन्दी के सबसे महत्त्वपूर्ण कवि हैं। पर नई कविता किसे कहा जाए—यह सवाल इस किताब को पूरी पढ़ने के बाद फिर भी बचा रहता है। अज्ञेय में एक कृत्रिम बौद्धिकता का आवरण नामवर जी

देखते हैं। रघुवीर सहाय में जबरदस्त बौद्धिकता है। एक की बौद्धिकता के साँचे बहुश्रुत और बहु-अधीती होने से बने हैं, दूसरे के फक्कड़पन और अघोरी की मुद्रा अपनाने से। दोनों के अपने-अपने साँचे हैं, एक को कृत्रिम और दूसरे को अकृत्रिम कहने के पैमाने नामवर जी के हैं।

काव्यभाषा की सृजनशीलता पर विचार करते समय नामवर जी सही ही अलंकार के सिद्धान्त पर लौटकर आते हैं। नामवर जी ने भामह, दंडी और वामन आदि अलंकारवादी आचार्यों का पक्ष भी चहाँ रखा है। अलंकार पर हाल के वर्षों में संस्कृत काव्यशास्त्र पर नई समझ के साथ बात करने वाले पंडितों ने पुनर्विचार किया। रस के स्थान पर अलंकार पिछले पन्द्रह वर्षों में केन्द्र में आ गया। इसकी ओर पारम्परिक काव्यशास्त्र के अध्ययन-अध्यापन में अभी ध्यान नहीं दिया गया है।

पंत की लम्बी कविता 'पुरुषोत्तम राम' से दो उद्धरण वे यह बताने के लिए बड़े सटीक रूप में देते हैं कि पंत जी की भाषा स्नायविक स्खलन और निर्जीव दशा को प्राप्त होती गई है। (पृ. 114-15) यह काव्यभाषा नहीं, काव्याभास भाषा है। विचारगत असामंजस्य, प्रौढ़ प्रतिक्रिया के स्थान पर सस्ती भावुकता अथवा विशृंखल भावोच्छ्वास के कारण वे धर्मवीर भारती की कनुप्रिया को भी उसके भावबोध के कच्चेपन बौद्धिक अपरिपक्वता और कैशोर भावुकता के आधार पर निरस्त करते हैं। (पृ. 116)

नामवर जी यहाँ एक अति पर चले गए हैं। वे किशोर भावोच्छ्वास को निरस्त करते-करते अपने प्रतिमान निर्माण में उन महत्त्वपूर्ण रचनाओं को भी अनदेखा कर जाते हैं, जिनमें भाव और विभाव रचनात्मक रूप में हैं। यह भी विचारणीय है कि क्या कनुप्रिया को केवल किशोर भावोच्छ्वास और अपरिपक्वता की कृति कहकर खारिज किया जाए?

पृष्ठ 120 पर अज्ञेय की असाध्यवीणा के शिल्प की सराहना करके अन्त में उसे लेकर वे कहते हैं—एक ही निष्प्राण चेतना भाषा से लेकर भाव के स्तर तक—कथन से कथ्य तक आद्योपान्त व्याप्त है। भाषा की यह अशक्यता नैतिक अशक्यता का पर्याय है। इस प्रकार असाध्यवीणा का मौन अपनी सारी वर्णन चातुरी, नाटकीयता और शब्दप्रयोग सम्बन्धी सतर्कता के बावजूद आधुनिक परिवेश के साथ एक समझौते का सूचक है। (पृ. 120)

भाषा की खोज आग की खोज में बदल जाती है कविता हाथ की छटपटाहट बन जाती है। (पृ. 114) नामवर जी का कहना सही है कि भाषा को 'आज के जीवन धड़कन को व्यक्त करने वाली लय को गहरे स्तर पर जाकर पकड़ना' चाहिए। (पृ. 117) यहाँ साही जी का उद्धरण है—

> सृजनशीलता आसान रास्ता छोड़कर नये रास्ते तैयार करती है, जो शब्दों की परिपाटीग्रस्त अभिव्यक्ति और बाज़ारू अभिव्यक्ति—इन दोनों खतरों से बचा कर जीवित अभिव्यक्ति बनाती है। (पृ. 118)

नामवर जी जिन कविताओं के आधार पर कविता के प्रतिमान रचते हैं, वे अध्यात्मविहीन दुनिया की कविताएँ हैं। विजयनारायण साही तो कवि को अध्यात्म से दूर रहने की सलाह देते ही हैं।

विजयनारायण साही ने तीसरा सप्तक में छपे अपने वक्तव्य में कवि के लिए पच्चीस शील गिना दिये हैं। इनमें से सातवाँ शील है—कविता के क्षेत्र में केवल एक आर्य सत्य है—दु:ख है। शेष तीनों राजनीति के भीतर आते हैं। आठवाँ शील है—कविता को राजनीति में नहीं घुसना चाहिए, क्योंकि इससे कविता का तो कुछ नहीं बिगड़ेगा।, राजनीति के अनिष्ट की सम्भावना है। ('तीसरा सप्तक', पृ. 276) साही का इक्कीसवाँ शील है—'कविता राग है राग माया है। माया और अध्यात्म में वैर है। अत: आध्यात्मिक कविता असम्भव है, जो इसमें दुविधा करते हैं, उन्हें न माया मिलती है न राम। जैसा हाल छायावादियों का हुआ इनसे शिक्षा लेनी चाहिए।' (वही, पृ. 278)

साही का यह कथन एक फतवा और धमकी है। सरस्वती के साम्राज्य में किसी का हुक्म नहीं चलता। कविता को राग बनकर रहना होगा, और अध्यात्म से वैर ठानकर ही चलना होगा ऐसा फरमान या फतवा नहीं दिया जा सकता।

नामवर जी साही जी के फरमान और कविता की अपनी स्वायत्तता के विचार के बीच दोलायमान लगते हैं। वे आनन्दवर्धन की शब्दावली लेकर कवि को अपने संसार का प्रजापति बताते हैं। वे रिचर्ड्स का हवाला देते हैं। रिचर्ड्स ने द्वितीय वास्तविकता के रूप में काव्य की सत्ता की स्थापना की।

काव्यसंसार पूर्ण स्वायत्त नहीं। उसकी सापेक्ष स्वायत्तता है, कविता संसार में होकर भी स्वायत्त है, जैसे वेटिकन सिटी रोम के भीतर रहकर भी एक अलग देश है।

रघुवीर सहाय की भी रामदास कविता का जिक्र इस किताब में नामवर जी नहीं करते। मेरे हिसाब से वह सबसे महत्त्वपूर्ण कविताओं में एक है। उसमें बीभत्स भी है, करुण भी। पर वह चित्तरंजन के लिए नहीं है।

क्या इस कविता से यह प्रतिमान नहीं बनता कि बड़ी कविता वह है जिसमें एक साथ ये हों—सपाटबयानी भी और वक्रोक्ति भी, रस भी और रसावसान भी, छन्द और लय भी और छन्दोभंग तथा लयभंग भी, बिम्बविधान भी हो और बिम्ब को निर्गत भी किया गया हो।

इन सकारात्मक नकारात्मक युग्मों को बढ़ाकर यह और जोड़ा जा सकता है कि कविता में अध्यात्म भी हो और छद्म अध्यात्म की काट भी।

विनोद कुमार शुक्ल की कोई जिक्र नामवर जी ने नहीं किया। उन्हें तो किशोर भावुकता के आधार पर निरस्त नहीं किया जा सकता।

5

नवाँ अध्याय काव्यबिम्ब और सपाटबयानी शीर्षक से बिम्बविधान की जटिलताओं पर प्रकाश डालते हुए नामवर जी विज्ञापित नुस्खों के अन्धानुकरण के बीच सच्चे सृजन की राह खोजने की तजवीज करते हैं। नामवर जी शब्दावली संस्कृतकाव्यशास्त्र के अलंकारविवेचन की ले लेते हैं, पर कविताओं पर उसे विनियोजन में अर्थान्तर कर देते हैं। केदारनाथ सिंह की अनागत कविता का विश्लेषण बहुत बढ़िया है। इसी कविता की पंक्तियाँ हैं—

फूल जैसे अँधेरे में दूर से ही चीखता हो,
इस तरह वह दरपनों में कौंध जाता है।

नामवर जी कहते हैं—'यहाँ दो बिम्बों को बिम्ब-प्रतिबिम्ब भाव से आमने-सामने रखकर एक प्रकार की सायास जटिलता उत्पन्न की गई है।' बिम्ब-प्रतिबिम्ब की स्थिति जहाँ होती है, वहाँ दृष्टान्त अलंकार होता है—यह बताना वे शायद गैरजरूरी समझते हैं। दृष्टांत के अलावा कई अलंकार ऐसे हैं, जो बिम्बविधान की पच्चीकारी और स्थापत्य के विविध प्रकारों को समाहित करते हैं। दूसरी और नामवर जी ने जिसे सायास जटिलता कहा है, उससे कैसे बचा जाए, इस पर आनन्दवर्धन ने अलंकार और ध्वनि के अन्त:सम्बन्धों के अपने विवेचन में विस्तार से विचार किया है।

नामवर जी का निष्कर्ष है कि यही बिम्ब इस कविता की बुनियादी कमजोरी खोलने वाला भेदिया बन गया है। सायास जुटाई हुई दूर की ये दो चीजें प्रीतिकर चमत्कार उत्पन्न करने के स्थान पर बिम्ब को ही धुँधला ही बनाती है। (पृ. 126) यह सायास जोड़-तोड़ है। सर्वेश्वरदयाल सक्सेना की कविता में यह हुआ है—

जिन्दगी मरा हुआ चूहा नहीं है
जिसे मुख में दबाए
बिल्ली की तरह हर शाम गुजर जाए
कुछ खून के दाग छोड़ जाए।

लोकतंत्र को जूते की तरह
लाठी में लटकाए
भागे जा रहे हैं सभी
सीना फुलाए। (पृ. 127)

आलोचकों का ध्यान कविता के कथ्य के स्थान पर चमकते हुए उसके कुछ बिम्बों पर चला जाता है। कविता के हर एक बिम्ब को उसकी सम्पूर्ण संघटना का अविच्छेद्य और अविभाज्य अंग होना चाहिए। यदि ये प्रत्युदाहरण हैं, तो नागार्जुन की अकाल और उसके बाद तथा रघुवीर सहाय की कविताएँ उदाहरण हैं।

नामवर जी की किताब बताती है कि कविता बिम्ब की जटिलताओं से निकलकर सपाटबयानी की ओर बढ़ रही है। फिर भी बिम्ब की अनिवार्यता को नकारा नहीं जा सकता। केदारनाथ सिंह तीसरा सप्तक में संकलित अपनी कविताओं के वक्तव्य में एक पश्चिमी आलोचक का उद्धरण देते हैं—जिसमें कहा गया कि आधुनिक कवि नये से नये बिम्बों के द्वारा ही अपनी नागरिकता का शुल्क अदा करता है। ('तीसरा सप्तक', पृ. 183) केदारनाथ सिंह के अनुसार प्राचीन काव्य में जो स्थान चरित्र का था, आज की कविता में वही स्थान बिम्ब या इमेज का है।

भाविक के लक्षण में भामह ने सबसे पहले यही कहा कि यह पूरे प्रबन्ध या एक समूची कृति का गुण है। इसमें अतीत और अनागत वृत्तान्त प्रत्यक्ष जैसे दिखते हैं। इससे आगे जाकर भामह ने उन तत्त्वों का भी विवेचन किया जो भाविक अलंकार को किसी कृति में सम्भाव्य बनाते हैं। ये गुण हैं—विचित्र, उदात्त और अद्भुत वृत्तान्तों का समावेश, कथा की नाटकीयता और शब्दों की अनाकुलता। कथा की नाटकीयता से आशय है कि अतीत और वर्तमान कविता पढ़ने और सुनने वाले के आगे सामने थिरकते लगते हैं। और इसके लिए शब्द तो सुचिन्तित और सुव्यवस्थित रूप में ही प्रयुक्त होंगे। इसीलिए रुय्यक ने कहा कि भाविक में केवल कवि अतीत और अनागत को प्रत्यक्ष हस्तामलकवत् देखे इतना ही नहीं, उसका पाठक या दर्शक भी उसी तरह अतीत और अनागत को प्रतिबिम्ब की तरह साफ देखता है। इसी प्रकार भाविक में वस्तु का स्वरूप प्रत्यक्षवत् स्फुरित होता है और स्वभावोक्ति अलंकार का भी यही स्वरूप है। अत: स्वभावोक्ति से इसका अन्तर स्पष्ट किया जाना चाहिए। यह अन्तर स्पष्ट करते हुए रुय्यक कहते हैं कि संवाद दो प्रकार का होता है हृदयसंवाद और वस्तुसंवाद। रसवदलंकार में हृदय संवाद होता है, स्वभावोक्ति में वस्तुवाद। वस्तुसंवाद में चित्त में वस्तु का बिम्ब बनता है। भाविक न वस्तुसंवाद होता है, न हृदयसंवाद, उसमें साक्षात्कार या साक्ष्य की स्थिति होती है। बिम्बात्मक स्फुट प्रतीति, भाविक और स्वभावोक्ति दोनों में अनिवार्यत: रहती ही है।

रुय्यक कहते हैं—भाविक अलंकार का अनुभव श्रोता अथवा भावक योगी की भाँति भूत और भविष्यत् को साक्षीभाव से देखते हुए करता है। इस तरह भाविक अलंकार की प्रतीति ताटस्थ्य के साथ होती है।

बिम्ब विधान से भी प्रतिमान बनता है। भाविक और स्वभावोक्ति जैसे अलंकारों से भी कविता के प्रतिमान बनते हैं। कविता के नाम पर अखबार की रिपोर्ट भर न

परोस दी जाए, जिसे भामह ने वार्ता कहा है, और जीवन और जगत् की वास्तविकता को बेलौस बेलाग बयान करके परमहंस और अघोरी के भाव में कवि स्थित हो यह भामह आदि के विवेचन से सामने आती है।

कविता के नये प्रतिमान का दसवाँ अध्याय काव्यसंरचना—प्रगीतात्मक और नाटकीय है इसमें निराला की तोड़ती पत्थर में आई नाटकीयता का निराला के शब्दों में जो विश्लेषण प्रस्तुत किया है वह कविता को समझने के लिए गहरी समझ देता है। पाँच पूत भारतमाता के कविता का भी विवेचन सी दृष्टि से ध्यातव्य है। इसी अध्याय से मुक्तिबोध केन्द्र में आते हैं। अँधेरे में का दहशतभरा और उम्मीदभरा संसार जिसमें आत्मसम्भवा आत्माभिव्यक्ति है—नामवर जी की व्याख्या का विषय बना है।

ग्यारहवाँ अध्याय विसंगति और विडम्बना पर केन्द्रित है। पुराने काव्यशास्त्रियों ने असंगति और व्यत्यय अलंकार बताए हैं।

कविता के नये प्रतिमान में अन्ततः जिस तरह की कविता के प्रतिमान विकसित किये गए, कविता के संकुचित होते संसार को सूचित करते हैं। इसमें केदारनाथ सिंह, शमशेर और रघुवीर सहाय हैं, तो विनोद कुमार शुक्ल और बालकृष्ण राव नहीं हैं।

गम्भीरता की खोल को बहुत हल्की सी बात कहकर फिक्क सी हँसी के द्वारा तोड़ देना—यह एक परमहंसी मुद्रा है। छायावादी कवियों में यह निराला की कुछ रचनाओं में जरूर उभरी—*सरोज स्मृति* में पद फटे बिवाई के तथा चमरौधे जूते के उल्लेख में या कुकुरमुत्ता में। पर नई कविता का यह एक व्यापक लक्षण बनी। गम्भीर बात को निहायत अगम्भीर ढंग से कहना—भवानीप्रसाद मिश्र की गीतफरोश जैसी कविताओं में—यह प्राचीन पदावली में क्रीडा या लीला का भाव है। यहाँ नामवर जी तीसरा सप्तक से यह उद्धरण देते हैं—

> जीवन की ऋजुता भी उन्हें जन्म देती है और संस्कारिता भी। देखना यह है कि वह सत्य के साथ खिलवाड़ या फ्लर्टेशन न हो।

कविता असम्बद्ध लगने वाली चीजों में सम्बन्ध की खोज करती है। जैसे—

बिल्ली रास्ता काट जाया करती है
प्यारी-प्यारी औरतें हरदम बकझक करती रहती हैं
चाँदनी रात को मैदान में खुले मवेशी
आकर चरते हैं

और प्रभु यह तुम्हारी दया नहीं तो और क्या है
कि इनमें आपस में कोई सम्बन्ध नहीं।

नामवर जी प्रशन उठाते हैं कि क्या सचमुच में इनमें आपस में सम्बन्ध नहीं

है, क्या बकझक करने वाली औरतें सचमुच में प्यारी हैं। तब विशेषण व्यंग्य की तरह चुभने वाले बन जाते हैं।

बारहवाँ अध्याय अनुभूति की जटिलता और तनाव है। ऊपर रस सिद्धान्त के उत्स की बात मैंने की है। यहाँ नामवर जी चाहते तो एक अवसर था कि जो प्रतिमान कौंधा है, उसे साहित्य के बृहत्तर परिप्रेक्ष्य से जोड़ने वाले सेतु और नगरों की वे प्रतिष्ठा कर सकें।

भरतमुनि रसविमर्श और रसव्यतिकार की बात करते हैं। रस एक दूसरे को कुचलते हैं, एक दूसरे से टकराते हैं। भरतमुनि कहते हैं कि कविता में एक ही रस रहे, यह ठीक नहीं है। कई रसों का सम्प्लव बन जाता है, कई रस अपने विविध स्थायी भावों, व्यभिचारी भावों के साथ गड्डमड्ड हो जाएँ, तो कविता में बात बनती है।

अन्तर्वेशी काव्य और अपवर्जी काव्य—रिचड्र्स इन दो कोटियों में कविता को बाँटते हैं। अन्तर्वेशी काव्य में विरोधात्मक भाव गड्डमड्ड होते हैं। शुद्ध कविता और अशुद्ध कविता में अशुद्ध कविता ज्यादा अच्छी है।

शुक्ल जी की रसप्रतीति की मध्यमावस्था का भी जिक्र यहाँ प्रसंगानुसार नामवर जी ने किया है, और प्रसाद जी की स्थिति की पड़ताल करते हैं जिसमें प्रसाद जी ने "दुःखान्त परिणति से बचने के लिए उन्होंने सुरक्षाकवच के रूप में आनन्द का सिद्धान्त अपनाया।" मेरी समझ से यह प्रसाद जी की अतिसरलीकरण करते हुए किंचित् दुर्व्याख्या है। नामवर जी का ध्यान इस बात की ओर नहीं गया कि प्रसाद जी ने समग्र भारतीय चिन्तन परम्परा की दो धाराएँ मानी—एक आनन्दवाद की एक दुःखवाद की। एक के प्रतिनिधि इन्द्र हैं, दूसरी के वरुण। यदि दुःखवाद का विरोध ही करना होता तो प्रसाद आँसू क्यों लिखते? दूसरी ओर शुक्ल जी की सराहना करते हुए नामवर जी बताते हैं कि शुक्ल जी ने संघर्षमूलक काव्य की विशेषता विरुद्धों के सामंजस्य में मानी है। (पृ. 192) क्या प्रसाद के काव्य में संघर्षमूलकता और विरुद्धों का सामंजस्य नहीं है?

तेरहवाँ अध्याय ईमानदारी और प्रामाणिक अनुभूति पर है। कविता के खरेपन की पहचान करने का यत्न यहाँ किया गया है। ईमानदारी की प्रकृति द्वंद्वात्मक होती है। अज्ञेय की कविता में इसलिए बनावटीपन और घपला नामवर जी देखते हैं। परिपक्वता के बहाने दार्शनिक बनने की कोशिश, जिसे ढकने के लिए शालीन और साहित्यिक लगती भाषा का प्रयोग अज्ञेय करते हैं तो कृत्रिमता और बढ़ती जाती है। ऐसे में 'असाध्य वीणा' "एक कलछी दार्शनिकता और एक कलछी जगत् के ब्योरे के एकान्तरण से बनी आडम्बरी कविता किसी प्रथम श्रेणी के हिन्दी भाषा के विद्यार्थी द्वारा सूत्रानुसार कविता गढ़ने की दयनीय कोशिश" बन जाती है। (पृ. 208) अन्तर्जगत् और बाह्य जगत् को समेटने का लालच इस कविता की भाषा और संरचना को दरिद्र बनाता चला गया है। (पृ. 208)

परिवेश और मूल्य शीर्षक चौदहवाँ अध्याय रघुवीर सहाय की कविता की खास तौर से पड़ताल है। क्या यह अखबारी और सरलीकृत कविता है। रघुवीर सहाय की तकनीक अपने समय के जटिल संसार को सुलझाकर सरल बनाकर कविता में प्रस्तुत करने की है।

हर संकट भारत में एक गाय
होता है
ठीक समय ठीक बहस नहीं कर सकती
राजनीति
बाद में जहाँ कहीं से भी शुरू करो
बीच सड़क पर गोबर कर देता है विचार
हाय हाय करते हुए हाँ हाँ करते हुए हें हें करते हुए
समुदाय

(आत्महत्या के विरुद्ध)

श्रीराम वर्मा के इस कथन को नामवर जी विचारणीय मानते हैं—

> अखबार कविता जब बनता है, तब उसके दो तरीके हो सकते हैं। एक तो यह कि अखबार की गंध भी नहीं आती, और कविता इतनी ऊँची हो जाती है कि उसमें विधान्तर हो जाता है, वह नाटक या भाषा का महारास हो जाती है, जिसमें सारा इतिहास व्यक्तित्व की दीप्ति, उजागर एक नया आरम्भ हो जाता है। दूसरा तरीका यह है कि अखबार की गंध तो आ जाती है, लेकिन परिचयमात्र के कारण अन्यथा नहीं, और वह कविता होती है, केवल कविता, अखबार उसके पार्श्व में होता है। (पृ. 220)

नामवर जी के कविता के नये प्रतिमानों के समग्र विवेचन से एक सवाल यह खड़ा होता है कि क्या पदावली बदल जाने से प्रतिमान बदल जाते हैं। जो जो प्रतिमान नामवर जी ने बताए हैं, वे सब अन्य शब्दों से पुराने काव्यशास्त्रियों ने भी बताए हैं। पुराने आचार्यों ने कविता के जो प्रतिमान बताए हैं, उनकी पुनरावृत्ति शब्दावली के भेद से इस पुस्तक में हो रही है, तो इस पर विचार तो होना चाहिए। मसलन नामवर जी ने भाषा के अक्खड़पन और सपाटबयानी की बात की है। भोज आदि काव्यशास्त्रियों ने इस बात का उम्दा विश्लेषण किया है कि कविता में देश्य या गँवारूपन का दोष कहाँ गुण हो जाता है, कहाँ बात को लट्ठमार ढंग से कह देना कवि के लिए ज्यादा उचित हो सकता है। उसका उदाहरण भी भवभूति जैसे बड़े दार्शनिक कवि से दिया गया है, जो अपने वर्णन में भल्ल शब्द का प्रयोग करते हैं। तुलसीदास ने लिखा है—

नतरु बाँझ भलि बादि बियानी

यहाँ स्त्री के प्रसव के लिए ब्याना क्रिया का प्रयोग जो पशुओं के लिए किया जाता है, जो अन्यथा बहुत अभद्र कहा जाता, प्रसंग के अनुसार प्रभावोत्पादक हो गया है। इसी तरह—

अस कहि मात भरत उर लाए।
थन पय स्रवहिं नयन जल छाए।

यहाँ कौशल्या के लिए थन शब्द का प्रयोग न करके तुलसी स्तन भी लिख सकते थे। पर थन कहने से नितान्त सहज रूप में एक नैसर्गिक क्रिया का बोध होता है।

यह किताब एक बड़ी सम्भावना की झलक भी देती है, जो चरितार्थ होते-होते रह गई। नामवर जी ही इस सम्भवना को चरितार्थ कर सकते थे, उनमें अन्तर्दृष्टि थी, और पौरस्त्य और पाश्चात्य दोनों परम्परा से सार्थक संवाद करके अपना प्रस्थान रचने की क्षमता भी। क्या नामवर जी आचार्य हजारी प्रसाद द्विवेदी के सच्चे शिष्य बन सके? द्विवेदी जी भी कालिदास की लालित्ययोजना तथा लालित्यतत्त्व में कविता के नये प्रतिमान खोज रहे थे।

नामवर जी हमारे समय के वाद-विवाद और संवाद के सबसे बड़े महारथियों में एक थे। आरम्भ में उन्होंने अपनी पुस्तक की रूपरेखा स्पष्ट करते हुए कहा है कि वे 'ज्ञात का भी विशेष रूप से अनुसन्धानात्मक निरूपण' करना चाहते हैं। इस किताब में कविता के नये प्रतिमानों के सेतु और नगर बसते-बसते रह गए हैं। पर नामवर जी की किसी कमी को दिखाना इस लेख का उद्देश्य नहीं था। कविता के नये प्रतिमान रचने में यदि कहीं गतिरोध आया है तो उस पर आज चर्चा करना जरूरी है, जिससे कविता के प्रतिमानों की चर्चा के 'फलम्' का 'अलम्' न हो।

आचार्य हजारी प्रसाद द्विवेदी का कला-विमर्श

आचार्य हजारी प्रसाद द्विवेदी ने सैद्धान्तिक दृष्टि से भारतीय कला पर विचार शैव और शाक्त आगमों के आलोक में किया है, उसकी व्यावहारिक परिणतियाँ भारतीय इतिहास और संस्कृति की अपनी व्याख्याओं में प्रकट की हैं। इस प्रकार वे कला के तत्त्ववाद पर भी प्रकाश डालते हैं और भारतीय समाज में परिव्याप्त कला परम्पराओं पर भी।

कलासम्बन्धी तत्त्वचिन्तन ने कल्पनात्मक विस्तार लेकर हिन्दू समाज में अभिजात भद्रलोक के रहन-सहन और जीवन शैली पर अपनी अमिट छाप अंकित की। कला महामाया के पाँच कंचुकों में एक है, जिनसे जीव बँधता है। वह महामाया की रूपविधायिनी शक्ति है। कला के कंचुक या आवरण में बँधकर ही शिव जीव बन जाते हैं। इस बँधने में संसार है। कला महामाया का चिद्विलास है। शिव की लोकचेतना विविध रूपों में उल्लसित होती है, वही कला है।

द्विवेदी जी ने वेंकट सुब्बय्या की पुस्तक 'अड्यार' (1911) के हवाले से प्राचीन ग्रन्थों में प्राप्त कलाओं की विविध सूचियाँ अपनी पुस्तक 'प्राचीन भारत के कलात्मक विनोद' में दी हैं, इनसे यह जाना जा सकता है कि हमारे पुरखों की कला की परिकल्पना कितने बड़े फलक को समाहित करती है। कलाओं में ललित कलाएँ, शिल्पकलाएँ तथा तरह-तरह के जीवनोपयोगी या जीविकार्जन में उपादेय हुनर तो शामिल किये ही गए, ज्ञान-विज्ञान के भी विविध विषयों की गिनती कलाओं के अन्तर्गत की जाती रही है। पारम्परिक देशज ज्ञान के सारे स्रोतों को कला के अन्तर्गत समाहित किया गया। द्विवेदी जी ने अपने विवेचन के लिए कामसूत्र के साथ शुक्रनीतिसार, प्रबन्धकोश तथा ललितविस्तर में प्राप्त कलाविवेचन को भी आधार बनाया है। इन ग्रन्थों में वात्स्यायन के कामसूत्र में प्राप्त चौंसठ कलाओं की सूची सर्वमान्य रही है। ललितविस्तर में 86 कलाएँ उल्लिखित हैं, तो प्रबन्धकोश में 72, जबकि शुक्रनीतिसार में कामसूत्र के समान कलाओं की संख्या 64 तक ही सीमित कर दी गई है।

'कामसूत्र' में अंग विद्याओं के अन्तर्गत चौंसठ कलाओं की गिनती की गई है। कामसूत्र के टीकाकार यशोधर ने कलाओं को निम्नलिखित वर्गों में बाँटा है—

(1) कर्माश्रय संगीत, नृत्य आदि (2) द्यूताश्रय, (3) शयनोपचारिका प्रेमी और प्रेमिका के संसर्ग के सम्बद्ध, (4) उत्तरकला प्रेमिका द्वारा प्रेमी के लिए प्रतिक्रियाएँ।

कामसूत्र में प्रतिपादित 64 कलाएँ इस प्रकार हैं—

1. गीत (गायन)।
2. वाद्य (वादन)। वाद्य यंत्र चार प्रकार के होते हैं तत (वीणा आदि), आनद्ध (मृदंग आदि), घन (मंजीरे आदि) तथा सुषिर (बाँसुरी आदि। शुक्रनीति में भी वाद्यकला यह दूसरे क्रम पर है, पर इसे वहाँ 'अनेकवाद्यविकृती तद्वादने ज्ञानम्' (द्विवेदी जी की व्याख्या के अनुसार आर्केस्ट्रा में अनेक प्रकार के बाजे बजा लेना) कहा गया है।
3. नृत्य—शुक्रनीति में चौंसठ कलाओं में यह पहली कला मानी गई है, और इसे वहाँ हावभावादिसंयुक्तनर्तनम् कहा गया है।
   ललितविस्तर ने गीत, वाद्य और नृत्य को अलग-अलग कलाओं के रूप में परिगणित न करके नाट्य नाम से बयालीसवीं कला गिनाई है। इसमें तीनों ही कलाएँ समाहित हो जाती हैं।
4. आलेख्य—चित्र बनाना। ललितविस्तर में इसे रूपकर्म कहा गया है। शुक्रनीति में परिगणित चौंसठ कलाओं में यह सत्ताईसवीं कला है।
5. विशेषेकच्छेद्य—तिलक बनाना। विशेषकच्छेद्य को यशोधर ने पत्रच्छेद्य के समान माना है। द्विवेदी जी ने इसका अर्थ लिया है—भोजपत्र को काटकर विविध सुन्दर आकृतियों की रचना। ललितविस्तर में पत्रच्छेद्य नाम से पचासीवीं कला बताई गई है। वहाँ पत्रच्छेद्य का अर्थ द्विवेदी जी ने पत्तियाँ काटकर विभिन्न आकृतियाँ बनाना किया है।
6. तंडुलकुसुमबलिविकारा—चावल या फूलों से रँगोली बनाना। द्विवेदी जी ने इस तथ्य की ओर हमारा ध्यान आकृष्ट किया है कि जिन चावलों से फर्श पर रँगोली बनाई जाती थी, उन्हें तरह-तरह के रंगों से रंग लिया जाता था।
7. पुष्पास्तरण—फूलों की सेज बिछाना। शुक्रनीति में इसके स्थान पर पाँचवीं कला 'शय्यास्तरणसंयोगपुष्पादिग्रथनम् कही गई है, जिसमें फूलों की शय्या रचना और फूलों को गूँथकर अनेक आकृतियाँ बनाना दोनों जोड़ दिये गए हैं। यशोधर के अनुसार इसे पुष्पशयन भी कहा जाता रहा है। फूलों को धागों से सिलकर जो आस्तरण बनाया जाता था, उसका उपयोग देवमन्दिरों में किया जाता था।
8. दशनवसनांगराग:—दाँत, कपड़े व देह में रंग करना।
9. मणिभूमिकाकर्म—द्विवेदी जी यशोधर के आधार पर इसका अर्थ लेते हैं

ग्रीष्मकालीन विहार के लिए मरकत आदि पत्थरों से गज बनाना।

10. शयनरचन—सेज सजाना।
11. उदकवाद्य या जलवाद्य। इसकी व्याख्या में द्विवेदी जी कहते हैं—'पानी को इस तरह बजाना कि उससे मुरज नामक बाजे की ध्वनि निकले। मुरज पक्षवाद्य या पखावज की तरह का अवनद्ध वाद्य है। द्विवेदी जी ने यशोधर की टीका के आधार पर व्याख्या की है। उदकवाद्य जलतरंग के समान एक विशेष वाद्य भी हो सकता है।
12. उदकाघात—द्विवेदी जी के अनुसार यह 'जलक्रीडा में सखियों या प्रेमियों का आपस में छींटा मारने का खेल' है।
13. चित्रयोग—दवाइयों के दुर्लभ नुस्खों की जानकारी।
14. माल्यग्रथनविकल्प—तरह-तरह की मालाएँ गूँथना।
15. शेखरकापीडयोजन—शेखरक और आपीडक फूलों से बनाए जाते थे और सिर पर धारण किये जाते थे। आपीड आजकल के जूड़े के समान है, यशोधर के अनुसार इसे गोलाकार रूप में काष्ठिका (लकड़ी की पिन) के सहारे धारण किया जाता था। शेखरक केशों में सबसे ऊपर इस तरह गूँथा जाता था कि उससे सिर के ऊपर शिखर की आकृति बने। यशोधर बताते हैं कि शेखरक और आपीड नागरक (मगर में रहने वाला रसिक और भद्र पुरुष) की सज्जा के प्रधान अंग थे।
16. नेपथ्यप्रयोग—साज-सज्जा या प्रसाधन। द्विवेदी जी की व्याख्या के अनुसार अपने को या दूसरे को वस्त्रालंकार आदि से सजाना। शुक्रनीति में यह तीसरी कला है, और उसे वहाँ 'स्त्रीपुंसोः वस्त्रालङ्कारसन्धानम्' (स्त्री और पुरुष को कपड़े और गहने पहनाने की कला) कहा गया है।
17. कर्णपत्रभंग—कर्णपत्र कान का गहना है। द्विवेदी जी के अनुसार यह हाथीदाँत से बनाया जाता था।
18. गंधयुक्तिः—इत्र-फुलेल बनाना। ललितविस्तर की कलासूची में इसी नाम से यह छियासवीं कला है। प्रबन्धकोश में इसी को गंधवाद कहा गया है।
19. भूषणयोजन गहने बनाना। प्राचीन काल से ही निम्नलिखित प्रकारों के गहने काम में आते रहे हैं—आवेध्य शरीर में छेद करके पहने जाने वाले, निबन्धनीय—बाँधे जाने वाले, प्रक्षेप्य पहने जाने वाले तथा आरोप्य—लटकाए जाने वाले। यशोधर ने दो प्रकार के अलंकार बताए हैं—संयोज्य और असंयोज्य।
20. इन्द्रजाल—जादू। यशोधर के अनुसार जादू के खेल सेना के आगे या मन्दिरों में दिखाए जाते थे।
21. कौचुमारयोग—बाजीकरण। द्विवेदी जी ने इसे शरीरावयवों को मजबूत

और विलासयोग्य बनाने की कला कहा है।

22. हस्तलाघव काम सफाई के साथ तुरत-फुरत कर सकना। शुक्रनीतिसार में आशुकारित्व नाम से बासठवीं कला बताई है, यह उसके समान है।
23. विचित्रशाकयूषभक्ष्यविकारक्रिया तरह-तरह की साग-सब्जी, लप्सी व खाद्य बनाना। शुक्रनीति में नामभेद के साथ इसे दसवें क्रम पर रखा है। भोजन चार प्रकार का होता है—भोज्य, भक्ष्य, लेह्य और पेय। भात आदि भोज्य हैं, इनके साथ के लिए पकाए जाने वाले साग आदि भक्ष्य हैं। यशोधर ने यहाँ दस तरह के साग बताए हैं।
24. पानकरसरागासवयोजन—(आम का पना व अन्य पेय बनाना। शुक्रनीतिसार में यह 'मकरन्दासवादीनां मद्यादीनां कृति: (मकरंद या फूलों से आसव तथा मद्य बनाने की कला) है तथा आठवें क्रम पर है।
25. सूचीवानकर्म—सिलाई और बुनाई शुक्रनीतिसार में कञ्चुकादीनां सीवने विज्ञानम् (अँगिया आदि की सिलाई) नाम से तैंतालीसवीं कला बताई गई है। यशोधर ने सूचीवाकर्म या सुई का काम तीन प्रकार का बताया है—सीवन (कुर्ते आदि की सिलाई), ऊतन (पैबन्द) और विरचन (कथरी, बिस्तर आदि का काम)।
26. सूत्रक्रीडा—द्विवेदी जी के अनुसार 'घर, मन्दिर आदि विशेष आकृतियाँ हाथों में लिये सूत से बना देना।' यशोधर की व्याख्या इससे भिन्न है। उसके अनुसार यह कमलनाल आदि के धागे से किया जाने वाला चमत्कार है। शुक्रनीति में तैंतीसवीं और चौंतीसवीं कलाएँ बताई है—सूत्रादिरज्जुकरणविज्ञानम् (सूत और रस्सी बनाने का विज्ञान) तथा अनेकतन्तुसंयोगैः पटबन्धः (कपड़ा बुनना)। ये सूत्रक्रीडा से अलग हैं।
27. वीणाडमरुकवाद्यानि—वीणा और डमरू बजाना। कामसूत्र के टीकाकार यशोधर बताते हैं कि यद्यपि वाद्य या वादनकला की गिनती पहले कर ही ली गई है और उसमें भी वीणा आदि वाद्य आ ही जाते हैं, पर सत्ताईसवें क्रमांक पर वात्स्यायन ने वीणा और डमरू बजाने की कला को अलग से इसलिए रखा है कि वीणा और डमरू स्वतंत्र रूप से भी बजाए जाते रहे हैं। इससे द्विवेदी जी की यह व्याख्या भी प्रामाणिक लगती है कि वात्स्यायन की गणना में दूसरे क्रमांक पर सूचित वाद्य का आशय आर्केस्ट्रा से है।
28. प्रहेलिका—पहेली बूझना।
29. प्रतिमाला—अन्त्याक्षरी। यशोधर के अनुसार इसका दूसरा नाम अन्त्याक्षरिका भी है।
30. दुर्वाचकयोग—क्लिष्ट पुस्तक का पाठ। यह भी क्रीडा या खेल के लिए है।

31. पुस्तकवाचन।
32. नाटक और आख्यायिका नाटक या आख्यान की प्रस्तुति का दर्शन। आख्यान की प्रस्तुति एकपात्रीय होती थी। नाटक में रूपक के दसों भेद समाहित हो जाते हैं।
33. काव्यसमस्यापूर्ति।
34. पट्टिकावानवेत्रविकल्प—बाँस की खपच्चियाँ पट्टिका कही गई हैं। इनसे खाट या आसन (तरह-तरह के फर्नीचर का सामान) बनाना।
35. तक्षककर्म—धातु के पात्र आदि की घिसाई। द्विवेदी जी के अनुसार यह सोना, चाँदी के गहनों और बर्तनों पर किया जाने वाला काम है। कामसूत्र के एक अन्य पाठ में जिसकी ओर द्विवेदी जी ने ध्यान नहीं दिया है, तक्षककर्म के स्थान पर तर्कुकर्म (तकली का काम) यह नाम मिलता है। यशोधर ने यही पाठ लिया है।
36. तक्षण बढ़ई का काम।
37. वास्तुविद्या द्विवेदी जी ने इसका अनुवाद किया है—'गृहनिर्माणकला, इंजीनियरिंग।'
38. रूप्यपरीक्षा—रूप्य का अर्थ चाँदी होता है। द्विवेदी जी ने इसे मणियों और रत्नों की परीक्षा कहा है। शुक्रनीति में पैंतीसवें से उनतालीसवें क्रम तक निम्नलिखित कलाएँ बताई गई हैं रत्नानां वेधादिसद्सद्ज्ञानम् (हीरों को बींधना व इनकी पहचान), स्वर्णादीनां यथार्थविज्ञानम् (सोने की पहचान), कृत्रिमस्वर्णरत्नादिक्रियाज्ञानम् (नकली सोना और रत्न बनाने की कला का ज्ञान), स्वर्णाद्यलङ्कारकृतिः सोने के जेवर बनाना), लेपादिसत्कृतिः—(पानी चढ़ाना)। प्रबन्धकोश में कृत्रिममणिकर्म तथा रत्नपरीक्षा नाम से एक कला बताई गई है।
39. धातुवाद—धातुविज्ञान। शुक्रनीति में इसके स्थान प ग्यारहवें क्रम पर एक कला बताई गई है—पाषाणाधात्वादिद्रुतिभस्मकरणम्—पत्थर तथा धातुओं को गलाकर भस्म बनाना। इसके अतिरिक्त शुक्रनीति में चौदहवें, पन्द्रहवें और सोलहवें नंबर पर धात्वोषधीनां संयोगक्रियाज्ञानम् (धातुओं से रसायन बनाना) तथा धातुसाङ्कर्यपार्थक्यकरणम् (धातुओं का मिश्रण और पृथक्करण) और धात्वादीनां संयोगापूर्वज्ञानम् (धातुओं को मिलाकर नई वस्तु बनाना) ये कलाएँ अलग बताई गई हैं। प्रबन्धकोश में धातुकर्म नाम से कला बताई गई है।
40. मणिरागाकरज्ञान—मणियों की रँगाई तथा इनकी खदानें पहचानना।
41. वृक्षायुर्वेद—वनस्पतिविज्ञान। यशोधर के अनुसार वृक्षायुर्वेद के चार अंग हैं—रोपण, पुष्टि, चिकित्सा और वैचित्र्य। शुक्रनीति में यह ग्यारहवीं कला

है और उसे वहाँ वृक्षादिप्रसवारोपपालनादिकृतिः (पेड़-पौधे उगाने, रोपने तथा बढ़ाने की कला) कहा गया है। प्रबन्धकोश में इसे वृक्षचिकित्सा का नाम दिया गया है।

42. मेषकुक्कुटलावकयुद्धविधिः—भेड़, मुर्गे, तीतर की लड़ाई कराना। यशोधर के अनुसार यह सजीव द्यूत (पक्षियों पर सट्टा लगाना) है।
43. शुकसारिकाप्रलापन—तोता और मैना से बोल बुलवाना। ललितविस्तर में मृगपक्षिरुतम् नाम से उन्नीसवीं कला बताई गई है, पर इसका आशय है पशुओं और पक्षियों की बोली समझकर उसका अर्थ बता सकने की कला।
44. उत्सादने संवाहने केशमर्दने कुशलता—उत्सादन और संवाहन मर्दन (मालिश) के भेद हैं। पाँवों पर की जाने वाली मालिश उत्सादन है, शेष अंगों में मालिश संवाहन है। हाथों से केश मलने का कौशल केशमर्दन है।
45. अक्षरमुष्टिकाकथन—सांकेतिक अक्षर पहचानकर बताना। अक्षरमुष्टिका पर यशोधर ने विस्तृत टिप्पणी दी है। अक्षरों को मुट्ठी की तरह संहित करने के कारण इसे अक्षरमुष्टिका कहा जाता है (अक्षराणां मुष्टिरिव)। यह दो प्रकार की है—साभासा (जिसमें कोई संकेत दिया गया हो) निराभासा। साभासा अक्षरमुद्रा का उदाहरण यशोधर ने आचार्यरविगुप्त के चन्द्रप्रभाविजयकाव्य से यह दिया है—

    मेवृकसिंकतुवृधमकुंमी मूधसबांसुशकनिधकाव्याः।
    फाचैवेज्ये आश्राभा आकामाफौफा चैव॥

    पहली पंक्ति में मेष, वृष आदि राशियों तथा दूसरी में महीने के नामों का संकेत है।
46. म्लेच्छितविकल्प—कूटभाषा का बोध।
47. देशज भाषाओं का ज्ञान।
48. पुष्पशकटिका—फूलों से गाड़ी-घोड़े आदि बनाना। इससे स्तबक या बुके बनाने से भी आशय हो सकता है।
49. निमित्त (शकुन) का ज्ञान।
50. यंत्रमातृका—स्वचालित मशीनें बनाना। यंत्रमातृका को यशोधर ने विश्वकर्मा के द्वारा बताई गई विधि से सजीव (स्वतः चलने वाली) या निर्जीव मशीनें बनाने का शास्त्र माना है—(सजीवानां निर्जीवानां यंत्राणां यानोदकसङ्ग्रहार्थं घटनाशास्त्रं विश्वकर्ममप्रोक्तम्)। द्विवेदी जी ने भी उसका अर्थ स्वयंवह (ऑटोमेटिक) मशीनें बनाना यह किया है।

51. धारणमातृका—एक बार सुनकर किसी बात को वैसा का वैसा दोहरा देने की कला। द्विवेदी जी ने इसे स्मरण रखने का विज्ञान कहा है।
52. सम्पाठ्य—मिलकर पढ़ना या किसी ग्रन्थ का सामूहिक पाठ।
53. मानसीकाव्यक्रिया—समस्यापूर्ति।
54. अभिधानकोश।
55. छन्दोज्ञानम्—छन्दों का ज्ञान।
56. क्रियाकल्प—अलंकारशास्त्र का ज्ञान। ललितविस्तर की कलासूची में इसी नाम से यह बहत्तरवीं कला है।
57. छलितकयोगाः—बहुरुपिये की कला। छलितकयोग की व्याख्या में यशोधर कहते हैं—यद् रूपमन्यरूपेण सम्प्रकाश्य हि वञ्चनम्। देवेतरप्रयोगाभ्यां ज्ञेयं तच्छलितं यथा। ललितविस्त्र में इसे विडम्बितम् (व्यंग्यात्मक अनुकरण) कहा है।
58. वस्त्रगोपन—वस्त्रों को इस तरह पहनाने की कला कि लम्बा व्यक्ति छोटा, मोटा व्यक्ति दुबला या दुबला मोटा लगे।
59. द्यूतविशेष—जुआ। शुक्रनीति में सातवीं कला। 'द्यूताद्यनेक क्रीडाभी रज्जनम्'—जुआ आदि अनेक तरह के खेलों से किसी का मन बहला सकना।
60. आकर्षक्रीडा—पासे का खेल।
61. बालक्रीडनक—बच्चों के खिलौने।
62. वैनयिकी—शिष्टाचार।
63. वैजयिकी—सामरिकशास्त्र।
64. व्यायामकला। शुक्रनीति में अन्तिम दो कलाओं के स्थान पर निशानेबाजी, कुश्ती के दाँव-पेंच तथा यंत्र के द्वारा शस्त्र का संचालन, बाजे के संकेत से व्यूह की रचना, हाथी, घोड़े आदि के द्वारा युद्ध—ये कलाएँ जोड़ी गई हैं। ललितविस्तर में निशानेबाजी को 'अक्षुण्णवेधित्वम्' कहा गया है, और कुश्ती के स्थान पर 'दृढ़प्रहारित्व' नाम से अट्ठाईसवीं कला बताई गई है।

द्विवेदी जी मानसी को एक कला मानते हैं, और काव्यक्रिया के उससे अलग। अभिधानकोश और छन्दोज्ञान को वे मिलाकर एक मान लेते हैं।

वात्स्यायन की चौंसठ कलाओं की सूची के बाहर शुक्रनीति आदि में निम्नलिखित कलाएँ प्रतिपादित हैं—

1. अनेकासनसन्धानै रतेर्ज्ञानम् संभोग के विविध आसनों का ज्ञान, शुक्रनीति में सातवीं।

2. शल्यगूढाहृतौ सिराव्रणव्यधने ज्ञानम्—जर्राही या शल्यक्रिया। शुक्रनीति में नवीं।
3. यावददिक्षुविकाराणां कृतिज्ञानम्—गन्ने के रस से गुड़, शक्कर आदि बनाना। शुक्रनीति में तेरहवीं।
4. क्षारनिष्कासनज्ञानम्—खार बनाना। शुक्रनीति में सत्रहवीं।
5. पदादिन्यासतः शस्त्रसन्धानविक्षेपः—सही स्थिति में पाँव जमाकर शस्त्र (बाण आदि) साधना और लक्ष्य पर छोड़ना। आज की भाषा में निशानेबाजी।
6. संध्याघातादिकृष्टिभेदैः मल्लयुद्धम्—तरह-तरह कुश्ती के दाँव-पेंच के साथ मल्लयुद्ध या कुश्ती।
7. यंत्राद्यस्त्रनिपातनम् यंत्रों से अस्त्र फेंकना। वाल्मीकि रामायण में राम और रावण के युद्ध के वर्णन में 'यंत्रोत्क्षिप्ता इवोपलाः' यह उपमा दी गई है। पत्थर फेंकने के लिए कोई मशीनें बहुत पुराने जमाने से ही प्रचलन में थीं ऐसा लगता है। शुक्रनीति में यह बीसवीं कला है।
8. वाद्यसङ्केततो व्यूहरचनादि—युद्ध में बाजे के संकेत से व्यूह की रचना। रामायण-महाभारत तथा अन्यत्र जहाँ-जहाँ युद्ध के वर्णन हैं। उनमें तरह-तरह के बाजे बजाए जाने का विवरण आता है। इन बाजों का उपयोग सिपाहियों को जोश दिलाने के लिए तो था ही, ये लड़ाई की व्यूह-रचना में कहाँ-कैसे खड़े होना या चलना है इसके संकेत के लिए भी काम में लाए जाते थे। शुक्रनीति में यह इक्कीसवीं कला है।
9. गजाश्वरथगत्या युद्धसंयोजनम्—हाथी, घोड़े व रथ के द्वारा युद्ध का संयोजन। शुक्रनीति में बाईसवीं।
10. विविधासनमुद्राभिः देवतातोषणम्—इस कला का सम्बन्ध पूजा में तांत्रिक मुद्राओं से है। अलग-अलग देवता के लिए अलग-अलग मुद्राएँ हो सकती हैं। शुक्रनीतिसार में तेईसवीं।
11. सारथ्यम्—रथ हाँकना। शुक्रनीतिसार में चौबीसवीं।
12. गजाश्वादेः गतिशिक्षा—हाथी-घोड़ों को चाल सिखाना। शुक्रनीतिसार में पच्चीसवीं।
13. मृत्तिकाकाष्ठपाषाणधातुभांडादिसत्क्रिया—मिट्टी, काठ, पत्थर, धातु आदि से तरह-तरह के बर्तन बनाना। शुक्रनीतिसार में छब्बीसवीं। प्रबन्धकोश में काष्ठघचटनकर्म और पाषाणकर्म ये दो अलग-अलग कलाएँ बताई गई हैं।
14. तटाकवापीप्रासादसमभूमिक्रिया—तालाब, बावड़ी बनवाना और भूमि समतल करने की कला। शुक्रनीति में अट्ठाईसवीं।

15. घट्याद्यनेकयंत्राणां वाद्यानां कृतिः—द्विवेदी जी ने इसका अनुवाद किया है—वाद्ययंत्र तथा पनचक्की जैसी मशीनों का बनाना। सम्भवतः घट्टी बनाने से आशय हो सकता है।
16. हीनमध्यादिसंयोगरञ्जनम्—विभिन्न रंगों के मिश्रण से रंग बनाना और उनसे रँगाई करना। ललितविस्तर की सूची में वस्त्रराग (कपड़ों की रँगाई) नाम से सैंतालीसवीं कला है।
17. जलवाव्यग्न्यादिसंयोगनिरोधी क्रिया—पानी, हवा और आग का मिश्रण करके या इन्हें बाँधकर चमत्कारपूर्ण कलाओं का प्रदर्शन।
18. नौकारथादियानानां कृतिज्ञानम्—नाब, रथ आदि वाहनों का बनाना।
19. सूत्रादिरकरणविज्ञानम् (सूत और रस्सी बनाने का विज्ञान)
20. अनेकतन्तुयोग—कपड़ा बुनना।
21. चर्मणां पार्थवादिक्रियाज्ञानम्—चमड़े को मुलायम बनाने की कला। शुक्रनीतिसार में क्र. चालीस पर।
22. पशुचर्मागनिहारज्ञानम्—जानवरों की खाल अलग करने की कला। शुक्रनीतिसार में क्र. इकतालीस पर।
23. दुग्धदोहादिवृत्तान्तविज्ञानम् दूध दुहने और उससे भी निकालने की कला। शुक्रनीतिसार में क्र. बयालीस पर।
24. जले चार्यादिभिस्तरणम् तैराकी। शुक्रनीतिसार में क्र. चौवालीस पर। ललितविस्तर में छियासी कलाओं की सूची में करणम् या तेईसवीं कला है, पर वहाँ केवल तैरने से ही आशय न होकर तैरने के साथ नाव खेने तथा जहाज चलाने से भी है।
25. गृहभांडीपने विज्ञानम्—घर और घर के बर्तनों की सफाई की कला। शुक्रनीतिसार में क्र. पैंतालीस पर।
26. वस्त्रसम्मार्जनम्—कपड़े साफ करना। शुक्रनीतिसार में क्र. छियालीस पर।
27. क्षुरकर्म—हजामत। शुक्रनीतिसार में क्र. सैंतालीस पर।
28. तिलमांसादिस्नेहानां निष्कासने कुशलता—तिल और मांस आदि से तेल निकालना। शुक्रनीतिसार में क्र. अड़तालीस पर।
29. सीरादिकर्षणे ज्ञानम्—खेत जोतना, निरामा आदि। शुक्रनीतिसार में क्र. उनचास पर।
30. वृक्षाद्यारोहणे ज्ञानम् पेड़ (और पहाड़) आदि पर चढ़ने की कला। शुक्रनीतिसार में क्र. पचास पर।
31. मनोनुकूल सेवाकृतिज्ञानम्—किसी के उसके मन के अनुकूल सेवा करके प्रसन्न करने की कला। शुक्रनीतिसार में क्र. इक्यावन पर।

32. वेणुतृणादिपात्राणां कृतिज्ञानम्—बाँस और तिनके आदि से बर्तन बनाने की कला। शुक्रनीतिसार में क्र. बावन पर।
33. काचपात्राधिकरणविज्ञानम्—काँच के बर्तन व अन्य सामान बनाने की कला। शुक्रनीतिसार में क्र. तिरपन पर।
34. जलानां संसोधनसंहरणम्—पानी से सिंचाई और पानी इकट्ठा करने की कला। शुक्रनीतिसार में क्र. चौवन पर।
35. लौहाभिसारशस्त्रास्त्रकृतिज्ञानम्—लोहे से हथियार बनाने की कला। शुक्रनीतिसार में क्र. पचपन पर।
32. गजाश्ववृषभोष्ट्रानां पल्याणादिक्रिया हाथी, घोड़ा, ऊँट आदि का हौदा, जीन आदि बनाना। शुक्रनीतिसार में क्र. छप्पन पर।
33. शिशुसंरक्षणधारणे क्रीडने ज्ञानम्—बच्चे को सँभालने, पालने-पोसने और खिलाने का ज्ञान। शुक्रनीतिसार में क्र. सत्तावन पर।
34. अपराधिजनेषु युक्तताडनज्ञानम्—अपराधियों को माकूल सजा देने का ज्ञान। शुक्रनीतिसार में क्र. अट्ठावन पर।
35. मानादेशीयवर्णानां सुसभ्यालेखने ज्ञानम्—विभिन्न देशों की भाषाओं की लिपि का ज्ञान। शुक्रनीतिसार में क्र. उनसठ पर। ललितविस्तर में कैटभेश्वरलक्षणम् नाम से अट्ठावनवें क्रमांक पर दी गई है, द्विवेदी जी ने इसका अर्थ लिपिविशेष का ज्ञान किया है।
36. ताम्बूलर भाविकृतिविज्ञानम्—पान के संरक्षण और पान के बीड़े बनाने की कला।
40. आदानम्—द्विवेदी जी ने इसका अनुवाद कलमर्मज्ञता किया है। आगे प्रतिदान नाम से कला बताई गई है। उसके सन्दर्भ से कलाबोध या कलाओं का ग्रहण का अर्थ लिया जाना चाहिए।
41. आशुकारित्वम्—किसी काम को जल्दी कर सकने की योग्यता।
42. प्रतिदानम्—कलाओं को सिखाने की योग्यता।
43. चिरक्रिया—किसी काम को देर तक कर सकने की योग्यता।

कलाओं के विवेचन की दृष्टि से बौद्धों के धर्मग्रन्थ ललितविस्तर में बहुत महत्त्व की जानकारी मिलती है। इसमें लङ्घितम्, (लाँघना) कूदितम् (कूदना), जवितम् (दौड़ना), प्लवितम् (पानी में डुबकी साधना), हस्तिग्रीवा (हाथी की सवारी), स्थैर्य, स्थानम् (बल), सुशौर्य आदि कलाएँ शरीर को साधने से सम्बन्ध रखती हैं। भेद्यम् (भेदना) छेद्यम् (कटाई), जतुयंत्र (लाख की आकृतियाँ बनाना), मधूच्छिष्टक (मोम की आकृतियाँ बनाना) स्त्रीलक्षण, पुरुषलक्षण, हस्तिलक्षण, गोलक्षण, अजलक्षण (बकरा और बकरी के बारे में जानकारी) मिश्रितलक्षणम् (मिलावट की पहचान)

आदि कलाएँ ललितविस्तर की सूची में एकदम अलग ही हैं। दूसरी ओर यज्ञकल्प (यज्ञ करने की विधि), ज्योतिष, सांख्य, योग, वैशेषिक, न्याय, वैशिक (वैश्यशास्त्र), अर्थविद्या (अर्थशास्त्र राजनीति) बार्हस्पत्य (लौकायत या चार्वाक दर्शन) को भी कलाओं की सूची में ललितविस्तर ने शामिल कर लिया है। स्फालन (कंदुक को उछालने का कौशल) शब्दवेधित्व या शब्दवेधी बाण चलाना इनको भी ललितविस्तर में कला में स्थान दिया गया है। यही नहीं, इतिहास, पुराण, वेद, व्याकरण, निरुक्त, शिक्षा और छन्द भी यहाँ कलाएँ हैं।

प्रबन्धकोश में बहत्तर कलाएँ बताई गई हैं। इनमें से गीत, नृत्य, वाद्य इन तीन कलाएँ ही कामसूत्र के एकदम समान हैं, शेष कुछ कलाओं के नाम अलग हैं, पर गणित, व्याकरण, ज्योतिष, शिक्षा, निरुक्त, निघंटु, रसायन, विषवाद, आगम, स्मृति, पुराण, इतिहास, वेद, खेचरी, भ्रामरी जैसे विज्ञान या शास्त्रों से जुड़े विषयों का भी समावेश कर लिया गया है।

वात्स्यायन की सूची में अनेक कलाएँ ऐसी हैं जिनका सम्बन्ध सामान्य लोगों की रोजी-रोटी से है। वात्स्यायन भी यही चाहते हैं कि लोग आनन्द और खेल के लिए तो उन्हें सीखें और अपनाएँ ही, जीविकोपार्जन के लिए भी इनका सहारा ले सकें। यही नहीं वे स्त्रियों को भी सलाह देते हैं कि संकट के समय अपने पैरों पर खड़े होने के लिए स्त्री इन कलाओं का सहारा ले—"इन चौंसठ विद्याओं को जानने वाली राजकुमारी या मंत्री की पुत्री सहस्रों स्त्रियों से भरे रनिवास को भी अपने वश में रख सकती है। इसके साथ ही पति से वियोग हो जाए, विपत्ति आ पड़े, परदेस जाना पड़े, तो इन विद्याओं की सहायता से वह सुख से जीवनयापन कर सकती है। इन कलाओं में कुशल वाचाल बोलने की कला जानने वाला पुरुष परिचय न होने पर भी तत्काल नारियों का मन जीत लेता है। इन कलाओं के सीखने से सौभाग्य आता है, देश और काल के अनुसार इनका जहाँ प्रयोग सम्भव हो करना चाहिए जहाँ सम्भव न हो वहाँ नहीं।

"शील और रूप तथा गुण वाली कोई भी वेश्या इन चौंसठ कलाओं के द्वारा गणिका की पदवी पा सकती है तथा जनसमाज में उसका समादरणीय स्थान होता है। वह सदा राजा के द्वारा पूजी जाती है, तथा गुणियों के द्वारा सम्मानित होती है। उसे सब चाहते हैं, अभिगम्य होती है तथा सबके लिए लक्ष्य बनती है।"

लालित्य तत्त्व : नई सहस्त्राब्दी का कलाशास्त्र

आचार्य हजारी प्रसाद द्विवेदी ने बीसवीं शताब्दी में कलाविमर्श का पुनराख्यान करते हुए एक सहस्त्राब्दी के कलाशास्त्र की पीठिका रची।

भारतीय सौन्दर्यशास्त्र या कलाशास्त्र के विमर्श में बीसवीं शताब्दी से नया मोड़ आया। एक ओर इसमें पारम्परिक कलाचिन्तन के नवाविष्कार का यत्न था, तो दूसरी ओर सांस्कृतिक साम्राज्यवाद से संघर्ष का भाव भी था। औपनिवेशिक मानसिकता में जन्मे 'ओरिएंटलिज्म' का प्रतिरोध भी एक स्तर पर एक गहरे सांस्कृतिक संकट के बोध के साथ इसके द्वारा किया जा रहा था, तो दूसरे स्तर पर अपनी परम्परा को व्यापक फलक पर स्थापित करते हुए पौरस्त्य और पाश्चात्य दृष्टियों के बीच सेतु की रचना भी हो रही थी। औपनिवेशिक दौर में नवशिक्षित समाज के लिए परम्परा के सातत्य की कड़ियाँ अवश्य टूट गई थीं, समाज उनसे दूर हटता जा रहा था।

इस पृष्ठभूमि में आचार्य हजारी प्रसाद द्विवेदी का अवतरण एक ऐतिहासिक अर्थ रखता है। उनकी भूमिका परम्परा और आधुनिकता के बीच सेतु की रही है। परम्परा से उनका सजीव संवाद था, इसीलिए उनके लिए परम्परा जीवाश्म नहीं है, वह चिर पुरातन है इतनी ही चिर नवीन भी है। यह आकस्मिक संयोग नहीं कि एडवर्ड सैद ने अपने 'ओरिएंटलिज्म' ग्रन्थ के द्वारा जो प्रश्न उठाए, द्विवेदी उन्हें पहले ही उठा चुके थे। उन्होंने प्राच्यविद्याविदों की सीमाओं को रेखांकित किया है। 'विचार प्रवाह' में वे कहते हैं—"इनके शिक्षितों ने अपने पुराने साहित्य के प्रति एक ऐसा मनोभाव पैदा कर दिया, जिसे अंग्रेजी में म्यूजियम इन्ट्रेस्ट कहते हैं। यह एक दृष्टि से बहुत बुरा हुआ। सामाजिक पटभूमि से विच्छिन्न होकर प्राचीन ग्रन्थ केवल प्रदर्शनी की वस्तु रह गए।[1] यह कथन उस आचार्य का है, जो परम्परा के सातत्य का साक्षी है। उसके लिए लोक और शास्त्र में भी वह फाँक नहीं है, जो तथाकथित आधुनिक मानस अनुभव करता है। शास्त्र का कार्य शासन करना ही नहीं, शंसन करना भी है। शास्त्र नियमों को व्यवस्थापित तो करता ही है, लोकाचारों का शंसन भी करता है। वात्स्यायन कामसूत्र में लोक में प्रचलित जीवनपद्धतियों का

1. विचार-प्रवाह, पृ. 107

विशद दस्तावेजीकरण करते हैं। आचार्य द्विवेदी जी भी अपने ग्रन्थों में व्यवस्थापन और शंसन दोनों करते हैं। व्यवस्थापन और शंसन के द्वारा वे परम्परा के सातत्य को वर्तमान में जीवंत रूप में अनुभव करते हुए उसकी संगति और पुनर्व्याख्या कर सकने का उपक्रम करते हैं। वे भारतीय परम्पराओं को नये सन्दर्भ में विस्तार भी देते हैं, और भूमंडलीय परिप्रेक्ष्य में उभरती नई विचारधाराओं और सामाजिक चेतना को भी कलाशास्त्र के निर्माण में समाहित करते हैं। वे आवश्यकतानुरूप मार्क्सवादी पैमानों का भी उपयोग भी निस्संकोच करते हैं। रसास्वाद की सीमाओं को वे ही इस रूप में स्पष्ट कर सकते थे—'सहृदय के रूप में काव्य के रसास्वाद को स्वीकार करना, कविता को स्थितिशील कलावस्तु (स्टेटिक ऑब्जेक्ट) मान लेने के समान है। इस प्रकार उसकी रचना-प्रक्रिया में गतिशीलता पक्ष (डाइनामिक प्रासेस) का आनन्द है, वह उपेक्षित हो जाता है।'[1]

शास्त्र परम्परा को एक सजीव मानने का ही परिणाम है कि वे उसकी गतिशीलता और विकास को पकड़कर उसका विस्तार करते हैं। उत्तर आधुनिकतावादियों की मान्यताओं तक का भी पूर्वाभास दे देते हैं। उनके अनुसार साहित्य इस विस्तार में वे अपने से बाद के चिन्तन का इतिहास बनाता है। "जीवन के सम्पूर्ण सार रसों से जो काव्य पुष्ट हुआ है, वह जीवन की भाँति ही क्रियाशील सर्जक और निरन्तर विकासमान वस्तु है।"[2]

गणेश देवी[3] मानते हैं कि पारम्परिक सौन्दर्यशास्त्र या संस्कृत काव्यशास्त्र में गत्यवरोध है। उनके अनुसार औपनिवेशिक मानसिकता ने भारतीय मनीषा को स्मृतिभ्रंश की ऐसी स्थिति में धकेल दिया है कि वह इस गत्यवरोध को तोड़कर नई सम्भावनाएँ पहचानने में असमर्थ है। वे कहते हैं कि ये नई सम्भावनाएँ संस्कृत काव्यशास्त्र में नहीं हैं, वे देशज काव्यशास्त्र को जन्म देने से साकार हो सकती हैं। इस देशज काव्यशास्त्र की खोज क्षेत्रीय भाषाओं के साहित्य से करनी होगी। पर देवी यह पूरी तरह सत्यापित नहीं कर पाते कि क्षेत्रीय भाषाओं के साहित्य से किस प्रकार और कैसा नया काव्यशास्त्र जन्म लेगा, और वह कथित शास्त्रीय सौन्दर्यशास्त्र से किस अर्थ में सर्वथा भिन्न और नई सम्भावनाओं को प्रकट करने वाला होगा।

देवी जैसे विद्वानों ने दूसरी ओर पारम्परिक भारतीय सौन्दर्यशास्त्र के पुनर्निर्माण के उन प्रयासों की ओर ध्यान नहीं दिया, जो हिन्दी में रामचन्द्र शुक्ल, हजारी प्रसाद द्विवेदी, विद्यानिवास मिश्र या मराठी में कतिपय आलोचकों के कार्य में प्रतिफलित हो रहे हैं।

---

1. 'मध्यकालीन बोध का स्वरूप', हजारी प्रसाद द्विवेदी ग्रंथावली, भाग 5, 1998, पृ. 65
2. 'विचारप्रवाह', पृ. 131
3. After Amnesia—Tradition and Change in Indian Literary Criticism, Orient Longman, 1987

लालित्य के विवेचन में द्विवेदी जी नये कलाशास्त्र के निर्माण की पीठिका रचते हैं। लालित्यशास्त्र नया कलाशास्त्र है, जिसके प्रतिमान सारी कविता या साहित्य के साथ सारी ललितकलाओं पर लागू किये जा सकते हैं। वे कलासृष्टि की प्रक्रिया को शैवागम आदि में प्रतिपादित सृष्टिप्रक्रिया से जोड़कर जड़ पर चैतन्य की विजय के रूप में उल्लसित चैतन्य के द्वारा जड़ता के प्रतीकार के रूप में समझाते हैं। कला या काव्य विश्वव्यापिनी सर्जनाशक्ति ललिता का व्यष्टिगत रूप है[1] इसके साथ ही द्विवेदी जी सम्पूर्ण कलासृष्टि को चेतना का निरन्तर ऊर्ध्वारोहण मानते हैं। 'प्रेम अपने आप को सँजोना-सँवारना चाहता है। अपने आन्तरिक उल्लास को वह बाहर के जगत् के सौन्दर्य के भीतर प्रतिष्ठित करना चाहता है।' द्विवेदी जी कहते हैं, "वस्तुतः काव्य चेतना के उस संवेदनात्मक स्पंदन का परिणाम है, जो बाह्य जगत् के ज्ञात तथ्यों के आधार पर और अन्तर्जगत् के परिचित भावावेग साधनों के सहारे कविचित्त की मर्मानुभूति को समस्त सहृदयों के हृदय में संचारित करता है। उसका आधार तथ्यों की दुनिया है।[2] विज्ञान भी चेतना का स्पन्दन है, शास्त्र भी। पर कला और साहित्य में ललिता शक्ति सक्रिय रहती है। सम्पूर्ण कला महामाया का चिद्विलास है। लालित्य का निर्वाचन उन्होंने शैवागमों में प्रतिफलित विश्वदृष्टि के आलोक में किया। शिव शक्ति के परिस्पंद के कारण सृष्टि के उपकरण बन जाते हैं। द्विवेदी जी की दृष्टि में सृष्टि के लिए स्पंदित होती शक्ति ही ललिता शक्ति है। वे कहते हैं—"विश्व ब्रह्मांड में व्याप्त सर्जना शक्ति का ही वह (ललिता शक्ति) प्रतिनिधित्व करती है।" ललिता शक्ति ही लालित्य के रूप में कला में अपने को व्यक्त करती है। रचना-प्रक्रिया में प्रतिभा वाक् तत्त्व और मिथक के रूप में उन्मिषित होती है। इसमें इच्छा, ज्ञान और क्रिया संपुंजित हो जाते हैं। "इच्छा अनन्त है, क्रिया शान्त है, इच्छा काल है, क्रिया देश है, देशकाल के द्वंद्व में जीवन रूप लेता है।

इस प्रकार इच्छा, ज्ञान और क्रिया का समन्वय रचना-प्रक्रिया में होता है, एक स्तर पर तो नाद, बिन्दु और कला का गुँथाव उसमें होता है, दूसरे स्तर पर शब्द, अर्थ और मिथक की अन्विति से जीवन के विविध स्तर गुँथते जाते हैं। उससे कलाकृति समग्र बन जाती है। यह समग्रता भारतीय मनीषियों की दृष्टि में भूमा या आनंत्य है। इसका अनुभव सौन्दर्यानुभव है। सौन्दर्य का एक लक्षण इस सारी परम्परा को दृष्टि में रखकर द्विवेदी जी ने यही किया है—"वस्तु की समग्रता[3] की अनुभूति ही सौन्दर्य है परमशिव की उपाधियाँ नाद, बिन्दु और कला में नाद इच्छा शक्ति से संवलित होकर शब्द के रूप में व्यक्त होता है, बिन्दु क्रिया से संवलित

1. 'लालित्यतत्त्व', हजारी प्रसाद द्विवेदी ग्रंथावली, भाग 7, 1998, पृ. 34
2. 'साहित्य का मर्म', हजारी प्रसाद द्विवेदी ग्रंथावली, भाग 7, 1998, पृ. 149
3. 'लालित्यतत्त्व', हजारी प्रसाद द्विवेदी ग्रंथावली, भाग 7, 1998, पृ. 30

होकर चित्र और मूर्ति आदि कलाओं में व्यक्त होता है।[1]

द्विवेदी जी रचना-प्रक्रिया को शैवागमों और तांत्रिक दृष्टि से समझाते हैं। "व्यष्टि में भी जहाँ भगवती परावाक् स्पंदहीन परमशिव की क्रिया के रूप में प्रथम बार स्पंदित होती हैं, तो पश्यन्ती वाणी के रूप में 'अंकुशरूपा' होकर व्यक्त होती हैं। यही परा शक्ति का वक्रा, वामा या चंडी रूप है। पिंड में पश्यन्ती वाणी के रूप में व्यक्त यह सृष्टि के रूप में व्यक्त होती है। जब वह मध्यमा वाणी के रूप में ऋजुता प्राप्त करती है, तो वह 'ऋजुरूपधरा दंड रूपा' भगवती के रूप में अभिव्यक्त होती है। निखिल ब्रह्मांड में व्याप्त पराशक्ति जब 'वक्र रूपा वामा' शक्ति के रूप में उल्लसित होती है, तो वह वेग बड़ा प्रचंड होता है। उसी स्पन्दन के उद्दाम वेग से अनन्त आकाश में व्याप्त शून्य सिहर उठता है, और बार-बार प्रचंड आघात खाकर वस्तुपुंज रूपी फेन रूप में सिमटने लगता है। इस प्रकार स्वर्ग लोक से सहस्त्रार होकर गिरती जाह्नवी धारा को महाकाल अपने जटा-जूट धारण करके रिझाते हैं, उसी प्रकार इस चंडवेगा वामाशक्ति को शिव अपने जटा-जूट में उलझाना चाहते हैं।[2]

शैवागमों में प्रतिफलित विश्वदृष्टि के आलोक में जो कलाशास्त्र द्विवेदी जी प्रस्तुत कर रहे हैं, उसमें कला के मर्म का विवेचन वे उस कवि को केन्द्र में रखकर करें, जिसमें शैवागमों की यह दृष्टि सबसे खरी होकर उतरी हो—यह स्वाभाविक है। द्विवेदी जी ने कलातत्त्व की संरचना की व्याख्या के लिए उचित ही कालिदास से एक विशद पारिभाषिक शब्दावली का पुंज उधार लिया है, और उससे नये कलाशास्त्र के लिए प्रतिमानों का निर्माण किया है।

स्पंद प्रेम के रूप में वह शक्ति है, जो एक के हृदय को दूसरे से जोड़े है। प्रेम का यह अनुभव भी महामाया की लीला है। इस स्पंद के लिए द्विवेदी जी दो और शब्दों का प्रयोग करते हैं—आनन्द का उच्छलन और पर्युत्सुकीभाव। कला में शक्ति का स्पंद आनन्द के उच्छलन के साथ ही होता है। यह आकस्मिक संयोग नहीं कि आचार्य अभिनवगुप्त जब रस की सर्वथा अद्वितीय व्याख्या करने का उपक्रम करते हैं, तो कालिदास के शाकुन्तल से उस पद्य को आधार बनाते हैं, जिसमें रम्य वस्तुओं को देखकर और मधुर शब्दों को सुनकर किसी भी जन्तु के पर्युत्सुक होने की बात की गई है। कालिदास जन्तु शब्द का प्रयोग कदाचित् इस चेतना के साथ भी कर रहे हैं कि शैवदर्शन में मायाबद्ध चैतन्य को पशु कहा गया है। हजारी प्रसाद द्विवेदी और पं. विद्यानिवास मिश्र दोनों भी बीसवीं शताब्दी में कला या कविता के अनुभव में समुत्सुकीभवन या पर्युत्सुकीभवन की बात इसी श्लोक के सहारे करते हैं। कालिदास का यह श्लोक अपने आप में कलानुभूति का कविदृष्टि से निरूपण है। ये आचार्यजन कालिदास के माध्यम से कलातत्त्व तथा कलासर्जना का स्वरूप

1. 'साहित्य का मर्म', हजारी प्रसाद द्विवेदी ग्रंथावली, भाग 7, 1998, पृ. 123
2. 'मेघदूत एक पुरानी कहानी', हजारी प्रसाद द्विवेदी ग्रंथावली, भाग 8, 1998, पृ. 54

बताने का प्रयास करते हैं। कालिदास के नाटक में हंसपदिका के गीत को सुनकर विकल बना दुष्यन्त कहता है—

रम्याणि वीक्ष्य मधुरांश्च निशम्य शब्दान्
पर्युत्सुकीभवति यत् सुखितोऽपि जन्तुः।
तच्चेतसा स्मरति नूनमबोधपूर्व
भावस्थिराणि जननान्तरसौहदानि॥

रमणीय वस्तुओं को देखकर
मधुर शब्दों को सुनकर
सब ओर से बेचैन हो जाया करता है प्राणी,
अनजाने में वह याद कर रहा होता है,
जन्म जन्म के सौहार्द
जो भाव में स्थिर हैं

कला भीतर से आन्दोलित कर देती है, चित्त के अज्ञात प्रसुप्त स्तरों को हिलोर देती है। वह एक विश्वजनीन महाभाव से जोड़ देती है। इसी को कालिदास ने भावस्थिर जन्म-जन्मान्तरों का सौहार्द कहा है। द्विवेदी जी ने पर्युत्सुकीभाव की व्यापकता को स्पष्ट करने के लिए यह पद्य भी कालिदास ने उद्धृत किया है—

यदृच्छया त्वं सकृदप्यवन्ध्ययोः
पथि स्थिता सुन्दरि यस्य नेत्रयोः।
त्वया बिना सोऽपि समुत्सुको भवेत्
सखीजनस्ते किमुतार्द्रसौहृदः॥

यों ही कभी एक बार भी
झलक तुम्हारी यदि किसी को मिल जाए,
तो भी सुन्दरि समुत्सुक हो बैठेगा तुम्हारे लिए
फिर तुम्हारे सौहार्द से भीगा भीगा जो है,
उस सखीजन का तो कहना ही क्या?

विरह की कातर व्याकुलता, मिलन की दुर्दान्त आकांक्षा महाकाल की पराशक्ति का ही उल्लास है। मेघदूत एक पुरानी कहानी में द्विवेदी जी फिर रम्याणि वीक्ष्य का अनुवाद करते हैं। यह पर्युत्सुकीभाव अकारण नहीं है। यह कौतूहल 'विराट् अभेदानुभूति की प्रत्यक्ष दृष्टिगोचर अभिव्यक्ति है।[1]

---

1. 'मेघदूत एक पुरानी कहानी' हजारीप्रसाद द्विवेदी ग्रंथावली, भाग 8, 1998, पृ. 67-68

इसके द्वारा रचा जाने वाला सौन्दर्यशास्त्र आवेग का सौन्दर्यशास्त्र है। स्पंदित चेतना से कला या काव्य की सृष्टि होती है, उसका अनुभव भी चेतना को स्पंदित करता है। आवेगों से कम्पन उत्पन्न होते हैं, संगीत में कम काव्य में और अधिक।[1] शिव ही स्पंद होते हैं, और वे इस सारे स्पंद के साक्षी भी रहते हैं। स्यंद में बहाव और साक्षी होकर रहना यो दोनों ही कलानुभव के स्तर हैं।

यह आवेग और महाभाव मनुष्य के चित्त को बदल देता है, उदात्त धरातल पर स्थापित कर देता है। इसलिए कला हमें रूपान्तरित करती है, कुछ का कुछ बना देती है। द्विवेदी जी कहते हैं—

> दूसरे भी छन्द लिखते हैं, पर उस छन्द में प्राण नहीं रहता, उसमें मनुष्य बनने की ओर जाने की प्रेरणा नहीं होती, और यह गाँठ बाँध लीजिए कि जिस काव्य, नाटक या उपन्यास के पढ़ने से मनुष्य में अपने छोटे और संकीर्ण स्वार्थों के बन्धन से मुक्त होने की प्रेरणा नहीं मिलती, तथा 'महान् एक' की अनुभूति के साथ अपने आप को दलित द्राक्षा के समान निचोड़कर 'सर्वस्य मूलनिषेचनम्' के प्रति तीव्र आकांक्षा नहीं चाह उठती, वह काव्य और नाटक और वह उपन्यास दो कौड़ी के मोल का भी नहीं है।[2]

वेदान्ती जीवनदृष्टि से साहित्य और कला की व्याख्या और शैवागमों की दृष्टि से रचे गए कलाशास्त्र में तात्त्विक अन्तर होना स्वाभाविक है। शैव दृष्टि संसार में शिव को समाया हुआ देखती है। कला में भी वही समाये हुए हैं। तब कला का संसार मिथ्या कैसे हो सकता है? वह अविद्या या माया की रचना नहीं है, जो केवल व्यावहारिक सत्ता ही रखती है, पारमार्थिक नहीं। विद्या, कला, राग, काल और नियति—माया के इन पाँच कंचुकों से कंचुकित शिव ही जीवरूप में प्रकट हुआ है। जब तक जीव है, तब तक न तो वह इन विकारों से मुक्त हो सकता है, न इन विकारों को असत्य कहा जा सकता है।

परम्परा का नवाविष्कार द्विवेदी के अनुसन्धाता और विचारक की एक बड़ी विशेषता है कालिदास से उन्होंने कतिपय शब्द लेकर एक नई सौन्दर्यशास्त्रीय पारिभाषिक शब्दावली से हिन्दी जगत् को परिचित कराया। महाकवि कालिदास के कविमानस में इन शब्दों की अर्थच्छाया तो वही रही होगी, जो द्विवेदी जी ने निरूपित की, पर भारतीय काव्यशास्त्र और कलाचिन्तन की पूरी परम्परा में कहीं भी ये शब्द इस अर्थच्छाया के साथ व्यवहृत नहीं हुए। एक तरह से कालिदास के माध्यम से द्विवेदी ने कुछ परिभाषाओं को लेकर नये सौन्दर्यशास्त्र गढ़ने का

---

1. 'साहित्य का मर्म', हजारीप्रसाद द्विवेदी, ग्रन्थावली, भाग 7, 1998, पृ. 131
2. वही, पृ.154

उपक्रम किया। ये परिभाषाएँ हैं—अबोधपूर्वा स्मृति, अन्यथाकरण, अन्वयन, समाधि (सम्यक् आधान या कलासामग्री का संग्रह) यथाप्रदेशविनिवेश, यथालिखितानुभव, तत्त्वान्वेषण, समाधि (चित्त की समाहित स्थिति), भावानुप्रवेश तथा करणविगम। इनमें कलाशास्त्र की एक अलग भाषा बनती है। इनमें कलासृष्टि को जो स्तर बनते हैं, वे रचनाकार, रचना और रचना के भावक या प्रेक्षक इन तीनों के संसार में समाहित हो सकते हैं।

सृष्टि के मूल में शक्ति का परिस्पंद है। यह स्पंद जब रचनाकार के भीतर होता है, तो वह अबोधपूर्व स्मृतियों के नाना स्तर उघाड़ देता है और साथ ही जगत् की तथ्यात्मकता को और उसकी बाह्य सत्ता को बदल देता है। यही अन्यथाकरण है। कला में संसार की वस्तुएँ किसी और रूप में निरूपित की जाती है। दुष्यंत शकुन्तला का चित्र बनाता है, चित्र को बार-बार सँवारकर वह मिटाकर कुछ और करता जाता है।

यत् यत् साधु न चित्रे स्यात् क्रियते तत् तदन्यथा।
तथापि तस्या लावण्यं रेखया किञ्चिदन्वितम्।

जितना जो कुछ ठीक नहीं बना था।
वह मिटा-मिटाकर सँवारा गया है,
फिर भी रेखाओं में कुछ बढ़ ही गई है
उसकी लुनाई।

यहाँ उत्तरार्द्ध का अर्थ द्विवेदी जी की व्याख्या के अनुसार किया गया है। संस्कृत के टीकाकारों और आधुनिक व्याख्याकारों में इस श्लोक की दूसरी पंक्ति का जो प्रचलित अर्थ है वह यही है कि फिर भी उसका लावण्य रेखाओं में कुछ ही आ पाया है। द्विवेदी जी इस व्याख्या का विरोध करते हैं, क्योंकि वे मानते हैं कि कला का संसार दी हुई या पूर्वसिद्ध दुनिया को सँवारने तथा उसे और अधिक सुन्दर बनाने के लिए है। यही अन्यथाकरण है।

अन्यथाकरण से लावण्य का अन्वयन हो जाता है, संसार में वस्तु का रूप जैसा था, वह कला में उसका आन्तरिक सौन्दर्य बढ़ जाता है, इसलिए वह पहले से कई गुना अधिक मनोहारी हो जाता है। यही अन्वयन है। यह अन्वयन सातत्य भी है और अनुरणन तथा भावपरम्परा को जगाना और बनाए रखना भी है। अन्यथाकरण और अन्वयन के लिए संरचनात्मक आनुपातिकता आवश्यक है, यह यथाप्रदेश विनिवेशन है।

जो प्रक्रिया कलाकार के साथ रचना के समय है, वही कलानुभूति में सहृदय के साथ भी है। उसे भी भीतर से स्पंदित होना चाहिए, कलावस्तु को वह यथालिखित

रूप में ग्रहण करेगा, तो सच्चा आनद नहीं प्राप्त कर सकेगा, उसे तो कला के मर्म में प्रवेश करके उसका अपने भीतर फिर से अन्यथाकरण और अन्वयन करना होता है। तभी करणविगम और समाधि तक वह पहुँच सकता है। करण में अन्त:करण और बाह्यकरण दोनों समाविष्ट है। करणविगम में इनसे ऊपर उठना होता है। भौतिक संसार से ऊपर उठना।

इन पारिभाषिक शब्दों के नवाविष्कार के साथ ही लालित्यतत्त्व की नई पीठिका द्विवेदी जी ने निर्मित की। इस पीठिका के चार स्तंभ हैं—मानव-तत्त्व, लोकतत्त्व, मिथकतत्त्व और लालित्य तत्त्व। माधुर्य की समग्र व्याख्या लालित्य के प्रतिपादन में द्विवेदी जी ने की।

लालित्य की इनकी अवधारणा के मूल में शैव और शाक्त दर्शन तो हैं ही, पर लालित्य की संरचना के लिए वे नाट्यशास्त्र के तथा राजानक रुय्यक की सहृदयलीला के अलंकार विवेचन को आधार बनाते हैं। जीवन में रस है इसलिए कविता में रस है, जीवन में अलंकार है, इसलिए कला और कविता में अलंकार है।

भरतमुनि ने तीन शारीरिक, सात अयत्नज तथा दस स्वाभाविक अलंकार माने हैं। भाव, हाव और हेला—ये ती शरीर से उत्पन्न होने के कारण शरीरज अलंकर कहलाते हैं। शोभा, कान्ति, दीप्ति, माधुर्य, प्रगल्भता, औदार्य और धैर्य—ये सात भाव अयत्नज हैं। लीला, विलास, विच्छित्ति, विभ्रम, किलकिंचित, मोट्टायित, कुट्टमित, बिब्बोक, ललित और विहत—ये दस स्वभावत: उत्पन्न होने के कारण स्वाभाविक अलंकार कहे जाते हैं। शरीरज या अंगज तथा स्वाभाविक अलंकार स्त्री-पुरुष दोनों में रहते हैं। रूप, यौवन और लावण्य से सौन्दर्य का खिल उठना शोभा है, प्रेम में इसका उल्लास कान्ति है, कान्ति का विस्तार दीप्ति है, ललित भावों की रमणीयता माधुर्य है, स्वाभाविक चित्तवृत्ति धैर्य है, बेबाक संभाषण प्रागल्भ्य है, आत्मश्लाघा का अभाव औदार्य है, मधुर अंगचेष्टाओं से प्रिय का अनुकरण लीला है, प्रियदर्शन से अंग, वचन व चेष्टा में आने वाला वैशिष्ट्य विलास है, वेषरचना का वैशिष्ट्य विच्छित्ति है, हर्ष और मद से होने वाली विह्वलता या स्खलन विभ्रम है। हँसना, मुस्कुराना, डरना, हर्ष गर्व आदि विविध भावों का गड्डमड्ड होना किलकिंचित है। प्रियतम के विषय में बात करते-करते भाव-विभोर हो जाता मोट्टायित है, प्रेम के समय रिसाना कुट्टमित है, गर्व और अभिमान के कारण दिखाया गया अनादर बिब्बोक है, अंगों का स्निग्ध व सुकुमार संचालन ललित है। लज्जा के कारण मुख से बोल न फूट पाना विहत है।[1] ये बीस अलंकार मिलकर रूप, वर्ण, प्रभा, राग, आभिजात्य, विलासिता, लावण्य, लक्षण, छाया और सौभाग्य को परिष्कृत करते हैं। इन सबका सहज रूप माधुर्य है।

---

1. नाट्यशास्त्र, 22.15

इस प्रसंग में राजानक रुय्यक के ग्रन्थ सहृदयलीला से सन्दर्भ न देकर भी उन्मुक्त रूप से उन्होंने पारिभाषिक पदावली और अवधारणाएँ ले ली हैं। सहृदयीला में रुय्यक कहते हैं—

रूपं वर्णः प्रभा राग आभिजात्यं विलासिता।
लावण्यं लक्षणं छाया सौभाग्यं चेत्यमी गुणाः।[1]

रूप—शरीर के अवयवों में रेखा की सुन्दरता

वर्ण—आँखों को तृप्त करने वाले रंग,

प्रभा—विशेष प्रकार की चमक से कान्ति की झिलमिलाहट,

राग—अधरों पर सहज हास्य, जिसे सहृदयों की दृष्टि आकर्षित हो जाए,

आभिजात्य—फूल के समान मृदुता और कोमलता को व्यक्त करने वाला गुण, जो चित्त में स्पर्शजन्य आनन्द की गुदगुदी उत्पन्न करता है,

विलासिता—कटाक्ष, भुजाक्षेप आदि विभ्रम से युक्त चेष्टाएँ,

लावण्य—चन्द्रमा के समान आह्लादकारक मधुर स्निग्ध धर्म जो शारीरिक अवयवों के उचित सन्निवेश से व्यंजित हो,

छाया—सुघड़ व्यवहार को व्यंजित करने वाली शोभा,

सौभाग्य—वशीकरण धर्म।

अभिनवगुप्त और पंडितराज जगन्नाथ के चिन्तन पर समान रूप से आस्था रखते हुए आचार्य द्विवेदी जी लालित्य की व्याख्या में शैवाद्वैत तथा वेदान्त दोनों का सहारा लेते हैं। ब्रह्म की इच्छाशक्ति ही छन्द है। यह इच्छाशक्ति रूप छन्द समस्त भेदोपभेदों का छादन करता है।

वस्तुतः द्विवेदी जी ने अपनी व्याख्या में अन्तःप्रज्ञा के द्वारा शब्दों का विवर्तन करके अनन्त अर्थों को उत्पन्न करने की पद्धति का भी अवलम्बन लिया है, और मानवीय मेधा से सन्देह, तर्क-वितर्क करके अर्थविस्तार और अर्थसंहति उत्पन्न करने की प्रणाली का भी।

नये कलाशास्त्र की पीठिका का निर्माण करते हुए आचार्य द्विवेदी जी लालित्य बोध में भी समष्टि चित्त या सामूहिक मन की अवधारणा का समावेश करते हैं। सहृदयकेन्द्रित ध्वनिप्रस्थान को इसमें बदल दिया गया है। प्रतीयमानता के बरक्स यह लोकतंत्रीकरण है। "मनुष्य का चित्त एकरूप है, उसकी अवगतियाँ और उदात्तीकरण की वृत्तियाँ समानमार्ग से चलती हैं, उनकी अवनर्मिल और उन्नर्मिल अवस्थाएँ निश्चित परिस्थितियों में समान रूप से क्रियाशील होती हैं। जीवतात्त्विक संवेग समान भाव से मानस सूक्ष्म बोधों को उकसाते हैं, मानवचित्त एक है[2] औसत

1. 'सहृदयलीला', राजानक रुय्यक, काव्यमाला, गुच्छक-5 (1937) में प्रकाशित
2. 'लालित्यतत्त्व', हजारीप्रसाद द्विवेदी, ग्रंथावली, भाग 7, पृ. 24

सामान्य बोध है, जिसके लिए अंग्रेजी के नार्म के तौल पर उन्होंने संस्कृत का नर्म शब्द व्यवहृत किया। पदार्थगुणों की वृत्तियाँ के नर्म इसी समष्टिमानस में विद्यमान रहते हैं।[1] 'समष्टि चित्त के अनुकूल भावान्दोलन पैदा करने वाला तत्त्व ही सौन्दर्य है।[2] अबोधपूर्वा स्मृति निर्विशेष है, वह भी कहीं न कहीं समष्टि मन से जुड़ती है।

इस कसौटी पर आचार्य द्विवेदी जी कवियों की श्रेणियाँ बनाते हैं—यह सचमुच नया काव्यशास्त्र है—वाच्यार्थप्रधान दृष्टि वाले कवि इस जगत् को यह जैसा है, वैसा ही देखते हैं। यह आधुनिक प्रकृतवादी साहित्य की रचना करने वाले साहित्यकार द्विवेदी जी के अनुसार अभिव्यक्तिवादी रचनाकार भी इसी श्रेणी में आ जाते हैं।[3] लक्ष्यार्थप्रधान दृष्टि वाले कवि मानते हैं कि जगत् अपने आप में बाधित है, जो दिख रहा है वह सम्पूर्ण सत्य नहीं है। किसी विराट् प्रयोजन के लिए यह सारा व्यवहार और कार्यव्यापार चल रहा है। यह भारतीय कलाचिन्तन को एक बड़े फलक पर नया विन्यास देने का प्रयास है।

1. वही, पृ. 25
2. 'लालित्य योजना', हजारीप्रसाद द्विवेदी, ग्रंथावली, भाग 8, पृ. 195
3. 'साहित्य का साथी', हजारीप्रसाद द्विवेदी, ग्रंथावली, भाग 7, पृ. 215

जो छबि सुधा पयोनिधि होई

(साहित्य और कला में अतिशय की निर्मितियाँ)

न्याय दर्शन का सूत्र है—

'व्यक्त्याकृतिजातयस्तु पदार्थाः'।[1]

(व्यक्ति, आकृति और जाति—यह पदार्थ या पद का अर्थ हैं)।

वाक्य में प्रयुक्त शब्द को 'पद' कहा जाता है, पद से हम जो अर्थ ग्रहण करते हैं, वह 'पदार्थ' है। महर्षि गौतम न्यायसूत्र में कहते हैं कि पदार्थ की तीन कोटियाँ हो सकती हैं, व्यक्ति, आकृति और जाति। व्यक्ति गुणों से युक्त द्रव्य है—('व्यक्तिर्गुण-विशेषाश्रया मूर्तिः')[2], व्यक्ति वह मूर्त तत्त्व है, जो गुण विशेष का आश्रय भी हो। व्यक्ति का मानसबिम्ब आकृति है। जाति सामान्य है। प्रत्येक पदार्थ में जाति अविभाज्य रूप से रहती है। बिना जाति के कोई भी वस्तु नहीं हुआ करती। वृक्ष में 'वृक्षत्व', घट में 'घटत्व' और मनुष्य में 'मनुष्यत्व' जाति है। इस प्रकार व्यक्ति आकृति और जाति पदार्थ की ये तीन कोटियाँ होती हैं, पदों के उच्चरित होने पर व्यक्ति, आकृति और जाति इन तीनों का भान होता है। नैयायिकों ने पदार्थ को दो तरह का माना—सामान्य और विशेष। सामान्य और विशेष दोनों तुल्यवृत्तिवेद्य हैं—दोनों का ज्ञान एक साथ हो जाता है, पद से सामान्य अर्थ का बोध होता है, उसके साथ ही विशेष अर्थ स्मृति में उतर आता है। विशेष अर्थ की यह स्मृति बिम्ब रचती है।

यहाँ समस्या प्रक्रिया को लेकर आती है। व्यक्ति आकृति और जाति इन तीनों का यह भान होता कैसे है? पद से पदार्थ हमें कैसे मिलता है?

वाक्य में प्रयुक्त शब्द पद है। संस्कृत व्याकरण के नियम से हम वाक्य में शब्दों को नहीं गूँथते, पदों को गूँथते हैं। शब्द तो छूँछा है, प्रत्यय जुड़ने पर वह वाक्य में प्रयोग किये जाने के लायक बनता है। शंकराचार्य कहते हैं कि

1. न्यायसूत्र, 2.1.68
2. वही, 2.1.69

शिव शक्ति से युक्त होकर ही कुछ काम कर पाएँ, तो कर पाए, नहीं तो वे निठल्ले ही हैं।[1] शब्द भी बिना प्रत्ययों के निठल्ला ही है। राम को हम वाक्य में जस का तस नहीं उतार सकते, उन्हें हम रामः, रामम्, रामेण बनाकर वाक्य में उतार सकते हैं। राम जब रामः या रामम् बनकर पद हो गए, तब उनसे पदार्थ कैसे हासिल हो यह समस्या आई। क्योंकि जिस किसी भी पद या वाक्य का हम उच्चारण करते हैं, वह उच्चारण अवयवों से उत्पन्न की गई ध्वनियों का समुदाय मात्र है। ये ध्वनियाँ नश्वर या क्षरणशील हैं, पूर्व-पूर्व वर्ण उच्चारण के साथ ही उत्तरोत्तर ध्वनि नष्ट होती जाती हैं। रामः में पाँच ध्वनियाँ हैं र+आ+म्+अ+विसर्ग। दूसरी की उच्चारण करने लगते हैं, तो पहली विलीन हो चुकी होती है, तीसरी का करते हैं, तो दूसरी। अन्तिम विसर्ग तक पहुँचने पर पूरा राम ही लीन हो गया होता है। अतएव यह समस्या आती है कि जो विलीन या नष्ट हो चुका है, वह अर्थ का बोध कैसे करा सकता है? न्याय दर्शन में यह माना गया है कि उच्चारणकाल में ही नष्ट होती गईं ध्वनियाँ वे श्रोता के मानस में क्रमशः पुनर्विन्यस्त हो जाती हैं। वे व्यक्ति आकृति और जाति रूप अर्थ को श्रोता के मानस में जागृत कर देती हैं, इस प्रकार अर्थ का बोध हो जाता है। दूसरी ओर व्याकरण की परम्परा में शब्द को दो प्रकार का माना गया—अनित्य और नित्य। हम जिसे अपने उच्चारण-अवयवों—मुख, जिह्वा आदि—से उचारते हैं, वह अनित्य शब्द है, वह ध्वनि रूप है। वह बोलने के साथ ही नष्ट होता चला जाता है। नष्ट हो गया तो श्रोता के मानस में विन्यस्त कैसे हो जाएगा? इस दृष्टि से देखने पर न्यायदर्शन का मत निरस्त हो जाता है। अनित्य शब्द नित्य शब्द को हमारे मानस में व्यक्त कर देता है। नित्य शब्द अर्थ रूप है, वह श्रोता के मानस में शाश्वत रूप से विद्यमान है, इसलिए नित्य है। हमारी चेतना में सदैव उपस्थित उस नित्य शब्द को केवल जागरित करना होता है। अनित्य और नित्य शब्द के बीच व्यंजक और व्यंग्य का रिश्ता है। अनित्य शब्द व्यंजक है और नित्य शब्द व्यंग्य है। इस व्यंग्य-व्यंजक-भाव सम्बन्ध या व्यंजना व्यापार के द्वारा उच्चरित शब्दों का या वाक्यों का अर्थ ग्रहण होता है। इस तरह अर्थबोध की प्रक्रिया को समझाने के लिए न्याय दर्शन और व्याकरण दर्शन इन दोनों ने भाषा की व्यवस्था और मनुष्य की चेतना दोनों का आधार स्वीकार किया। यह दोनों को जोड़े रखने वाली दृष्टि है। इसे एक चुनौती तोड़ने वाली दृष्टि की ओर से मिली।

यह तोड़ने वाली दृष्टि बौद्धों की है। इस दृष्टि में नित्य शब्द के लिए कोई जगह नहीं है। दिङ्नाग और धर्मकीर्ति जैसे बौद्ध दार्शनिकों का कहना है कि बाहर का जो प्रपंच हमें नजर आ रहा है, वह वास्तविकता नहीं है। जो वास्तविक रूप है, वह 'स्वलक्षण' है, जो प्रतिक्षण नष्ट होकर जन्म ले रहा है। वह हमारी पहुँच

1. शिवः शक्त्या युक्तो यदि भवति शक्तः प्रभवितुं,
न चेदेवं देवो न खलुः कुशलः स्पंदितुमपि। (सौन्दर्यलहरी-1)

से लगातार छिटकता चला जाता है, उसे हम नहीं पकड़ सकते। यह संसार जिसे हम नंगी आँखों से देखते हैं, स्वलक्षण नहीं है, चर्मचक्षुओं से जिसे हम देखते हैं, वह वास्तविकता भी नहीं है, वह तो कल्पना है। वह सुनार द्वारा ब्राह्मण को बेची गई भैंस की तरह अवास्तविक है।

सुनार द्वारा ब्राह्मण को बेची गई भैंस की कथा पंडितसमाज में कही जाती रही है, हालाँकि बौद्धों के विकल्प और अपोह के सिद्धान्तों से इसका सम्बन्ध नहीं है। कथा है कि एक ब्राह्मण और सुनार पड़ोसी थे, दोनों में गहरी दोस्ती थी। एक बार पुरखों का तर्पण करने के लिए ब्राह्मण ने तीर्थयात्रा पर जाने का विचार किया और सोने की अँगूठी पहनकर तर्पण करने से अधिक पुण्य होगा यह सोचकर अपने मित्र सुनार से कहा कि भइया, तीर्थ में जाकर तर्पण करना है, एकदम खरे सोने की एक अँगूठी हमारे लिए बना दो। सुनार ने अँगूठी बना दी। ब्राह्मण को अपने मित्र सुनार पर पक्का भरोसा था। प्रसन्न होकर तीर्थ यात्रा पर निकला कि खरे सोने की अँगूठी पहने तर्पण करेगा। अनेक तीर्थों में तर्पण करता रहा। तर्पण करते-करते पानी में धुल-धुलकर अँगूठी भी साफ होती गई। सुनार ने लाख की अँगूठी पर सोने की पत्ती चढ़ाकर दी थी। सो पत्ती उतर गई और भीतर की लाख दिखने लगी। ब्राह्मण बड़ा दुखी हुआ। मित्र इस तरह धोखा देगा यह तो सोचा न था। अस्तु तीर्थयात्रा पूरी करके वह साल भर बाद घर पहुँचा। घर पहुँचा तो उसकी पत्नी ब्राह्मणी ने बताया कि "खुशखबरी है, हम लोगों ने पड़ोसी सुनार से भैंस खरीद ली है।" यह सुनते ही ब्राह्मण ने माथा पीट लिया और कहा, "यह क्या किया! उस धोखेबाज से भैंस खरीदी! वह भैंस तो अवश्य लाख की बनी है, असली तो हो नहीं सकती!" ब्राह्मणी ने कहा, "असली कैसे न होगी, वह दूध देती है!" ब्राह्मण बोला, "देती होगी, पर है तो नकली।" ब्राह्मणी ने कहा, "वह घास भी खाती है।" ब्राह्मण बोला, "खाती होगी, पर है तो नकली।" ब्राह्मणी ने कहा, "उसने अभी पाड़े जने हैं।" ब्राह्मण बोला, "जने होंगे पर है तो नकली।" ब्राह्मणी फिर भी नहीं मानी, तो ब्राह्मण ने उसे प्रेम से समझाते हुए यह श्लोक कहा—

मुग्धे पयांसि दुग्धे, तृणमप्यश्नाति तर्णकान् सूते।
नाडिन्धमस्य मायां न जातु जानासि जातुषी महिषी।

(अरी भोली, यह ठीक है वह भैंस दूध देती है, घास भी खाती है, और पाड़े भी जनती है, पर तू उस नली फूँकने वाले अर्थात् सुनार की माया नहीं जानती, भैंस तो लाख की बनी हुई है, असली नहीं है।)

अपोह और विकल्प की व्यवस्था में बौद्धों की स्थिति इस ब्राह्मण के जैसी ही है। संसार में गाय, भैंस आदि जो कुछ भी पदार्थ हम देखते हैं भले ही वे दूध दें, घास खाएँ, पर बौद्ध दार्शनिक यही कहेगा कि वे कल्पना हैं, वास्तविकता

नहीं। उसके दर्शन में हकीकत शब्द से परे है। शब्द किसी भी वस्तु को विषय नहीं बनाते। वे उसकी छाया को विषय बनाते हैं। स्वलक्षण को न तो भाषा का विषय बनाया जा सकता है न विचार का। विचार भी तो भाषा में ही बुलबुले की तरह जन्म लेकर फूट जाता है, वह भी वास्तविकता या स्वलक्षण को नहीं पकड़ सकता। स्वलक्षण अवर्णनीय और अनिर्वाच्य है। उसका हम केवल अनुमानकर सकते हैं। उसका अनुमान हम 'अपोह' में कर सकते हैं। अपोह रूप जो अर्थ है, उसी से वस्तु का रूप ग्रहण किया जाता है। 'तदव्यतिरिक्त' (जिसे बताना है, उस वस्तु को छोड़कर) अन्य अर्थों को निरस्त करने के बाद जो शेष रहता है, वह अपोह है। यह एक नकारात्मक पद्धति है। यह व्याकरण और न्यायदर्शन की नित्य व्यवस्था के सामने विकल्पों का संसार रचनेवाली पद्धति है। विकल्पयोनयः शब्दाः विकल्पाः शब्दयोनयः—शब्द विकल्पों को रचते चलते हैं, और ये विकल्प फिर शब्दों को। विशिष्ट कल्पना विकल्प है। शब्द से विकल्प और विकल्प से फिर शब्द इस यात्रा में वास्तविकता छिटकती जाती है। शब्द जो विकल्प बनाते हैं, वे प्रतिबिम्बों के रूप में होते हैं। शान्तिरक्षित के तत्त्वसंग्रह (कारिका 1011) की व्याख्या में कमलशील कहते हैं—

> *शब्दः प्रतिबिम्बस्य जनकत्वाद्वाचक उच्यते, तच्च प्रतिबिम्बं शब्देन जन्यमानत्वाद् वाच्यम्।*

शब्द प्रतिबिम्ब का जनक होने के कारण वाचक कहा जाता है, और वह प्रतिबिम्ब शब्द से जन्य होने के कारण वाच्य। इस प्रकार शान्तिरक्षित शब्द और मानस बिम्ब में जनक और जन्य का सम्बन्ध स्वीकार करते हैं। यह प्रतिबिम्ब एक कल्पना या छाया भर ही है।

शान्तिरक्षित और कमलशील दोनों के अनुसार शब्द इस प्रतिबिम्बात्मक विकल्प को उत्पन्न करते हैं, उससे बाह्य वस्तुओं का बोध होता है, पर वास्तव में बाह्य वस्तुओं को वे विषय नहीं बनाते, मात्र प्रतिबिम्ब को विषय बनाते हैं। शान्तिरक्षित की कारिका बाह्यार्थाध्यवसायेन प्रवृत्तं प्रतिबिम्बकम्। (तत्त्वसंग्रह कारिका 1016) की व्याख्या में कमलशील कहते हैं—

> *अयमाचार्यस्याभिप्रायः — न शब्दस्य बाह्यार्थाध्यवसायिविकल्प-प्रतिबिम्बोत्पादव्यतिरेकेणान्यो बाह्याभिधानव्यापारः सम्भवति, निर्व्यापारत्वात् सर्वधर्माणाम्।*

अर्थात् आचार्य के कहने का अभिप्राय यह है कि शब्द का एक ही व्यापारहै—बाह्य अर्थ का निश्चय कराने वाले विकल्पात्मक प्रतिबिम्ब को जन्म देना, बाह्यार्थ का सीधे अभिधान या कथन करने में वह असमर्थ है। क्योंकि सारे धर्म निर्व्यापार हैं।

व्याकरण और न्यायदर्शन में अर्थबोध की प्रकृति सकारात्मक है। 'अपोह' में दो बार नकार का प्रयोग किया जाता है। जिस वस्तु को ग्रहण करना है, उस वस्तु को निरस्त किये बिना अन्य वस्तुओं को निरस्त किया जाना अपोह है। अपोह रूप अर्थ से वस्तु का रूप ग्रहण किया जाता है। बौद्धों का भाषा के बारे में यही विश्वबोध है। अपोह का भी मानस में एक बिम्ब तो बनता ही है। शान्तिरक्षित अपोह को प्रतिबिम्बात्मक ही मानते हैं—

प्रतिबिम्बात्मकोऽपोहः पदादप्युपजायते।
प्रतिभाख्यो झटित्येव पदार्थोऽप्ययमेव नः॥

(तत्त्वसंग्रह कारिका 1027)

(वाक्य में प्रयुक्त पद से प्रतिबिम्बात्मक अपोह उत्पन्न हो जाता है। यह प्रतिभा या वाक्यार्थबोध है, यही पदार्थ है।) इस तरह यह पूरा दर्शन 'नकार' पर टिका हुआ है। इससे कविता का दर्शन नकार का दर्शन बनता है। शब्द का नकार, भाषा का नकार, शब्द और रूप से संश्लिष्ट विचारों का नकार।

इसके समानान्तर काव्यशास्त्र की अपनी विचार परम्परा है। भाषा को लेकर बौद्ध दार्शनिकों और नैय्यायिकों ने जो विचार किया, उसके बरक्स काव्यशास्त्र लगभग एक हजार वर्षों के अपने चिन्तन में अपनी स्वयं की प्रमाण मीमांसा रचता है। साहित्य और उसके प्रामाण्य को हमारे काव्यशास्त्री आचार्य इन दर्शनों के सामने खड़ा करने का प्रयास करते हैं। उनके सामने समस्या यह है कि भाषा या शब्द या इनसे जन्म लेने वाले विकल्पों और कल्पनाओं का वास्तविकता से विच्छेद अगर मान लिया जाए तो अन्ततः कविता के संसार का ही विच्छेद हो जाएगा। अतः कविता के संसार को बौद्धवादी विचारधारा से बचाने के लिए एक नई प्रमाण मीमांसा की रचना काव्यशास्त्री आचार्यों ने की।

यह मीमांसा कुछ अन्य प्रकार की कोटियाँ प्रस्तुत करते हुए की गई। इनमें से एक कोटि 'अतिशय' की है। अतिशय का सबसे पहले उल्लेख भरतमुनि ने किया है। उन्होंने अतिशय को काव्य के 36 लक्षणों में से एक माना है। कविता का समग्र स्वरूप उनके इन 36 लक्षणों में सामने आ जाता है। लक्षण वे तत्त्व हैं, जिनसे कविता की पहचान बनती है। इन तत्त्वों में से एक अतिशय भी है। 'अतिशय' शब्द की निरुक्ति पर यदि हम विचार करें तो इसमें 'अति' उपसर्ग के साथ शयनार्थक 'शीङ्' धातु है, शीङ् धातु लेटने के अर्थ में आती है। 'अति' उपसर्ग अतिक्रमण के अर्थ में आता है। कुल मिलाकर अतिशय का निरुक्तिपरक अर्थ होगा लेटे रहने या निष्क्रियता की स्थिति का अतिक्रमण। भरतमुनि ने काव्यलक्षणों के अन्तर्गत अतिशय का लक्षण यह दिया है—

'उत्तमार्थाद्विशिष्टो यः स चाप्यतिशयः स्मृतः' (नाट्यशास्त्र, 16.13)

किसी भी बात को कहने का जो बढ़िया से बढ़िया ढंग या उत्तम तरीका हो सकता है, उससे भी कुछ विशिष्ट रूप में बात कही जाए तो वहाँ 'अतिशय' हो जाता है। जीने का जो बढ़िया सलीका हो सकता है, उससे हटकर कुछ और तरह से जिया जाए, तो ऐसे जीवन के वर्णन में भी अतिशय होता है। अभिनवगुप्त ने भरतमुनि के इस स्थल की व्याख्या में अपने गुरु सुकवि और महान् विचारक भट्टेन्दुराज का यह पद्य उद्धृत किया है—

यावन्त्येव पदान्यलीकपिशुनैरालीजनैः शिक्षिता
तावन्त्येव कृतागसो द्रुततरं सम्पाद्य पत्युः पुरः।
प्रारब्धापरतो यथा मनसिजस्येच्छा तथा वर्तितुं
प्रेम्णा मौग्ध्यविभूषितस्य सहजः कोऽप्येष कान्तः क्रमः॥

इसका अनुवाद यों हो सकता है—

झूठी चुगली करने वाली
उसकी सखियों ने जितने शब्द सिखाए उसको
अपराधी पति के आगे
उतने के उतने झटपट
उसने कह डाले
और फिर वह थी और उसकी कामना
वह किसी दूसरे छोर से करने लगी कुछ और
प्रेम का यही है श्रृंगार—उसका भोलापन—
यही है उसका अनोखा क्रम!

शार्ङ्गधर पद्धति (3580) में भी यह श्लोक उद्धृत है।

लक्षण में जो बात स्पष्ट न हो पाए, वह लक्ष्य या उदाहरण से साफ हो जाती है। भट्टेन्दुराज का यह पद्य उदाहरण में रखकर अभिनवगुप्त यह भी बताना चाहते हैं कि बँधे-बँधाए ढर्रे से अलग चलने वालों की रीत का निरूपण कविता में अतिशय ला सकता है, इस रीत में कृत्रिमता छूट जाती है, स्वीकृत मानदंड टूट जाते हैं, और जीवन की सहजता सामने आ जाती है।

अतिशय के इस विचार को भरतमुनि नाट्यकला या कला मात्र पर लागू करते हैं। उन्होंने नाट्य के ग्यारह मूलभूत तत्त्व बताए, इनमें से एक धर्मी है। धर्मी एक तरह का रंगव्यवहार है, इतिकर्तव्यता (मोडस ऑपरेंडी) है, जिसके द्वारा रंगकर्म का मुहावरा बनता है, जिसके द्वारा अभिनेता अपने आपको रचता है या अपने सम्पूर्ण रंग व्यवहार को आधार देता है। धर्मी को भरतमुनि ने दो प्रकार का बताया है, नाट्यधर्मी और लोकधर्मी। सामान्य व्यवहार को जब नाट्य में रूपान्तरित किया

जाता है, तो वह लोकधर्मी कहलाता है। उसमें कुछ अतिरिक्त जुड़ जाता है तो वही नाट्यधर्मी हो जाता है। लोकधर्मी और नाट्यधर्मी के बीच के फर्क को बताने के लिए भरतमुनि ने अतिशय की अवधारणा का ही प्रयोग किया गया है। लोकधर्मी का अतिशय से जुड़ना नाट्यधर्मी है और नाट्यधर्मी का अतिशय से बिछड़ना लोकधर्मी। धर्मा के दो चेहरे हैं, एक में वह अतिशय का लिबास पहनकर आती है, दूसरे में अनावृत होकर। भरतमुनि लोकधर्मी के नाट्यधर्मी में संक्रमण को अतिशय के द्वारा ही समझाते हैं—

'अतिवाक्यक्रियोपेतमतिसत्त्वाति भावकम्'

लोकधर्मी में जब कुछ अतिरिक्त जुड़ जाता है या उसमें अतिशय ले आया जाता है तो वही नाट्यधर्मी हो जाता है। कुल मिलाकर दोनों में अन्तर नहीं है, वही का वही सब रहता है, लेकिन लोकधर्मी में कुछ-कुछ ऐसा जुड़ जाता है, जिससे नाटक के व्यवहार में कुछ और ही बात उत्पन्न हो जाती है। लोकधर्मी का कवितार्थ में जो जगत् प्रपंच है, उसका नाट्य की भाषा में, तदनुरूप रूपान्तरण होता है किन्तु उसी रूपान्तरण में कुछ और जुड़ जाना उसका लोकधर्मी से नाट्यधर्मी हो जाना है। लोकवार्ताओं या फोकलोर में जो स्वाभाविक या अविकृत है, उसमें हमने अपना अतिरिक्त नहीं जोड़ा वह लोकधर्मी है। रंगमंच पर अभिनय करते हुए जब इस सहज रूप में कुछ विच्छित्ति आ जाती है, कुछ जुड़ जाता है, कुछ और ही शोभा बना दी जाती है, तो वह नाट्यधर्मी हो जाता है। लोकधर्मी में कुछ लीला जुड़ जाती है, कुछ संगीत के स्वर जुड़ जाते हैं, कुछ अलंकार जुड़ जाते हैं, (अलंकार वाचिक अभिनय में हुआ करते हैं) स्वर का आरोह-अवरोह कुछ अलग तरह से हो जाता है, उसमें कुछ उतार-चढ़ाव आ जाते हैं, जो कहा नहीं गया है वह सुन लिया जाता है और जो कहा गया है वह सुना नहीं जाता, ये सारे अभिनय के नाट्यधर्मी तरीके हैं क्योंकि इनमें अतिशय लाया जाता है। जो हम संसार में देखते हैं उससे भिन्न रंगमंच पर रचना इसमें होती है। हम रंगमंच पर पहाड़ रच देते हैं। तरह-तरह के रथ, विमान, हथियार ये सब रंगमंच पर नजर आने लगते हैं जबकि वास्तव में वे वहाँ नहीं होते, ये सभी अभिनय की नाट्यधर्मी पद्धतियाँ हैं। भरतमुनि नाट्यधर्मी के निरूपण में बहुत विस्तार से इनका विवेचन करते हैं। वे यह भी कहते हैं कि प्रचलित कथाओं को जब अभिनय के द्वारा एक अलग रूप में रंगमंच पर निरूपित कर दिया जाता है, वह भी नाट्यधर्मी का ही एक प्रकार है।

स्वरालङ्कारसंयुक्तमस्वस्थपुरुषाश्रयम्।
यदीदृशं भवेन्नाट्यं नाट्यधर्मी तु सा स्मृता॥

लोके यदभियोज्यं च पदमत्रोपयुज्यते।
मूर्तिमत्साभिलाषञ्च नाट्यधर्मी तु सा स्मृता॥
आसन्नोक्तन्तु यद्वाक्यं न शृण्वन्ति परस्परम्।
अनुक्तं श्रूयते वाक्यं नाट्यधर्मी तु सा स्मृता॥
शैलयानविमानानि चर्मवर्मायुधध्वजाः।
मूर्तिमन्तः प्रयुज्यन्ते नाट्यधर्मी तु सा स्मृता॥
य एकां भूमिकां कृत्वा कुर्वीतैकान्तरेऽपराम्॥
कौशल्यादेककत्वाद्वा नाट्यधर्मी तु सा स्मृता॥
यागम्या प्रमदा भूत्वा गम्या भूमिषु युज्यते॥।
गम्या भूमिष्वगम्या वा नाट्यधर्मी तु सा स्मृता॥
ललितैरङ्गविन्यासैस्तथोत्क्षिप्तपदक्रमैः॥
नृत्यते गम्यते यच्च नाट्यधर्मी तु सा स्मृता॥
योऽयं स्वभावो लोकस्य सुखदुःखक्रियात्मकः।
सोऽङ्गाभिनयसंयुक्तो नाट्यधर्मी तु सा स्मृता॥
यश्चेतिहासवेदार्थो ब्रह्मणा समुदाहृतः।
दिव्यमानुषरत्यर्थं नाट्यधर्मी तु सा स्मृता॥
यश्च कक्ष्याविभागोऽयं नानाविधिसमाश्रितः।
रङ्गपीठगतः प्रोक्तो नाट्यधर्मी तु सा भवेत्॥
नाट्यधर्मीप्रवृत्तं हि सदा नाट्यं प्रयोजयेत्।
न ह्यङ्गाभिनयात्किञ्चिदृतेः राग प्रवर्तते॥

(नाट्यशास्त्र, 13.71-84)

नाट्यधर्मी वहाँ रंगमंच पर अपना खुद का मुहावरा पा लेता है। इस प्रकार अतिशय के द्वारा लोकधर्मी नाट्यधर्मी बन जाती है। अतिशय की जिस अवधारणा का प्रयोग भरतमुनि ने किया है, आचार्य अभिनवगुप्त उसकी व्याख्या करते हुए कहते हैं कि नाट्यधर्मी में जो अतिशय आता है उससे यह नहीं समझना चाहिए कि उसमें रंगकर्म के केवल रूढ़ मुहावरे ही होने चाहिए, उन्हीं से नाट्यधर्मी बनेगा। वे कहते हैं—

भवेदित्यनेन सम्भावनामाचक्षाण इदमाह—नैवेदं समयमात्रनिष्ठमिति वक्तव्यम् अपितु सम्भाव्यमानमेव। सद्रञ्जनोपयोगि वस्तूपयोगि च।

अर्थात् यह नहीं समझना चाहिए कि समय अर्थात् जो कन्वेन्शंस या अभिनय की रूढ़ियाँ हैं, उसी पर नाट्यधर्मी टिका हुआ है। वह कविसमयों या नाट्यसमयों अथवा रूढ़ियों पर ही टिका हुआ वह नहीं होता बल्कि वह सम्भावनाओं पर भी

टिका हुआ होता है। नई सम्भावनाओं की उसमें खोज की जाती है। जैसा पहले किसी ने नहीं रचा उसे यदि हम रच देते हैं तो वह भी नाट्यधर्मी होगा। यहीं भाषा की भी समस्या सामने आ जाती है। जो असम्भव है, उसे हम कैसे निरूपित कर सकते हैं? जो निराकार है उसे हम कैसे साकार करें? जो अमूर्त है, उसे हम कैसे मूर्त कर सकते हैं? दर्शन में भी यह समस्या आती है कि जो असम्भव है, उसे भाषा कैसे बताएँ? एक उदाहरण है—

एष वन्ध्यासुतो याति खपुष्पकृतशेखरः।
कूर्मक्षीरचये स्नातः शशशृङ्गधनुर्धरः॥

(आकाशकुसुम की माला सिर पर गूँथे हुए, कछवी के दूध के तालाब में नहाया हुआ, खरगोश के सींग का धनुष धारण किये हुए यह बाँझ का बेटा चला जा रहा है।) इस पद्य में सारी असम्भावनाओं का बखान है पर फिर भी इनका बिम्ब तो बनता ही है। जितनी भी असम्भाव्य स्थितियाँ हैं, भाषा उन्हें बताने का प्रयत्न करती है। नाट्यधर्मी में अतिशय के द्वारा असम्भाव्य को सम्भाव्य बना दिया जाता है। भाषा सभी असम्भाव्य स्थितियों को मूर्त कर देती है। लोकधर्मी सम्भाव्य है और नाट्यधर्मी असम्भाव्य। जितनी भी कलाएँ और काव्य हैं, जितना भी रंगव्यवहार है, उनमें स्वभाव भी होता है, विभाव भी। वे लोकधर्मी भी हैं और नाट्यधर्मी भी। लोकधर्मी के बिना नाट्यधर्मी नहीं, नाट्यधर्मी के बिना लोकधर्मी नहीं। स्वभाव के बिना विभाव नहीं, विभाव के बिना स्वभाव नहीं। आचार्य अभिनवगुप्त कहते हैं कि जो लोकधर्मी है, वही कविता में आकर स्वभावोक्ति बनती है और जो नाट्यधर्मी है, वही कविता में आकर वक्रोक्ति बनती है। इनकी युगलबन्दी कलाओं में या नाटक में सदैव हुआ करती है। इनके बिना कला का, कविता का संसार खड़ा नहीं हो पाता। कविता के संसार में स्वभाव के साथ-साथ विभाव का, सहज के साथ अतिशय का जोड़ हुआ करता है। कविता में कवि समय और नाटकों में बँधी-बँधाई रूढ़ियों के द्वारा भी अतिशय लाया जाता है। उसके कहीं आगे जाकर उद्भावनाओं और नवाचारों के द्वारा अतिशय का आधान कलाओं और कविता में किया जाता है।

भारतीय रंगपरम्परा के विषय में कई बार यह मान लिया जाता है कि उसमें कतिपय विशिष्ट रूढ़ियों और कवि समयों की पच्चीकारी में कला पर्यवसित है, जबकि यह पूरी सच्चाई नहीं है। हमारे समय में फ्रांस में एक महान् नाट्य निर्देशक हुए—आर्तो। आर्तो ने 'अपने रंगमंच को अतिशय का रंगमंच (थियेटर ऑफ एक्जेजरेशन) और क्रूरता का रंगमंच ('थियेटर ऑफ क्रूएलिटी') के रूप में परिभाषित किया। उनकी 'थियेटर ऑफ एक्जेजरेशन' की अवधारणा में भरतमुनि के विचारों के सिद्धान्त की अनुगूँज सुनाई देती है। आर्तो ने बाली की नृत्य रचनाएँ देखकर अपनी अनेक रंगकल्पनाएँ प्रस्तुत कीं। आर्तो कहते हैं कि रंग संकेतों की बनी-बनाई भाषा के

कुशल उपयोग से 'थियेटर ऑफ एग्जेजरेशन' या अतिशय का रंगमंच जन्म लेता है। पर भरतमुनि और अभिनवगुप्त जिस अतिशय का व्याख्यान करते हैं, वह रंग संकेतों की बनी-बनाई भाषा के कुशल उपयोग, रूढ़ियों के निपुण निर्वाह में चुका हुआ नहीं है। इसके आगे भी अतिशय की संरचनाएँ कविता और कला में देखी जा सकती है। क्योंकि भरतमुनि और उनके टीकाकार रचना की सम्भावनाओं की तलाश अतिशय की परिणतियों द्वारा करते हैं। अतिशय की परिणतियों में स्पंद रहता है, यह अभिनवगुप्त भी कहते हैं। इस गतिशीलता है या प्रतिभा के स्पन्दन में अतिशय बनता है। स्पन्दनशून्य दशा में अतिशय सम्भाव्य नहीं है। स्पन्दनशून्य दशा विलय या लय की दशा है। यह निरतिशय दशा है। इसमें स्पंद से अतिशय आ जाता है। यह अतिशय गतिहीन को गतिमय और निर्बिम्ब को बिम्बमय बना देता है। भाषा का अगम्य अथाह सागर चित्त में सोया रहता है, अतिशय उसकी लहरों पर सवार हलचल है। त्रिलोचन कहते हैं—

जीवन की शैया पर आकर मरण सो गया
सब कुछ सब कुछ सब कुछ सब कुछ भाषा
भाषा की अंगुलि से मानव हृदय टो गया
कवि मानव का जगा गया नूतन अभिलाषा
भाषा की लहरों में जीवन की हलचल है
ध्वनि में क्रिया भरी है, और क्रिया में बल है

अतिशय की ये परिणतियाँ केवल उसी समय जन्म लेती हैं, जिस समय हम कविता पढ़ रहे हों या नाटक देख रहे हों, ऐसा नहीं है। आचार्य अभिनवगुप्त कहते हैं कि जब परदा गिर जाता है, नाटक खत्म हो जाता है, उसके बाद भी दर्शक अपने मन में कुछ संस्कार लेकर जाते हैं कुछ शेष रह जाता है। अतिरिक्त हो जाना और फिर कुछ शेष बचा रह जाना यह भी अतिशय ही है। उस अतिरिक्त और उस शेष बचे होने में कविता में जन्म लेने वाला कल्पनाओं का अलग संसार और उस संसार के ओझल हो जाने के बाद भी हमारे मन में जो शेष बचा रह जाता है, उसमें अतिशय की परिणतियाँ हम देखते हैं। हम ऐसा भी कह सकते हैं कि यह अतिशय के कारण होता है।

भरतमुनि ने नाट्यशास्त्र में अतिशय की जो अवधारणा दी, उसका अलंकार-शास्त्रियों ने विस्तार किया। छठी शताब्दी के आचार्य भामह से लेकर बीसवीं शताब्दी तक पूरी अलंकार शास्त्र की परम्परा अतिशय के व्यवहार का संज्ञान लेती है। भामह के सामने बौद्धों और वैयाकरणों की चुनौती थी। एक तरफ अपोहवाद था, जो नकार पर टिका हुआ है, दूसरी तरफ स्फोटवाद। भामह अपोह का भी खंडन करते हैं और स्फोट को भी वे स्वीकार नहीं करते क्योंकि कविता को अपने दर्शन और अपने तर्क

पर खड़ा हो सकना चाहिए, यहीं अतिशय या अतिशयोक्ति की बात वे करते हैं। जिस भाषा का हम कविता में प्रयोग करते हैं कवि जिस भाषा में बात करता है, उसमें अतिशय हुआ करता है और जो अतिशयोक्ति उससे बनती है, वही सारी कविता का प्राण है, ऐसा भामह मानते हैं। दंडी उसकी व्याख्या करते हुए कहते हैं, 'लोक सीमातिवर्तिनी विवक्षा', कुछ ऐसा कहने की इच्छा जो संसार की सारी सीमाओं के आगे जाकर हो, अतिशयोक्ति है। लोक में विद्यमान कहने की सभी पद्धतियों की सीमाओं को तोड़कर आगे जाना दंडी के अनुसार अतिशय है। भामह और दंडी से थोड़े ही बाद आते हैं उद्भट। उद्भट 'लोकातिक्रान्तगोचर उक्ति' को अतिशयोक्ति कहते हैं। अतिशय के तत्त्व की विच्छित्तियाँ हम इन सबमें पाते हैं। आनन्दवर्धन का पूरा ध्वनि विचार कहीं न कहीं अतिशय को स्वीकार करता है। जैसे ही व्यंजना की बात आती है, काव्य में कुछ अतिरिक्त, कुछ और अनुगूँज जुड़ जाती है। इसलिए आनन्दवर्धन ध्वनि की या अभिधा की विच्छित्तियों की जब व्याख्या करते हैं तब भी वे कहते हैं कि अतिशय इनमें है। बन्धच्छाया अतिशय से आती है। पूरी संरचना के द्वारा जो सौन्दर्य काव्य में आता है वह छायातिशय को जन्म देता है। छाया का अर्थ यहाँ सौन्दर्य है। अतिरिक्त सुन्दरता का होना। इसकी व्याख्या करने के लिए आनन्दवर्धन ने एक पद्य उद्धृत किया है कि भाषा में जो अतिशय लाया जाता है, उससे किस तरह की विच्छित्तियाँ या छवियाँ काव्य में जन्म लेती हैं—

मुनिर्जयति योगीन्द्रो महात्मा कुम्भसम्भवः।
येनैकचुलके दृष्टौ तौ दिव्यौ मत्स्यकच्छपौ॥

(ऐसे योगीन्द्र, महात्मा, कुम्भयोनि अगस्त्य की जय हो, जिन्होंने अपने एक चुल्लू में विष्णु के 'कच्छपावतार' और 'मत्स्यावतार' दोनों को एक साथ देख लिया।) अगस्त्य मुनि की स्तुति में यह पद्य है। अगस्त्य के बारे में जो मिथक है, उसका जिक्र कवि ने किया है। मुनि अगस्त्य ने चुल्लू में भरकर सारे समुद्र को पी डाला था। यहाँ अगस्त्य का बिम्ब खड़ा किया गया है। हम देखते हैं कि यहाँ सिर्फ 'लार्जर देन लाइफ' की ही बात नहीं है (जो अत्यन्त विराट था, उसे चुल्लू में समेट लिया गया है) यहाँ अतिशय बढ़ा-चढ़ाकर कहने, विराट को सूक्ष्म बना देने और सूक्ष्मातिसूक्ष्म को विराट् रूप में देख लेने में है। ये सब अतिशय की परिणतियाँ हो सकती हैं।

आनन्दवर्धन यह भी कहते हैं कि अतिशय ताजगी के कारण आता है। कुछ ऐसा कहा गया है, जो अपरिचित है, कुछ-कुछ नया सम्भव हो जाने के कारण यह ताजगी आती है। वे अक्षुण्ण और क्षुण्ण इन दो शब्दों का प्रयोग करते हैं। जो क्षुण्ण है, जो पहले से ढूँढ़ा जाता रहा है, वह परिचित होने के कारण वैसा आकर्षक नहीं रह जाता, उससे अलग हटकर अक्षुण्ण कहने की पद्धति कवि ढूँढ़ता है, उसके द्वारा

बन्धच्छायातिशय का, शोभा का, सौन्दर्य का अतिशय कविता में जन्म लेता है।[1]

रूस के विक्टर बोरिसोविच श्लकोव्स्की हमारे समय के महत्त्वपूर्ण संरचनावादी विचारकों में से एक हैं, उन्होंने 'अपरिचितीकरण (डि-फेमिलियराइजेशन) का सिद्धान्त' दिया है। उन्होंने कहा है कि जो कुछ परिचित है, वह हममें उपेक्षा का भाव जगा देता है, कविता और कलाएँ उसे तोड़कर हमारी संवेदनाओं को फिर से जगा देती हैं। हमारी संवेदनाओं के संसार का फिर से जन्म लेना, अपरिचितीकरण के कारण होता है। जो जाना-पहचाना है, उसके अलावा कुछ ऐसा कहा जाना, कुछ ऐसा संसार रचा जाना जो हमारा देखा-परखा-सुना, सोचा-समझा हुआ नहीं है। अपरिचितीकरण की प्रक्रिया है। इस प्रक्रिया में हम वस्तु के विशेष रूप को देख लेते हैं।

संसार के किसी भी पदार्थ को हम दो रूपों में देखते हैं, एक उसका परिचित रूप है, दूसरा अपरिचित। एक वस्तु का सामान्य रूप है, एक विशेष। सामान्य और विशेष शब्द जिन दर्शन-प्रस्थानों की चर्चा ऊपर की गई है उनमें भी आते हैं। न्यायदर्शन में सामान्य जाति की चर्चा है। प्रत्येक वस्तु में उसकी सामान्य जाति रहती है। बौद्धदर्शन में भी सामान्य और विशेष शब्दों का प्रयोग मिलता है। पर कविता में अर्थबोध के लिए जब एक अलग प्रमाण मीमांसा बनाई गई तो सामान्य और विशेष शब्दों का प्रयोग काव्यशास्त्रियों ने कदाचित् ठीक-ठीक उन्हीं अर्थों में नहीं किया, जिन अर्थों में उनके ही समकालीन दार्शनिक कर रहे थे। दृश्यात्मक प्रपंच में हम जो वस्तुएँ देखते हैं, उनमें से प्रत्येक वस्तु के सामान्य और विशेष दो रूप होते हैं। सामान्य रूप हमारा जाना-पहचाना हुआ करता है और विशेष रूप कवि हमें दिखाता है। यह बात महिमभट्ट तथा अन्य आचार्य कविता के संसार की व्याख्या करते हुए बार-बार कहते हैं। एक विशेषीकृत संसार कविता और कलाओं में अतिशय के कारण जन्म लेता है। आनन्दवर्धन कहते हैं कि कविता वस्तु के सामान्य और विशेष दोनों रूपों को एक साथ झलका देती है, विशेष रूप हमारे मानस पर एक बिम्ब बना देता है।[2]

---

1. सारभूतो ह्यर्थः स्वशब्दानभिधेयत्वेन प्रकाशितः सुतरामेव शोभामावहति। प्रसिद्धिश्चेयमस्त्येव विदग्धविद्वत्परिषत्सु यदभिमततरं वस्तु व्यङ्ग्यत्वेन प्रकाश्यते न साक्षाच्छब्दवाच्यत्वेन। तस्मात्स्थितमेतत्—अङ्गिभूतरसाद्याश्रयेण काव्ये क्रियमाणे नवार्थलाभो भवति बन्धच्छाया च महती सम्पद्यत इति। अत एव च रसानुगुणार्थविशेषोपनिबन्धमलङ्कारान्तरविरहेऽपि छायातिशययोगि लक्ष्ये दृश्यते, (ध्वन्यालोक, चतुर्थ उद्योत)।

2. तत्रोच्यते-यत्तूक्तं सामान्यमात्राश्रयेण काव्यप्रवृत्तिस्तस्य च परिमितत्वेन प्रागेव गोचरीकृतत्वान्नास्ति नवत्वं काव्यवस्तूनामिति, तदयुक्तम्; यतो यदि सामान्यमात्रमाश्रित्य काव्यं प्रवर्तते किङ्कृतस्तर्हि महाकविनिबध्यमानानां काव्यार्थानामतिशयः। वाल्मीकिव्यतिरिक्तस्यान्यस्य कविव्यपदेश एव वा सामान्यव्यतिरिक्तस्यान्यस्य काव्यार्थस्याभावात्, सामान्यस्य चादिकविनैव प्रदर्शितत्वात्। उक्तिवैचित्र्यान्नैष दोष इति चेत् किमिदमुक्तिवैचित्र्यम्? उक्तिर्हि वाच्यविशेषप्रतिपादि→

इस अर्थ में अतिशय कला की और कविता की एक 'बीज' अवधारणा है। इसी का एक रूप अलंकारशास्त्र में अतिशयोक्ति अलंकार के द्वारा सामने आता है। अतिशय के दो रूप हो जाते हैं, वह प्रत्येक कला का मूलभूत तत्त्व है, जो किसी न किसी रूप में सामने आएगा ही। दूसरा अलंकार के रूप में भी अतिशयोक्ति का निरूपण अलंकारशास्त्र करता है। अलंकार दो रूपों में वर्णित किया जाता रहा है। एक उसका बृहत् स्वरूप है, कविता के जितने भी तत्त्व हैं उनमें अलंकार रहता ही है, सौन्दर्य के पर्याय के रूप में वहाँ अलंकार को माना जाता है। दूसरा कहने के कुछ विशेष तरीके, उक्तिविशेष भी अलंकार है। शब्दालंकार और अर्थालंकार इसके दो रूप हैं। यह अलंकार का एक सीमित रूप है। इस तरह अतिशय का भी एक विराट् या बृहद् रूप है और अतिशयोक्ति अलंकार के रूप में किंचित् सीमित रूप भी है। लेकिन यह जो सीमित रूप है, उसमें भी अतिशय की परिणतियाँ परखी जा सकती हैं।

आचार्य मम्मट ने काव्यप्रकाश में अतिशयोक्ति अलंकार का निरूपण करते हुए उसके पाँच प्रकार बताए हैं। पहला प्रकार है 'निगीर्याध्यवसानन्तु प्रकृतस्य परेण यत्' प्रकृत को अप्रकृत के द्वारा निगीर्ण कर लिया जाना या निगल लिया जाना। अप्रस्तुत प्रस्तुत को अपने में निगल लेता है। अप्रस्तुत को उपमान और प्रस्तुत को उपमेय भी कहा जाता है। जहाँ उपमेय उपमान को निगल लेता है, यह निगीर्याध्यवसान मूलक अतिशयोक्ति कही जाती है। इसे रूपकातिशयोक्ति भी कहते हैं। शमशेर उत्प्रेक्षाओं का प्रयोग अधिक करते हैं, उनमें कहीं-कहीं वे निगीर्याध्यवसान मूलक अतिशयोक्ति भी लाते हैं। जैसे यहाँ—

भोर का नभ
राख से लीपा हुआ चौका
अभी खाली पड़ा है।

शमशेर भोर के नभ को इसके पहले 'प्रात का नीला शंख जैसे' कहकर उत्प्रेक्षा कर चुके हैं। यहाँ वे उसे अभी खाली पड़ा राख से लीपा हुआ चौका बताते हैं। राख से लीपे चौके में भोर के नभ का अध्यवसान हो जाने से यहाँ निगीर्याध्वसानमूला अतिशयोक्ति हो जाती है। चौका चूल्हे के आसपास का हिस्सा है। चूल्हा जब तक अनसुलगा है, वह खाली पड़ा दिखेगा। चूल्हे के सुलगने के साथ वह उजास से भर उठेगा। भोर का नभ भी सूरज उगने के पहले ऐसा ही है। यों तो भोर के नभ को राख से लिपा हुआ चौका कहने में ही अतिशयोक्ति हो गई, पर इसमें वास्तविक

—→ वचनम्। तद्वैचित्र्ये कथं न वाच्यवैचित्र्यम्। वाच्यवाचकयोरविनाभावेन प्रवृत्तेः। वाच्यानां च काव्येप्रतिभासमानानां यद्रूपं तत्तु ग्राह्यविशेषाभेदेनैव प्रतीयते। तेनोक्तिवैचित्र्यवादिना वाच्यवैचित्र्य-मनिच्छताप्यवश्यमेवाभ्युपगन्तव्यम्। (वही)

अतिशय तब आया जब अभी खाली पड़ा है—यह और जोड़ दिया। इससे चूल्हा सुलगते ही यह खालीपन भर जाएगा—यह अर्थ ध्वनित होता है, जो कविता में अतिशय ला देता है।

जिस तरह भामह आदि के मत से सारे अलंकार अतिशय की उपस्थिति के कारण कविता के अलंकार बनते हैं, उसी तरह निगीर्याध्यवसानमूलक उक्ति कविता में अतिशयोक्ति अलंकार तभी बनेगी जब उसमें सचमुच अतिशय रहेगा।

अतिशयोक्ति अलंकार का दूसरा प्रकार है—'प्रस्तुतस्य यदन्यत्वम्' प्रस्तुत या उपमेय को कुछ और बता देना। उसके सामान्य रूप की जगह उसका विशेष रूप खोल देना। जैसा गालिब ने अपने लिए कहा—

हैं और भी दुनिया में सुखनवर बहुत अच्छे।
कहते हैं कि गालिब का है अन्दाज-ए-बयाँ और॥

अतिशयोक्ति के तीसरे प्रकार को 'यद्यर्थातिशयोक्ति' कहते हैं कि यदि ऐसा होता तो कैसा होता। यदि ऐसा होता तो कुछ और ही बात हो जाती। इस रूप में जब कल्पनाओं की दुनिया खोली जाती है वहाँ यद्यर्थ अतिशयोक्ति होती है। अतिशयोक्ति के एक अन्य प्रकार में कार्य और कारण के पौर्वापर्य का विपर्यय हो जाता है, तो वहाँ कविता की दुनिया की सारी तार्किकता टूट जाती है। इस अर्थ में वहाँ अतिशय की परिणति सामने आती है कि जो सामान्य कार्यकारणभाव है, जैसे तिल से ही तेल निकलेगा, बालू से नहीं, ये सिद्धान्त कहीं न कहीं टूट जाते हैं। अतिशयोक्ति के कई रूप अतिशय के व्यवहार को हमारे सामने इस अर्थ में ले आते हैं कि जो हमारा जाना-परखा, सोचा-समझा गया संसार है, उसके तर्क को कविता अतिशय के द्वारा तोड़ देती है। उस अर्थ में वह हमें झकझोर देती है, उस अर्थ में वह अनुभव का एक अलग संसार हमारे सामने रच देती है। उच्छिष्ट को त्यागकर अनुच्छिष्ट की खोज कवि करता है। सरस्वती के संसार में मैं जूठन क्यों बटोरूँ यह बात अपनी कविता की दुनिया को सँवारते उसके मन में कहीं न कहीं रहती है। महाकवि तुलसीदास जब सीता का वर्णन कर रहे थे तो कदाचित् उनके मन में यह बात रही होगी—

सब उपमा कवि रहे जुठारी।
केहिं पट तरों विदेह कुमारी॥

यहाँ अतिशय से उपजी हुई अलग तरह की उपमाएँ तुलसीदास हमारे सामने लाते हैं, वे उपमेय को ही प्रत्युपमान बना देते हैं—

सुन्दरता कहुँ सुन्दर करहीं।
छवि गृह दीप शिखा जनु बरहीं॥

अर्थातिशयोक्ति का बहुत सुन्दर प्रयोग उन्होंने किया है, सीता का वर्णन करते हुए वे कहते हैं—

जो छवि सुधा पयो निधि होई।
परम रूपमय कच्छप सोई॥
शोभा रज मंगल सिंगारू।
मथे पानि पंकज निज मारु॥
एहिं विधि उपजे लच्छि जब सुन्दरता सुख मूल।
तदपि सकोच समेत कवि कहहिं शील समतूल॥

यदि छवि का क्षीरसागर भरा होता, क्षीरसागर सुन्दरता या छविसुधा का होता और यदि कच्छप, जिसके ऊपर रखी मन्दर पर्वत की मथनी से मंथन किया गया, वह परम रूपमय होता, स्वयं शृंगार रस को मन्दर पर्वत बनाया गया होता, यदि स्वयं कामदेव अपने कर कमलों से मंथन करता तो इस नये सागर के नये मन्थन से, नये-नये उपादानों के द्वारा एक अलग तरह का मन्थन होता, उससे अलग तरह की लक्ष्मी यदि जन्म लेती, यदि कहीं ऐसा होता तब कदाचित् संकोच के साथ कविजन यह स्वीकार कर पाते कि हाँ कि कुछ लेश मात्र सीता के सौन्दर्य की एक झलक उसमें आ पाई है। कुल मिलाकर उस सौन्दर्य के झलक पाने की ललक कवि को है। सामान्य दृश्य प्रपंच से परे सौन्दर्य का ऐसा संसार है अतिशय द्वारा कविता या कलाओं में लाया जा सकता है।

अतिशय की यह अवधारणा इस तथ्य को भी सत्यापित करती है कि साहित्य या कला का संसार अन्य अनुशासनों से कुछ अलग तरह का है।

टिप्पणी : शान्तिरक्षित और कमलशील के ग्रन्थों से उद्धृत सन्दर्भों की ओर ध्यान दिलाने के लिए लेखक—डॉ. सच्चिदानन्द मिश्र, दर्शन विभाग, काशी हिन्दू विश्वविद्यालय का आभारी है।